国家出版基金项目
NATIONAL PUBLICATION FOUNDATION

中国粮食经济与安全丛书

"双循环"下
中国粮食流通体制改革
与创新研究

李 治 著

中国农业出版社
北 京

总　序

粮食事关人民健康、经济发展、社会稳定，粮食安全直接影响人民生命安全、经济安全乃至国家安全。粮食安全影响中国，也影响世界；影响当前，也影响未来。

新中国成立75年来创造了中华民族农业史上的四个里程碑：彻底摆脱了持续数千年的饥饿困扰，彻底结束了持续2 000多年交"皇粮"（农业税）的历史，基本结束了持续数千年"二牛抬扛"依靠畜力耕地的历史，彻底消除了现行标准下的绝对贫困。2021年，我国人均粮食占有量已经达到483千克，超越了联合国粮食及农业组织规定的人均400千克粮食占有量的温饱线（吃饱线），但距发达国家人均消费粮食800千克左右的"吃好线"还差317千克。可见，"吃饱没问题，吃好要进口"是中国粮食安全的基本国情，粮食安全问题将长期存在，我国必须走出一条具有中国特色的农业发展、粮食安全的发展道路，牢牢地把饭碗端在自己手中。

未来，粮食安全问题将更为突出，粮食安全鸿沟将长期存在，粮食安全将长期困扰人类生存与发展。当前，世界上78.9亿人中仍有8.28亿人没有吃饱，未来还将出生的25亿人吃什么？世界粮食安全期待第三次绿色革命，期待填平粮食安全鸿沟，期待人类粮食命运共同体的诞生！

在国际环境日益复杂多变的形势下，推动粮食产业高质量发展、稳住"三农"基本盘是应对国内外各种风险挑战、保障国家经济安全的战略要求。确保国家粮食安全，既需要足够的粮食产量和合理库存作为前提，又离不开相应的加工流通能力和产业链掌控能力。在复杂的地缘政治环境和不确定的贸易政策形势下，我国1亿多吨的粮食进口面临着国际粮源与供应链中断风险；在农业资源约束趋紧、粮食供需错配的背景下，6亿多吨的消费量、3亿多吨的存储量、2.4亿吨的跨省物流量，给国内粮食生产、收储、加工、流通带来了巨大压力和挑战。我国既可能面临国际市场风险加剧、国际供应链中断所带来的防御型安全威胁，又可能面临"谷贱伤农""米贵伤民"在粮食生产、流通领域的管理型安全威胁，必须统筹好粮食生产、储备、流通、贸易，大力发展粮食产业经济、健全粮食产业体系。

第七次全国人口普查数据表明，我国人口总量将在2025—2030年达到峰值14.5亿人，以人口老龄化为核心的人口结构性矛盾日益突出。为应对人口峰值和老龄化所形成的粮食安全保障与消费新需求，必须谋划粮食安全保障新战略和粮食产业发展新方式。同时，随着居民收入增长与消费升级，口粮直接消费（面粉、大米）逐步减少并趋于稳定，肉蛋奶的消费总体仍呈上升趋势，未来我国粮食消费结构中，除了主粮、饲料粮，蛋白饲料、能量饲料等需求将呈持续增长趋势。2021年我国人均国内生产总值（GDP）已达到12 551美元，但距高收入国家标准还有不小的差距。经验表明，进入高收入国家，食物消费结构将发生较大变化。目前，我国粮食需求仍然处于上升通道，保障粮食供应的任务十分艰巨，但同时也为粮食产业链的转型升级、高质量发展提供了战略性机遇。

产业强、粮食安，习近平总书记多次对粮食问题作出重要指示，强调抓好"粮头食尾""农头工尾"，抓住粮食这个核心竞争力，延伸粮食产业链、提升价值链、打造供应链，深入推进优质粮食工程，做好粮食市场和流通的文章，为保障国家粮食安全、加快粮食产业高质量发展指明了正确方向，提供了根本遵循。

为深入贯彻习近平总书记关于保障粮食安全的重要论述，全面系统研究中国粮食经济与安全领域的关键性理论问题，更好地支撑粮食经济与安全发展，中国农业出版社组织编写了"中国粮食经济与安全丛书"。该丛书围绕"立足新发展阶段、贯彻新发展理念、构建新发展格局、推进高质量发展"，在粮食产业高质量发展评价体系设计与应用的基础上，从流通、贸易、金融化、储备、基础设施、经济史等方面按照"高质量发展及支持政策的问题识别→解决短板、实现高质量发展的路径设计与机制识别→保障高质量发展的推进策略"的思路，进行流通、贸易、金融、储备、基础设施等关键环节的政策效果评估和路径优化研究，有利于构建链条优化、衔接顺畅、运转高效、保障有力的粮食产业体系，进而实现我国粮食安全保障战略和粮食产业高质量发展。该丛书共 7 册，分别为《粮食安全视角下中国粮食储备管理制度与风险防范研究》《"双循环"下中国粮食流通体制改革与创新研究》《地缘政治风险影响中国粮食价格的传导机制与实证研究》《中国跨国粮食供应链构建的现实逻辑与路径优化》《中国粮食生产高质量发展研究》《粮食安全战略下农业基础设施建设对粮食增产效应的研究》《中国粮食经济史》，是国内首套中国粮食经济与安全的系统性著作。

　　该丛书的顺利出版，对于构建具有中国特色的粮食安全与产业高质量发展理论体系、深化对以粮食为客体的若干重大关系的认识、破解粮食产业高质量发展政策目标错位的难题、指导粮食产业高质量发展评价等都具有重要意义。该丛书既可为我国粮食战线广大干部职工和科技人员学习研究提供参考，又可为政府部门制定与完善我国粮食安全战略和推动粮食产业高质量发展政策措施提供借鉴。

　　手中有粮，心中不慌。我国粮食安全问题是一个需要持续关注的兼具理论性和现实性的战略问题。该丛书对于相关问题的研究不免挂一漏万，希望更多的专家学者关注、研究中国粮食安全问题，为"中国人的饭碗任何时候都要牢牢端在自己手中，我们的饭碗应该主要装中国粮"作出新贡献。

清华大学国际生物经济中心主任

前 言

"洪范八政，食为政首。"粮食安全是一个关系我国经济发展和政治稳定的战略性问题。以习近平同志为核心的党中央提出"谷物基本自给、口粮绝对安全"的新粮食安全观，指出要走中国特色粮食安全之路，始终要把粮食安全作为治国理政的头等大事。"十三五"期间，我国粮食总产量总体保持稳定，连续5年超过6.5亿吨，2020年近6.7亿吨，口粮自给率达到95%；2019年粮食产业全年实现工业总产值3.15万亿元，优质粮油收购量、销售量相比2017年分别增长25%和20%，为我国有效应对新冠疫情影响和全面建成小康社会奠定了坚实的物质基础。国家统计局数据显示，2021年我国粮食总产量达到6.83亿吨，较2020年增加了1 336万吨，粮食生产实现"十八连增"，再创历史新高，彰显了"手中有粮、心中不慌在任何时候都是真理"和"确保谷物基本自给、口粮绝对安全"的战略远见。从中长期来看，中国的粮食产需仍将维持紧平衡态势。

在2020年4月10日召开的第十九届中央财经委员会第七次会议上，习近平总书记指出，"国内循环越顺畅，越能形成对全球资源要素的引力场，越有利于构建以国内大循环为主体、国内国际'双循环'相互促进的新发展格局"，明确提出了"新发展格局"的概念。将粮食安全保障、粮食产业发展、粮食流通制度改革纳入"双循环"新发展格局构建中，不仅在实践层面具有极强的现实针对性和前瞻性，而且具有深刻的理论内涵和理论价值，有利于进一步发展新时代粮食安全观和提升粮食安全保障能力。"双循环"新发展格局通过产业结构升级、消费基础作用发挥和对外开放三条路径为我国粮食产业发展提供了新的"四大机遇"。一是新一代技术革命和数字化带来的粮食产业结构升级机遇，二是消费能力提升和消费需求多元化带来的粮食产业消费提质机遇，三是"一带一路"倡议深化和全球价值链、产业链提升带来的粮食产业对外开放机遇，四是内循环重塑外循环发展动力和外循环冲击内循环发展环境带来的粮食产业内外循环互动机遇。

本书按照"总—分"的框架结构，首先，分析了"双循环"格局下我国粮食安全保障面临的新机遇和新挑战、中国粮食流通体制改革的现实必要性；然后，分别从粮食价格、粮食储备、粮食批发市场、粮食产业经济、粮食国际贸易五方面，系统分析评价新中国成立以来我国粮食流通不同方面的阶段特征、未来走向以及制约因素，借鉴国外粮食流通体制建设的经验教训，提出"双循环"下深化我国粮食流通体制改革的创新发展思路。研究认为：①"双循环"下保障粮食安全应立足国内资源与市场、注重技术创新与集成，注重发挥消费基础性作用，适度进口、积极参与国际粮食产业分工。②"双循环"下我国粮食流通面临内外部两方面的挑战，主要包括粮食收储管理体制尚需完善、粮食运输资源利用率相对较低、粮食加工企业盈利能力不强、现代化粮食销售方式创新有限、粮食应急保障体系亟待健全等内部发展挑战和国际粮源供应存在不确定性等外部环境挑战。③"双循环"下我国粮食价格改革策略是：稳中求进，在总体安全与市场导向下推进粮食价格政策改革；发挥多元主体调节市场的作用，改变直接入市收购的执行方式；完善推广"期货＋保险"模式，提高种粮主体的抗风险能力；构建粮食优质优价制度，加快粮食产业高质量发展；培育国际大粮商，提高在国际粮食贸易中的话语权与议价权；建立粮食价格监测预警机制，提高粮食系统韧性。④"双循环"下我国粮食储备体系的改革策略是：科学制定粮食储备政策目标，坚持完善现行粮食储备制度，优化区域储备布局与品种结构，建立粮食动态储备体系，加强粮食储备设施建设，合理利用国际粮食资源。⑤"双循环"下我国粮食批发市场的完善策略是：加强粮食批发市场建设的科学规划与合理布局，提升粮食批发市场整体服务功能，提升粮食仓储物流现代化水平，创新粮食交易流通方式，提升粮食电子商务发展途径。⑥"双循环"下我国粮食产业经济的创新策略是：以国内大市场为主要导向重构粮食产业链，积极营造有利于自主创新的良好产业生态环境；依托"一带一路"倡议提升国际循环水平，以国内国际"双循环"优化粮食产业对外经贸布局。⑦"双循环"下我国粮食贸易的拓展策略是：扩大粮食对外投资力度，维护全球粮食市场稳定，提高国际粮食市场话语权，健全全球粮食治理体系。

著　者

2022 年 6 月

目　录

第一章
"双循环"新发展格局对中国粮食安全的影响分析

"洪范八政，食为政首。"粮食安全是一个关系我国经济发展和政治稳定的战略性问题。以习近平同志为核心的党中央提出"谷物基本自给、口粮绝对安全"的新粮食安全观，指出要走中国特色粮食安全之路，始终要把粮食安全作为治国理政的头等大事。2022年全国两会期间，习近平总书记再次强调，要未雨绸缪，始终绷紧粮食安全这根弦，始终坚持以我为主、立足国内、确保产能、适度进口、科技支撑[①]。在国际形势不确定性加剧、"逆全球化"浪潮愈演愈烈的背景下，需要统筹谋划粮食安全保障新方略，推动其更有效率、更有质量、更加公平、更可持续地发展。

"十三五"期间，我国粮食总产量总体保持稳定，连续5年超过6.5亿吨，2020年近6.7亿吨，口粮自给率达到95%；2019年粮食产业全年工业总产值达到3.15万亿元，优质粮油收购量、销售量相比2017年分别增长25%和20%（亢霞等，2021），为我国有效应对新冠疫情影响和全面建成小康社会奠定了坚实的物质基础（尹成杰，2021）。国家统计局数据表明，2021年我国粮食总产量比2020年增加了1 336万吨，再创历史新高，彰显了"手中有粮、心中不慌在任何时候都是真理"和"确保谷物基本自给、口粮绝对安全"的战略远见。

从中长期来看，中国的粮食产需仍将继续维持紧平衡态势（中华人民共和国国务院新闻办公室，2019）[②]。首先，从消费形势看，加速粮食消费结构转型：人均收入水平提高和动物性食物消费为主的膳食结构转变所导致的优质口

---

① 中国新闻网：《"大国'粮'策"习言道："始终绷紧粮食安全这根弦"》，https://www.chinanews.com.cn/gn/2022/06-15/9780101.shtml。

② 中华人民共和国国务院新闻办公室：《中国的粮食安全》白皮书（全文），http://www.scio.gov.cn/zfbps/32832/Document/1666192/1666192.htm。

粮品种和饲料粮品种需求增长（崔奇峰等，2021）。其次，从生产形势看，增强粮食生产要素约束：一是农业科技创新体制机制不畅所导致的农业科技作用发挥有限（黄季焜，2021），二是水土资源过度开发和生态环境超载所导致的资源环境约束趋紧（谢高地等，2017），三是世界贸易组织（WTO）协定等贸易协议约束所导致的支持政策实施空间受限（朱晶等，2021）。最后，从流通形势看，依然存在粮食市场风险：一是粮食生产集中和需求分散所导致的粮食区域供需不平衡（毛学峰等，2015），二是粮食产业链条较短所导致的粮食产业经济发展缓慢（王耀鹏，2017），三是粮食企业国际竞争力不足所导致的粮食国内外流通衔接不畅（杨明等，2020）。从贸易形势看，一方面粮食贸易逆差扩大所导致的粮食对外依存度增高（佟光霁等，2021），另一方面全球政治经济形势波谲云诡所导致的粮食国际市场不确定性增大（丁声俊，2021）。

第一节 构建"双循环"新发展格局的现实背景

2020 年 4 月 10 日，习近平总书记在第十九届中央财经委员会第七次会议上指出，"国内循环越顺畅，越能形成对全球资源要素的引力场，越有利于构建以国内大循环为主体、国内国际'双循环'相互促进的新发展格局"，明确提出"新发展格局"的理念[①]。新发展格局理论一方面具有深刻的理论内涵，另一方面在实践层面具有极强的现实针对性和前瞻性，进一步推动新时代中国特色社会主义经济理论的发展。其发展背景可以从国内经济发展、国际贸易环境、新冠疫情冲击等方面进行阐释。

一、国内经济高质量发展势头良好

目前，我国已进入经济高质量发展阶段，产业结构升级和经济转型进入关键时期，这在客观上要求我们必须构建以国内大循环为主体、国内国际"双循环"相互促进的新发展格局[②]。

一是以技术创新驱动发展。高质量发展要求我国持续提高自主技术创新能力，实现关键核心技术突破，不断加快创新驱动对要素驱动、投资驱动的替代

---

① 朱鸿鸣：《"双循环"新发展格局的内在结构与误区廓清》，《东北财经大学学报》，2020 年第 6
期，第 3-11 页。
② 李忠杰：《历史交汇点上再出发》，《中华魂》，2020 年第 12 期，第 4-8 页。

进程。习近平总书记指出"创新是引领发展的第一动力",强调"中国要强盛、要复兴,就一定要大力发展科学技术"。改革开放以来,特别是进入 21 世纪之后,我国高度重视科技创新,其投入和产出不断增加,"神舟"飞天、"蛟龙"入海、"嫦娥"奔月、"墨子"传信、"北斗"组网、"天眼"巡空、"天问"探火等一系列科技创新实现突破,自主技术创新能力得到极大提升,成为支撑我国经济长期快速发展的重要因素[①]。不可否认的是,我国整体技术创新能力依然停留在量变阶段,除部分领域已实现全球领跑、并跑外,大量产业依然处于跟跑阶段,许多产业尚未实现关键核心技术突破。关键核心技术依然高度依赖于国际大循环,受制于人的局面没有从根本上得到改变,成为国内产业升级的严重阻碍。这就要求我们必须以技术创新驱动发展,逐步实现以国内大循环替代国际大循环,强化国内大循环的主体地位。

二是以国内需求带动发展。一个经济大国要实现健康可持续发展,必须以国内市场为主体。从长期来看我国经济发展高度依赖国外市场,尽管从 2008 年国际金融危机爆发之后我国对国际大循环依赖度不断降低,出口总额、净出口总额和进出口总额占国内生产总值(GDP)等各项关联指标均呈现快速下降趋势,然而,仍存在一些地区和产业高度依赖国外市场的现象。这在一定程度上致使这些地区及产业的经济发展易受到外部冲击,进而影响整体经济发展安全。同时,部分依赖于国外市场的产业在长期的发展过程中产生了竞争力模式(低成本竞争力)固化问题,产业发展长期居于低端状态。这就要求在实现产业升级和产业竞争力转型的过程中,这些产业需要由面向国际市场生产向面向国内市场生产转变。当然,强调国内市场的重要性,并不代表国际市场不重要,而是需要不断优化国际市场,从而发挥其正面作用,为拉动我国经济高质量发展服务。

二、国际贸易环境剧烈变动

贸易保护主义自 2008 年国际金融危机爆发之后在全球范围内重新抬头,并且不断发酵,经济全球化出现一定程度的逆转趋势,对全球贸易和经济合作的正常秩序产生了重大负面影响,对我国影响尤其明显。

---

① 人民网:《科技创新能力跃升 为经济高质量发展注入强动能》,https://baijiahao.baidu.com/s?id=1707684766500380110&wfr=spider&for=pc。

一是进出口贸易不确定性明显增强。作为世界第一贸易大国，进出口贸易的稳定增长对我国经济可持续发展具有十分重要的作用。近年，中美贸易摩擦、新冠疫情全球蔓延、俄乌冲突引发全球动荡等国际政治经济局势风云变幻，无不对我国进出口贸易的稳定性和可预期性产生冲击，在一定程度上影响了我国经济的稳定发展。在这种情况下，出于维护国家经济安全的战略考虑，必须预先考虑进出口贸易的不稳定状态可能带来的经济社会负面影响并采取相关措施进行规避和预防。一方面，要以我国为主，继续强化国内大循环的主体地位，加强国内市场的供给侧结构性改革，提高部分产品特别是附加值较低、档次不高产品的替代程度并推动其生产行业转型升级。另一方面，要积极参与全球经济贸易治理体系，增强我国声音，进一步优化国际循环，尽快改善当前国际大循环中存在的对少数国家市场过度依赖的状况。

二是关键核心技术"卡脖子"问题严重。美国政府将技术禁运作为遏制中国经济发展的重要措施，并企图通过发动针对我国科技型企业关键核心技术及核心零部件的技术禁运活动和制裁活动，扰乱甚至限制我国科技产业的有序发展。虽然当前只有少数企业受到美国技术禁运的不利影响，但是考虑到我国进口的关键核心技术等大多和美国企业相关，且在对华技术禁运已成为美国民主和共和两党执政共识和一致政策的背景下，必须树立"摒弃幻想、自力更生"的科技攻关理念。以攻克"卡脖子"关键核心技术难题为目标，保持战略定力、做好战略规划、优化创新环境，营造尊重人才的良好环境，培育大批科技人才，在人力、财力和物力上给予充分保障，加快自主技术创新步伐，尽快实现关键核心技术突破，强化产业链、供应链自主可控性，形成关键核心技术的新发展格局。

三、新冠疫情对国内经济的冲击

新冠疫情冲击，对我国甚至是全球经济体系造成了严重影响，我国传统经济发展格局中的部分弱点在此集中暴露出来，主要从以下两个方面体现。

一是产业链、供应链短板凸显。虽然我国具备全球最完整的工业体系，且其在我国抗击新冠疫情中发挥了重要作用，但是部分产业环节依赖国际大循环的问题，在全球新冠疫情蔓延、国内国际市场连通不畅的特殊情况下表现得特别突出。例如，与抗击新冠疫情相关的高端产品（如呼吸机等）产业的产业链供应链短板问题便暴露无遗。在我国需要呼吸机的紧急时刻，尽管订单数量激增，但是受限于关键核心技术及核心零部件依赖国外，国内供应链体系不健全、不畅通等问题，呼吸机难以实现快速增产。同时，新冠疫情的发生，在某种程度上也凸显了我国结构性供需矛盾问题，部分高端需求较难得到满足的问题比正常时期更加显著。

二是国内市场需求冲击严重。新冠疫情对国内需求造成严重冲击。据统计，2020 年我国社会消费品零售总额达 391 981 亿元，比 2019 年下降 3.9%，而造成这一问题的主要原因便是新冠疫情导致人均收入增速放缓，进而导致人均消费支出下降。这更加凸显了扩大内需、强化国内大循环主体地位的必要性。

需要指出的是，新冠疫情所带来的短期性冲击与我国经济发展面临转型、国际经济环境发生剧烈变化等因素交织在一起，充分暴露出我国传统经济发展格局的弊端，从而表明更需要加快我国构建新发展格局的步伐。

第二节 "双循环"新发展格局的理论内涵

经济高质量发展是"双循环"新发展格局的根本出发点，通过产业结构升级、充分发挥消费的基础性作用和扩大对外开放，更好地利用国内国际市场和资源，促进技术创新和产业升级，重塑和优化全球经贸体系，进而推动形成更加公平合理的国际经济治理新体系。

一、"双循环"新发展格局的理论基础

"双循环"新发展格局的理论基础可以从西方经济学经典理论和马克思主义政治经济学经典理论两方面展开。

（一）西方经济学关于"双循环"新发展格局的理论基础

生产、分配、交换、消费作为经济活动的基本内容，共同构成了循环往复的经济大循环。其中，学术界对于最关键的两个环节——生产和消费的不同认识，逐步形成了两个体系，一是以凯恩斯为代表的宏观经济学理论体系，二是以古典经济学派为代表的微观经济学体系。根据宏观经济学理论，生产和消费无法自动匹配，经济活动也就无法自动实现四个环节的循环往复。因此，整体的供求平衡需要宏观政策进行一定的干预。基于总量平衡理念，建立现代的逆周期调节政策，此外，从支出法来看，GDP 可以看作由投资、消费和净出口构成。其中，内循环是指国内投资和消费等，外循环是指净出口。根据微观经济

学理论，应该更加关注如何实现资源有效配置，提升经济的供给能力，无须过多担忧供需总体之间的循环不畅。内循环方面，可以采取打破垄断、促进竞争的方法来提升效率；外循环方面，通过比较优势的分工协作来提升整体的生产效率，且随着日益细化的国际分工，大量产业内贸易的出现，外循环将逐步升级到全球产业链、价值链的形态。

（二）马克思主义政治经济学关于"双循环"新发展格局的理论基础

马克思主义政治经济学指出，良性循环经济是社会主义经济的本质，国民经济循环表现在两个方面：一方面是社会再生产的不断进行，另一方面是社会总产品的不断实现。经济增长的实质是资本发现、生产并占有新的经济空间，并据此实现资本增殖的过程[①]。"双循环"是以国内大循环为主体，国内国际"双循环"相互促进的新发展模式。一方面，大国经济理论论证了以国内大循环为主体的可行性。从国际上看，经济体量、收入水平、服务业占比与 GDP 中国内消费同方向变动。随着我国进一步提高收入水平、经济体量和服务业占比，我国国民经济未来对国内循环的依赖程度将会大幅提高。当今的中国是一个大国，必然要以满足国内需要为主，以国内循环为主。另一方面，马克思主义政治经济学指出了国内大循环的必要性。经济空间扩展由"剩余价值规律"决定。经济是否"双循环"，或者以内为主还是以外为主，取决于循环的剩余价值最大化。之所以资本要国际化和国际分工，是由剩余价值规律决定的。基于"生产过剩规律"，商品过剩进而资本过剩，则资本开始向国外输出，以获取更高的剩余价值（利润）[②]。

二、"双循环"新发展格局的内涵特征

"双循环"新发展格局的内涵特征可以从加快产业结构升级、发挥消费基础性作用、进一步扩大对外开放三方面展开。

（一）加快产业结构升级

一方面，优势产业迈向高附加值。当前，中国高新技术产业发展势头迅

---

① 李震、昌忠泽、戴伟：《"双循环"相互促进：理论逻辑、战略重点与政策取向》，《上海经济研究》，2021 年第 4 期，第 16-27 页。

② 陈甬军、晏宗新：《"双循环"新发展格局的经济学理论基础与实践创新》，《厦门大学学报（哲学社会科学版）》，2021 年第 6 期，第 37-47 页。

猛，成为优势产业向高附加值迈进的坚实基础。新冠疫情暴发后，中国高新技术产品出口保持稳定，2021 年中国高新技术产品出口额为 9 795.803 亿美元，较 2020 年同比增长 26.2%，体现出中国高新技术产品比较优势明显。在新的发展模式下，要减少核心技术对"外循环"的过度依赖，为高新技术产业发展注入长期动力。另一方面，继续升级创新生产方式。数字化时代在新一代信息技术的驱动下正在快速形成，作为新形态的代表，数字经济、工业互联网、企业上云等，将会促使生产方式发生新的变革。企业数字化转型在新冠疫情冲击下显得尤为迫切，同时生产方式持续升级创新也在新冠疫情的暴发下出现了新契机。新发展格局下，应抓住数字新基建的契机，充分发挥新一代信息技术，如 5G、物联网、大数据等作用，加快新供给拉动新需求，推动形成数字化生产方式。

（二）发挥消费基础性作用

面对全球经济受到新冠疫情所带来的冲击，在中美贸易摩擦升级的前提下，需要大力发挥消费产生的需求对于促进经济增长的作用。国家统计局数据显示，2021 年全国城镇常住人口占比达到 64.72%，并有持续增长的趋势，为形成强大的国内市场奠定了重要的人口基础。在全球经济中，若要保持长期竞争优势，必须发挥消费的基础性作用，挖掘消费升级的潜力，这也是提高人民生活质量的内在要求。新发展格局下，应主动适应新经济趋势，即数字化、智能化、线上线下融合发展的趋势，采用恰当的投资方式创造新消费场景，用网络平台推广消费新行为和新需求。同时，以金融体系改革、农村土地制度改革和户籍制度改革为出发点，加快完善要素市场化配置体制机制，不断提高居民消费能力。

（三）进一步扩大对外开放

我国作为世界第二大经济体，根据联合国工业分类指标，是全球唯一一个拥有所有工业类别的国家。2021 年我国全社会研发投入达到 2.79 万亿元，较 2012 年增加了 1.76 万亿元，我国全球创新指数的排名已从 2012 年的第 34 位上升到 2021 年的第 12 位，为进一步对外开放奠定了坚实的市场和技术基础。一方面，中国实际使用外资金额从 2001 年的 388.21 亿美元增长到 2021 年的 1 734.8 亿美元，有效实现了"引进来"的战略目的。另一方面，2021 年中国对外直接投资额达 1 537.1 亿美元，同比增长 12.3%，占全球份额的比例达到 20.2%，为推动各国共同发展和世界经济复苏发挥了积极作用。新发展格局下，应在国内产业结构升级的基础上，实施创新驱动发展战略，积极攀登全球价值链中高端；全面落实"一带一路"倡议，坚持多边合作，积极参与全球经济治理体系改革。

第三节 "双循环"新发展格局的动力机制

党的二十大报告指出，要"加快构建新发展格局，着力推动高质量发展"。习近平总书记强调，"我们要坚持供给侧结构性改革这个战略方向，抓住扩大内需这个战略基点，使生产、分配、流通、消费更多依托国内市场，提升供给体系对国内需求的适配性，形成需求牵引供给、供给创造需求的更高水平动态平衡""推动更深层次改革，实行更高水平开放，为构建新发展格局提供强大动力"。习近平总书记的重要论述清晰指明了构建新发展格局的动力机制和主要着力点。

一、以新一轮技术创新推进经济内生增长

以国内大循环为主体，关键在于循环，大国经济的突出优势是内部可循环。供给侧结构性改革的对象重点在于优化供给体系，以新一轮技术创新推进经济内生增长，提升生产环节、畅通流通环节，使其更高效地适应需求变化，满足人民日益增长的美好生活需要。

（一）提升生产环节

生产环节是一切经济活动的基础，为经济循环提供最基本的物质资料。一方面，抓住新一轮科技革命机遇，统筹安排科技创新战略布局，依托行业的龙头企业带动供应链持续本土化，通过直道冲刺、弯道超车、换道领跑，加大自主研发创新力度，大面积提高国内供应商的数量，提升科技创新能力，从而不断提升自身对产业链、供应链的主导能力。尤其是要围绕知识技术密集的高端制造行业等领域，下定决心推动国产技术替代，破除"卡脖子"问题，为畅通国内大循环打通生产供给方面的堵点。另一方面，借助完备产业体系和超大规模优势，不断对冲要素成本的上涨压力，并将具有自主知识产权的领先科技推广为世界通用标准，不断提升中国在国际经贸合作规则制定中的话语权。同时，抓住数字经济领域的先发优势，大力推动新一代数字技术与制造业融合发展，加快推进工业互联网建设，充分利用数字技术，如人工智能、大数据、物联网等，改造传统制造业、升级传统制造业，不断提升中国制造业在世界上的创新力、竞争力和影响力。

（二）畅通流通环节

流通联结起生产和消费两个环节，它不仅是经济运行的微观基础，更是经济运行效率提升的重要支撑。近年，面对我国流通产业规模不断扩大而物流系统运行效率整体并不高的局面，若想实现"大市场、大流通"，必须建立高质量的现代流通体系。一方面，加快物流体系的数字化和智能化转型，不断提升流通环节的运行效率。在流通环节大面积推广使用数字技术，能够使得货物被智能识别、精准定位，从而极大节省人力和时间成本，减少人工作业可能产生的差错；各类云端大数据和管理平台的广泛应用能够及时汇聚物流数据信息、以效率最大化和能耗最小化为原则进行最优规划、精确测算、高效管理。因此，只有提升物流系统的数字化和智能化程度，才能降低物流成本、减少能源消耗，进而提升物流效率、畅通流通环节。另一方面，加快跨区域、跨城乡的交通及物流一体化进程，为畅通流通环节打下坚实基础。不断提高跨区域、跨城乡的交通基础设施网络化水平、运输保障能力以及各种运输方式的衔接配合效率；积极推动交通物流信息的开放共享，协同运作跨区域、跨城乡的交通及物流系统，不断降低要素流动成本、提升要素配置效率，为筑牢国内大循环的微观基础提供保障。

二、以消费提质升级助力内需体系构建

在大循环中，若要发挥内需的基础优势作用，必须积极培育强大国内市场，建立完整的内需体系。抓好具有巨大撬动效应的消费刺激点，通过巩固住房、汽车等大宗消费品市场，加快发展教育、健康、托育等服务消费，来持续扩大消费，同时鼓励消费向新模式转变，并规范其发展。提升社会保障等转移性收入水平，使更多低收入群体逐步转为中等收入群体。进一步降低个人所得税负担，缓解中等收入群体的刚性支出压力和焦虑情绪。破除制约优质消费产品和服务发展的体制障碍，促进高收入群体海外消费回流。立足于改善未来的供给结构，优化投资模式，扩大投资规模，统筹引导社会资本流向保增长、惠民生，加强县域新型城镇化建设，补齐基础设施和公共服务设施薄弱环节。释放巨大的内需潜力，疏通消费环节。消费是一切经济活动的出发点和落脚点。巨大的消费潜力不仅是推动消费升级的源泉，也是长期稳定经济增长的主要着力点。因此，扩大内需是连通消费环节和经济增长的战略基点。一方面，增加居民收入，夯实扩大内需的基础。增加居民收入是创造和扩大消费需求的根本源泉，是需求方促进经济增长不可或缺的手段。特别是在新冠疫情冲击下，就业压力凸显、失

业率走高，居民预期收入和实际收入减少导致消费意愿减弱、预防性储蓄倾向明显提升。后疫情时代，要不断增加居民可支配收入，提升居民消费意愿，稳定未来消费预期。另一方面，培育新型消费模式。加快推进新业态、新模式引领新消费，有效促进消费和产业双重升级。当前中国社会主要矛盾已转变为人民日益增长的美好生活需要和不平衡不充分的发展之间的矛盾，人们的消费需求更加多元、丰富，市场供给有着广阔的升级空间，未来的消费结构优化方向应以满足消费新需求为立足点，推动产业和消费的双升级。

三、以国内大市场发展吸引全球要素集聚

当前阶段，逆全球化浪潮不断涌动，新冠疫情冲击下的世界经济面临的不稳定性、不确定性更加突出，处于全球价值环流枢纽位置的中国必将受到更多影响。因此，只有推进更高水平的对外开放，针对不同的价值环流采取不同的策略，中国才能更高质量地融入国际经济循环之中。一方面，实施创新驱动发展战略，顺应科技要素流动新趋势，将高端产业及先进技术从发达经济体引入我国，进行模仿、吸收和再创新，同时与内生企业的自主创新和外生企业的联盟合作创新结合，持续提高产业创新力和竞争力，通过与发达国家进行合作研究、委托研发和联合开发等方式，形成全球创新网络；进一步推动金融对外开放，依托金融中心城市、自由贸易港、自由贸易区等平台吸引集聚全球资本，逐步与国际金融市场接轨，借机打造若干更具影响力的全球金融中心，在国际资本循环中，增强人民币的话语权。同时，我国秉承"共商、共建、共享"的全球治理原则，加强与发达经济体多边和双边对话磋商，强化"合作共赢、共同繁荣"的发展理念，以广泛协商沟通为基础，探索构建新型国际合作机制，在国际贸易规则谈判和制定中提高参与性，在全球经济治理中提高话语权，在国际经济循环中掌握竞争优势。另一方面，以"一带一路"为依托，打造中国投资品牌，深化国际产业合作，逐步同共建"一带一路"国家建立起以中国为核心，以贸易、投资为载体的区域生产网络和价值循环体系。充分利用共建"一带一路"国家和地区的资源成本优势和劳动力成本优势，形成新的产业合作方式："中国技术"加"自然资源加劳动力"，充分发挥双方产业比较优势，推动产业结构不断优化升级；以模块分解为基础，提升核心技术模块的研发力度，不断增加其附加值，持续强化和巩固其控制地位。同时，充分利用共建"一带一路"国家的生产制造能力和市场潜力，加强密切分工合作，促进利益共同体的形成，共同将更加丰富

的产品向客户供给，增加链条成员企业的业务量，促进其形成规模经济，推动共建"一带一路"国家工业化进程，在不断变化的全球经济格局中占据先机①。

四、以国内国际循环畅通促进经济高质量发展

新发展格局是开放的国内国际"双循环"，而不是封闭的国内循环。推动形成宏大顺畅的国内经济循环，可以更好地吸引全球资源要素，既满足国内需求，又提升我国产业技术发展水平，形成参与国际经济合作和竞争新优势②。国内大循环与国际循环并非相互独立运行的循环体系，它们是相辅相成、不可分割的，二者应相互促进、有效互动、相互支持，从而实现内外循环双轮驱动，促进中国经济高质量发展。一方面，国内大循环是国际循环的坚实基础。中国在经济体量、国土空间、人口数量、统一市场等方面的超大规模优势，能够吸引国外各类要素流入国内，从而充分释放生产要素价值和经济发展效能，大大增强国内实体经济的有效供给；与此同时，由投资拉动向消费拉动转变的宏观经济结构也从需求侧带来需求激励，能够为抑制世界经济下行趋势、引导经济复苏带来强大动力。另一方面，国际循环是国内大循环的重要辅助。以更高质量引进国外资本和领先技术，能够进一步丰富国内发展所需的核心要素，促进国内科技水平持续提高，产品和服务质量日益优化；以更大步伐"走出去"布局全球产业链，能够进一步完善中国主导的全球供应链体系和产业链集群，从而为释放国内优质高效产能、增强对全球产业分工掌控提供内生驱动力；以更高的国际标准贯穿生产、消费、流通、分配等环节，并积极参与国际经贸规则谈判和制定，能够进一步增强中国在国际经贸合作中的实力和底气，为国内流通创造良好的国际环境。

第四节 "双循环"新发展格局对中国
粮食安全的影响③

"双循环"下的粮食产业，首先，立足国内资源与市场，注重技术创新与

---

① 韩晶、孙雅雯：《借助"一带一路"倡议构建中国主导的"双环流全球价值链"战略研究》，《理论学刊》，2018 年第 4 期，第 33-39 页。

② 杨煌：《伟大历史交汇点上的新蓝图》，《中华魂》，2020 年第 12 期，第 9-11 页。

③ 本节内容节选自李治：《"双循环"下我国粮食产业的机遇与挑战》，《西北农林科技大学学报（社会科学版）》，2021 年第 4 期，第 97-104 页。

集成，提升种子农资等粮食生产技术对于粮食增产提质的支撑作用、双蛋白工程产品等粮食加工技术对于粮食产品营养化差异化的驱动作用、仓储运输设施等粮食物流技术对于粮食产后减损的保障作用，调整和优化粮食产业供给结构，实现粮食"三链同构"和"五优联动"。其次，注重发挥消费基础性作用，以居民食品消费升级引领粮食产业供给创新、以粮食产业供给提升创造食品消费新增长点，实现更高水平的粮食供需平衡和消费结构升级。最后，适度进口，进一步对外开放，积极参与粮食产业国际分工，统筹利用国内外粮食资源，对粮食进出口结构进行优化，建立全球粮食安全治理新机制。

"双循环"新发展格局主要通过三条路径为我国粮食产业发展提供新的"四大机遇"。三条路径分别为：产业结构升级、消费基础作用发挥和对外开放。"四大机遇"主要包括以下内容：第一，新一代技术革命和数字化给粮食产业结构升级带来的机遇；第二，消费能力的提升和消费需求的多元化给粮食行业带来的提高消费质量的机遇；第三，"一带一路"倡议深化和全球价值链、产业链提升带来的粮食产业对外开放机遇；第四，内循环重塑外循环发展动力和外循环冲击内循环发展环境带来的粮食产业内外循环互动机遇（图1-1）。

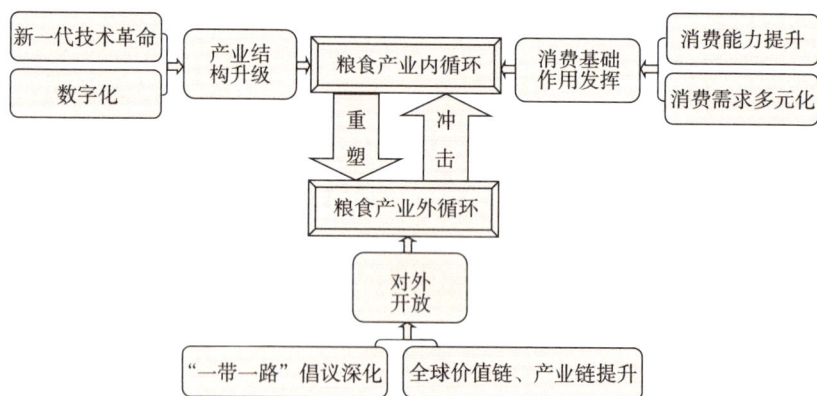

图1-1　"双循环"新发展格局下我国粮食产业面临机遇的分析框架

一、粮食产业结构升级机遇

推进粮食产业结构升级的关键在于，以农业供给侧结构性改革为主线，坚持"粮头食尾"和"农头工尾"，抓住新一代生物技术革命和新一代数字化信息技术等重大技术创新机遇，推动粮食产业链、价值链、供应链"三链协同"。

（一）新一代生物技术革命

新一代生物技术革命带来了粮食产业技术革新机遇。新一代生物技术革命在粮食产业中的应用，有利于实现粮食产业的迭代升级，打破粮食产业链内部各环节之间以及粮食产业与精深加工、文化、旅游、医疗等第二、三产业之间的技术壁垒，使得粮食产业的生产经营特征和价值创造过程得到改变，使得粮食产业内部各环节以及涉粮产业间的边界逐渐被消除。新一代生物育种技术，如全基因组选择育种、转基因技术、基因编辑等在粮食领域的应用，有利于从种源上保障粮食产量和品质的提高。例如，中国农业科学院作物科学研究所克隆抗旱基因培育的抗旱小麦能将水分利用效率提高 15％以上、产量提高 10％以上。同时，提高种质资源质量，有利于提升粮食产前环节，如栽培、灌溉、病虫害防控的效率，也有利于粮食产后环节，如粮食精深加工、生物燃料、纺织的规模与效率提升。

（二）新一代数字化信息技术

新一代数字化信息技术带来了粮食产业形态革新机遇。互联网、物联网等数字化技术在粮食产业中的应用，有利于优化具有连续价值增值功能的上下游各项经营环节，推动价值链低端粮食产业向中高端粮食产业转型，提升整个产业的价值链。例如，安徽青松食品有限公司作为一家集政府早餐工程及主食产品加工、检测、仓储、配送、销售于一体的综合性食品公司，通过布局粮食种植、主食加工、冷链配送、研学体验、技能配送等多个领域，逐步由传统的食品加工餐饮服务企业转型为现代化的综合性商贸企业，实现了粮食种植加工消费的一站式链接，现已发展直营连锁网点 1 252 个，线下门店 136 家，连续 5 年被列为省级农业产业化龙头企业，得到各级主管部门及消费者的一致好评[①]。

二、粮食产业消费提质机遇

随着经济社会的快速发展，城乡居民消费多元化和消费能力的提升为推进粮食产业消费提质提供了重要机遇。

---

① 颜波、胡文国、周竹君、曾伟、姜明伦：《粮食产业经济发展战略研究（一）》，《中国粮食经济》，2017 年第 11 期，第 44-48 页。

（一）城乡居民消费多元化

城乡居民消费多元化带来的粮食产业消费机遇。当前，"宅生活"等新生活方式在数字化引领的新一轮消费业态变革中产生，这促使我国城乡居民的消费理念在两个方面发生了改变：一方面是由实物型消费转向服务型消费，另一方面是由低质量消费转向高质量消费。食品消费主要呈现四个特征：个性化、营养化、社群化和平台化。多元化的消费需求，使得食品消费结构呈现持续快速升级的趋势。在消费升级的前提下，粮食产业应该采取"线上"赋能"线下"的方式，逐步将只提供初级产品转变为精深加工、文旅康养，创造适宜的消费场景，挖掘恰当的消费习惯，不断激发新的消费行为和需求。此过程不仅为粮食产业结构转型升级提供了外部动力，也为涉粮消费升级与粮食产业升级协调发展提供了广阔场景。例如，盒马鲜生通过打造数字农业和整合食品供应链，将线上、线下与现代物流融合，形成盒马 mini、盒小马、盒马 F2、盒马村等食品消费新业态和 C2M 柔性定制模式，实现"大农业＋新零售"的有机结合，2019 年盒马鲜生全国销售额约 400 亿元，位列中国超市百强第六位。

（二）城乡居民消费能力提升

城乡居民消费能力提升带来粮食产业消费机遇。随着全面实施乡村振兴战略、新型城镇化战略，农村居民收入水平得到显著提高。中国农村拥有庞大的人口基数，这在一定程度上将显著促进消费能力。因此在粮食产业的推动下，下沉其经营重心和运营渠道，使得低线城市和农村地区的涉粮消费活力得到释放，充分发挥消费的基础性作用。国家统计局数据显示，农村居民人均消费支出由 2013 年的 7 485 元增至 2020 年的 13 713 元；2020 年乡村消费品市场逐步复苏，且市场增速高于城镇。

三、粮食产业对外开放机遇

"一带一路"倡议的深入实施和粮食产业全球价值链、产业链重构与提升为我国粮食产业"走出去"提供了重要发展机遇。

（一）"一带一路"倡议的深入实施

在"一带一路"倡议深入实施的前提下，中国粮食产业"走出去"迎来了新的战略机遇。一方面，有利于粮食企业在共建"一带一路"国家进行海外农田投资、建设海外粮油加工厂、参与国际粮食流通等，进而提升我国粮食企业在国际粮食贸易全产业链中的控制力；另一方面，有利于全球粮食贸易更加公平有序、提升中国的国际形象和影响力。例如，2016年中国化工集团有限公司以430亿美元收购全球农药种子企业先正达，此项收购有两个影响：一是促使国内同类企业推动粮食产业转型升级，二是提升国内种子农药科技创新能力和粮食服务业国际竞争力。

（二）粮食产业全球价值链、产业链的重构与提升

粮食产业全球价值链、产业链的重构与提升为中国粮食企业增强市场竞争力提供了重要机遇。国内粮食产业结构转型升级和粮食高新技术产业的快速发展，使得在全球价值链中，中国粮食企业从中低端逐步转为高端，有利于高效整合海外资源、保障全球粮食安全，也有利于提升东道主国粮食产业的规模和效益以及与欧洲、日韩等国家和地区在粮食高科技领域的合作交流。例如，为应对新冠疫情对于全球粮食供应链的影响，亚洲基础设施投资银行等国际组织除了积极向部分国家发放专项贷款以解决短期粮食波动问题外，还积极寻求粮食生产加工流通领域的相关企业开展投资合作以解决长期粮食供应问题，这为中国粮食企业参与完善全球粮食产业链提供了重要契机。

四、粮食产业内外循环互动机遇

以国内大循环为主体、国内国际"双循环"相互促进的新发展格局，旨在以系统论思维统筹国内国际供需的互动，追求升级版的发展。这就要求在推进粮食产业发展过程中，既要更多倚仗已经雄厚起来的本土统一市场，又决不放弃与其他经济体形成国际大循环的交流机遇，更好地发挥粮食产业内外循环互动机遇。

（一）粮食产业内循环重塑粮食产业外循环的发展动力

当前在全球经济存量的博弈中，产业缺乏相对需求已经成为一个显要特征，然而中国正逐渐成为更加突出的"供给—需求"双中心。一方面，随着中国跨越中等收入门槛、老龄化程度不断加深、新型城镇化加速推进，各类新需求和升级需求带来的粮食产业巨大需求潜力，有助于引导粮食产业生产新的优质供给和实现国外优质资源"引进来"。另一方面，中国粮食产业借全球价值链体系重构机遇，充分发挥中国企业在数字经济等领域的比较优势，实现粮食产业的结构升级，为中国粮食企业迎来新一轮"走出去"红利。例如，中粮集

团有限公司立足国内，积极布局南北美洲等世界粮食核心产区，畅通全球粮食主产地与主销区流通渠道；为应对新冠疫情冲击，与 ADM、邦吉等全球主要粮商合作，采用区块链等互联网技术，成立诺华 S.A 数字化农业国际贸易公司，推进国际贸易数字化。

（二）粮食产业外循环冲击粮食产业内循环的发展环境

一方面，受新冠疫情和贸易保护主义影响，我国粮食企业参与国际竞争的压力更大，要求我国粮食产业更加注重借助 5G、物联网、大数据等数字化手段，盘活存量、创造增量，引导各类粮食企业加入国内粮食供应链、提升国内粮食创新链、补强国内粮食产业链，为粮食企业发展创造统一的国内市场空间。另一方面，《区域全面经济伙伴关系协定》（RCEP）和《中欧双边投资协定》（中欧 BIT）等区域合作协议的签订和"一带一路"等国际合作机制的完善，也为中国粮食产业对外合作提供了新的机遇，有利于推动政府部门建立更加开放、包容的粮食产业发展制度环境和高效、透明的粮食安全治理体系。例如，自 2001 年中国加入 WTO 后，"ABCD"四大粮商和孟山都等跨国农业垄断公司通过对核心技术的高效转化和贸易、加工、仓储等环节的服务而不断渗透中国农业产业链，在促使政府部门完善细化《外商投资产业指导目录》《中华人民共和国反垄断法》等农业产业发展安全网的同时，也推动国内涉农企业等经营主体积极加大涉农技术研发投入、完善农业产业链条、拓展全球发展空间。

第二章
"双循环"下中国粮食流通制度的实践分析

新中国成立以来，党和国家始终高度重视粮食安全问题，逐渐走出了一条具有中国特色的粮食安全之路。从粮食安全战略的实施路径看，粮食流通制度是症结所在和关键环节。回顾总结 70 多年来的粮食流通制度实践，对于确保国家粮食安全，把饭碗牢牢端在中国人手里，为中国现代化提供有力的支撑，意义深远。

第一节　中国粮食流通制度演变的阶段分析

中国粮食流通制度沿革大体上经历了以下三个阶段：①以服务于社会主义建设为目标的政策改革阶段（1949—1977 年）；②以增产增收为重点目标的政策改革阶段（1978—2013 年）；③以统筹安全与发展为目标的供给侧结构性改革阶段（2014 年至今）。

一、以服务于社会主义建设为目标的政策改革阶段（1949—1977 年）

受战争和自然灾害的双重影响，新中国成立后的农村经济凋敝，农业生产落后，粮食生产能力倒退，供给不足问题十分突出。中国共产党抓住粮食问题中的主要矛盾，不断调整完善措施，以促进农业的迅速发展。

（一）以巩固新生政权为目标的"三个面对"工作阶段（1949—1952 年）

中国国民经济在新中国成立后进入恢复阶段，当时粮食产量较少，政府能够掌握的粮源也比较少，因此造成粮食矛盾突出，粮食价格在市场上波动也较大。1949 年，全国粮食产量只有 2 263.62 亿斤[①]，相较 1936 年的 3 000 亿斤少了很多[②]，农业基础薄弱，粮食生产能力不足；同时，全国各地自然灾害频发，奸商投机行为猖獗。

当时采用两条路径来解决粮食问题：一是大力发展粮食生产；二是在粮食流通方面，主要实行自由购销体制，且该体制由国营商业领导。通过国营公司在市场上收购粮食，掌握粮源；通过加强粮食市场管理，发挥国营商业的主导作用，并组织国营公司适时吞吐，平抑粮价，稳定市场；通过掌握粮食批发权，逐步扩大国营公司直接供应粮食的数量，减少中间盘剥[③]。从全国统一调度粮食棉纱进行抛售，在"米棉之战"较量中取得胜利，严厉打击了投机资本家，平抑了物价，稳定了市场。面对财政需要和城市居民粮食供应问题，实行公粮征收计划。为保证征粮任务的完成，不断完善征粮政策，调整征收比例，并提出将土地改革分为两个阶段的设想，积极推动了征粮工作的进行。面对公粮征收中的粮食调运问题，不断加强粮食管理和调运工作。关于调运工作中的粮食保管问题，粮食部门一方面改建租用仓库，另一方面修建新粮库，共计扩展仓容 591.2 亿斤，基本满足了当时的粮食储存需要[④]。关于调运工作中的粮食运输问题，集中社会力量，抢修重要交通线，恢复全国原有铁路，利用各种运输工具参与运粮工作。粮食调运过程中出现的问题不断解决，有效加强了全国粮食的统一管理。这些政策的实施，使得国家粮食生产和需求逐步改善，粮食产量逐年增加，基本保证了粮食市场供应和粮食价格的稳定。但由于当时人均占有粮食仅 400 多斤，加上私营商业的投机行为，粮食供求矛盾仍然十分紧张。

（二）以解决供求不平衡为目标的购销制度确立（1953—1956 年）

随着 1953 年大规模经济建设的开始，人民的购买力提高了，对商品粮的需求日益增加，粮食生产虽有较快发展，1953 年较 1950 年增加了 26.3%，但人均粮食占有量只有 570 斤，而同一时期国家销售的粮食却增加

---

① 斤为非法定计量单位，1 斤＝500 克。——编者注
② 朱敬之：《我国的粮食政策和市镇粮食供应工作》，财政经济出版社，1958 年，第 5 页。
③ 兰录平：《从粮食购销政策演变看我国粮食购销市场化》，《农业经济》，2013 年第 1 期，第 114-116 页。
④ 唐正芒：《中国共产党领导新中国粮食工作史论（1949—2009）》，湘潭大学出版社，2016 年，第 34 页。

了 442%①，粮食生产与消费增长之间的速度不匹配。国家粮食收支难以平衡，市场供应十分紧张，出现某些商品供需矛盾突出的现象，一些地区群众排队抢购粮食。为了保证人民生活需要和经济建设发展，平衡粮食供求，稳定粮食局势，国家于 1953 年实施粮食统购统销政策，由国家全面统筹规划全国粮食的收购与供应，同时禁止城乡粮食投机者买卖粮食。这一政策保证了各方面对粮食的需要，避免了全国粮食供求失调的危险。1955 年，为进一步贯彻落实粮食统购统销政策，国务院发布《农村粮食统购统销暂行办法》和《市镇粮食定量供应暂行办法》，逐步形成粮食统购统销制度。统购统销政策稳定了当时的粮食价格和市场，促进了工农融合，巩固了工农联盟，也为社会主义工业化建设积累了大量的初始资本。

（三）以解决粮食危机为目标的政策调整阶段（1957—1965 年）

1957 年，毛泽东《在省市自治区党委书记会议上的讲话》中强调，"农业关系国计民生极大。要注意，不抓粮食很危险。不抓粮食，总有一天要天下大乱"②。1958—1960 年，受自然灾害客观因素和"大跃进""人民公社化"运动主观错误的影响，我国出现了严重的粮食危机。为解决粮食危机，党和政府调整了粮食政策。在庐山会议上，毛泽东提出了要"多储备、少食用"的主张，并强调各主体在粮食生产中的共同责任。通过对"大跃进"和"人民公社化"运动引发的粮食危机的反思，党中央及时调整了粮食购销体制。在统购方面，主要从三个方面进行调整：一是减少收购量，二是提高收购价，三是缩小派购范围。在统销方面，主要是适当降低对于粮食集贸市场的管控，促进粮食流通的方案进行调整。此外，针对购销价倒挂问题，党和政府采取了购销差价补贴和城市职工价格补贴等措施，在某种程度上促进了粮食生产的恢复和发展。面对缺粮困境，毛泽东在 1959 年发表的《党内通信》中指出，要节约粮食，增加储备粮③（表 2 - 1）。

---

① 苏秀林：《谈谈目前我国的粮食政策》，中国工人出版社，1958 年，第 2 页。
② 易钢：《毛泽东、邓小平对中国传统重农思想的新发展》，《毛泽东思想研究》，1998 年第 6 期，第 69-73 页。
③ 唐正芒：《历程与经验：中国共产党对当代中国粮食工作的领导论析——写在中国共产党成立90 周年》，《湘潭大学学报（哲学社会科学版）》，2011 年第 3 期，第 12-16 页。

表 2-1 1957—1965 年主要粮食政策文件

时间	文件	主要内容
1960 年 7 月 10 日	《关于全党动手，大办农业，大办粮食的指示》	保证粮食生产，抓紧粮食调运，切实实行计划用粮，节约用粮
1962 年 7 月 3 日	《关于严格控制和合理压缩城镇粮食销售量的通知》	必须坚决做到人粮相符，减人与减粮相适应；不准随便提高粮食定量
1966 年 2 月 25 日	《关于切实做好三线建设粮食供应的通知》	切实做好口粮供应工作；做好市场食品行业用粮的供应；做好建勤民工的口粮供应

资料来源：河南省革命委员会粮食局编印：《粮食供应政策选编》，1977 年，第 3、112、152 页。

（四）以维持粮食稳定为目标的平稳过渡阶段（1966—1977 年）

"文化大革命"期间，全国形势混乱，但 1976 年粮食总产量较 1966 年增加 1 446 亿斤，全国粮食总产量保持较为稳定的增长[①]。这是党和政府努力维持全国粮食秩序、加强粮食生产和粮食工作的结果。为降低农民粮食负担，从 1971 年起，粮食征购政策由"一定三年"延长为"一定五年"；同时因地制宜，合理安排粮食征购任务，在丰产和重灾地区分别实行超购超奖和适当调减政策。基本禁止一切由私人经营的粮油贸易，粮食收购量全部由国营企业和供销合作社垄断。该阶段的粮食流通政策主要包括三个方面：一是实行粮食计划收购政策，主要是针对农村余粮户；二是实行定量供应政策，此政策主要针对城市居民；三是实行统销政策，主要针对农村缺粮人口。粮食市场由国家严格管控，明令禁止一切私商经营粮食。实行"四统一"管理体制来调节不同地区、不同季节的粮食盈亏。在这些政策实施的前提下，粮食分配、经济建设和人民生活都得到了极大改善，但农民生产粮食的积极性却由于国家统得过多、过宽且统购价过低而受到影响（表 2-2）。

表 2-2 1966—1977 年主要粮食政策文件

时间	文件	主要内容
1967 年 2 月 20 日	《给全国农村人民公社贫下中农和各级干部的信》	动员一切力量做好春耕生产工作
1971 年 8 月 21 日	《中共中央关于继续实行粮食征购任务一定五年的通知》	粮食征购基数由三年改为五年

---

① 赵德余：《1966—1976 年间我国粮食统购统销政策的制定及其效益》，《华南农业大学学报（社会科学版）》，2016 年第 2 期，第 1-11 页。

（续）

时间	文件	主要内容
1972 年 12 月 10 日	《商业部关于当前粮食情况和意见的报告中的十条意见》	正确执行统购统销政策，压缩一切不合理的供应，坚持计划用粮，节约用粮，严格粮食管理制度

资料来源：唐正芒：《中国共产党领导新中国粮食工作史论》，湘潭大学出版社，2016 年，第 142 页；河南省革命委员会粮食局编印：《粮食供应政策选编》，1977 年，第 139 页；黑龙江革命委员会粮食局编：《农村粮食政策汇编》，1972 年，第 143 页。

二、以增产增收为重点目标的政策改革阶段（1978—2013 年）

从党的十一届三中全会提高粮食统购价格，到双轨制改革后先后 4 次大幅提高粮食订购价、对农民以保护价敞开收购，初步形成了粮食保护价。2004年、2007 年先后出台的最低收购价制度和临时收储制度意味着保护价制度的正式形成，并逐渐成为促进农民增产增收的常态化政策。

（一）以刺激产粮积极性为目标的收购制度改革（1978—1984 年）

随着改革开放的深入，我国城市化水平加快，城市人口出现继 1949—1953年以来的第二次大扩张，原有体制已无法适应当时形势，城市居民粮食供应出现紧缺。为缓解供求紧张，国家主要对粮食收购制度进行改革。

1978 年，国家在农村实行家庭联产承包责任制，相应对统购统销体制进行了调整，逐步缩小计划管理范围，调减粮食定购任务，减少农产品统购统派的种类，将统购范围限于小麦、稻谷和玉米。从 1983 年起，适当放宽粮食集市市场[1]。扩大市场调节比例，大幅提高粮食统购价格，逐步放开饲料和工业用粮销售价格。由于粮食购销价格倒挂，一方面，国家财政补贴迅速增加；另一方面，在丰收年农民出现了"卖粮难"现象，又引起市场粮价下跌。据统计，1984 年全国粮食总产量达到 40 730.5 万吨，较 1978 年增长 33.6%，主粮产需缺口由 1978 年的 -420.8 万吨增长到 928 万吨，粮食供求不足问题得到有效解决[2]。

（二）以探索市场化为目标的购销体制改革（1985—1992 年）

由于采取家庭联产承包责任制、提高粮食统购价格和鼓励粮食市场发育

---

[1] 王双正：《粮食流通体制改革 30 年：回顾与反思》，《财贸经济》，2008 年第 11 期，第 111-124 页。

[2] 普蕙喆、吕新业、钟钰：《产需张弛视角下粮食政策演进逻辑及未来取向》，《改革（重庆）》，2019 年第 4 期，第 103-114 页。

等措施，1984 年中国粮食获得大丰收。粮食流通体制由双轨运行开始走向市场。在不触碰社会主义计划经济体制的前提下，我国引入市场因素改革粮食制度。从 1985 年开始，国家废止了延续 33 年的粮食统购制度，在更大范围内发挥市场调节作用，针对不同的情况实施不同的定购方案，即合同定购和市场定购，允许定购外的粮食自由上市。不再向农民下达粮食统购任务，改为由商业部门与农民签订定购合同，对合同定购部分按国家确定的价格收购，品种为小麦、玉米、稻谷和主产区的大豆；对于定购之外的粮食实行"双轨制"方法，即采用合同定购和市场定购同时实行的方案，使之自由购销，由市场对其价格进行调控。同时，国家对于粮食统销范围实行逐步缩小的方案，并决定市场应规范工业和饲料用粮。此后，国家不断提高粮食统销价格，减少粮食统销数量，扩大市场调节比重。1992 年，政府实行同价购销，粮食购销体制向市场体制过渡迈出实质性步伐。1979—1992 年的 14 年间，国家先后 7 次上调粮食收购价格，6 次上调植物油收购价格，使粮油收购价格接近市场价格。国家对统购体制的改革从根本上动摇了运行几十年的购销体制，粮食市场的"双轨制"初步形成，以经营市场化为目标的改革由此展开。

（三）以增强市场调控作用为目标的支粮阶段（1993—1997 年）

党的十四大提出建立社会主义市场经济体制，发挥市场在资源配置中的基础性作用。这一时期，为更好发挥市场作用，党进一步探索粮食政策改革的新形式。为了适应形势需要，从 1992 年起，为改变粮食购销价格倒挂现象，对于城镇人口，提高口粮统销价格。此外，对于粮食协议收购采用最低保护价制度，国家还建立了专门的粮食储备制度。这些粮食流通政策的实施，产生了以下四点作用：一是调动农民种粮积极性，二是促进粮食生产发展，三是增加市场供应，四是稳定市场价格。但是，从 1992 年以后，国家又多次调整了粮食购销价格，出现了粮食购销价格倒挂的新现象：一方面，国家财政补贴不断增长；另一方面，国营粮食企业财务挂账大幅度增加。

为解决粮食流通中出现的新情况、新问题，国家在 1993—1995 年三次改革和完善粮食流通政策，进一步推动粮食流通体制改革。以粮食价格改革为重点，1993 年，我国第一次放开粮食的价格和经营，指出未来粮食要向商品化、经营市场化方向推进。1993 年 11 月，粮食统购统销体制彻底解体。粮食真正走向商品化、市场化。为了贯彻落实党的十四大精神，实现粮食流通体制由计划经济向市场经济体制转变，1993 年 2 月，国务院下发《关于加快粮食流通体制改革的通知》，核心是在国家粮食宏观调控下，放开粮食价格，放开粮食经营，增强国有粮食购销企业的活力和竞争力，减轻国家财政负担[①]。根据这一通知精神，1993 年上半年，全国各地陆续放开了粮食价格，但是由于粮食宏观调控措施缺乏，加上当年稻谷减产、粮食出口过多等因素，在 1993 年底和 1994 年初，南方大米市场价格疯涨，流通秩序一度混乱。第二次是 1994 年加强粮食宏观调控。为了平抑粮价，国家决定立即抛售国家专项储备粮，实行挂牌限价供应政策，同时增加粮食进口，限制粮食出口；进一步完善国家专项粮食储备制度，在 1994 年建立粮食风险基金，成立了专门为粮、棉、油政策性收购提供贷款支持的中国农业发展银行。1994 年 5 月，国务院下发《国务院关于深化粮食购销体制改革的通知》，要求粮食部门必须收购社会商品粮的 70%～80%，即 1 800 亿斤左右，其中 1 000 亿斤为国家下达的定购任务，定购价格由国家确定，其余部分价格随行就市，并重申完成定购任务是农民应尽的义务[②]。第三次是 1995 年粮食部门实行"两线运行"。为遏制国有粮食购销企业风险不断增加的局面，1995 年 6 月，国务院下发《国务院关于粮食部门深化改革实行两条线运行的通知》，要求国有粮食购销企业实行政策性业务和商业性业务分开，即实行"两条线运行"，分开经营，分别核算[③]。同时又恢复粮食定购政策，强调国家必须掌握大部分商品粮源，开始实行"米袋子"省长负责制。

为保护种粮农民利益，提高农民种粮积极性，1996 年，国家大幅提高了粮食保护价水平。1997 年，为进一步发挥市场的作用，国家实行按保护价敞开收购农民余粮的政策，但由于粮食销售价格没有相应提高等因素，国有粮食购销企业又大幅度产生了财务挂账。

（四）粮食流通市场化改革阶段（1998—2003 年）

由于国家连续大幅度提高粮食收购价格，从 1998 年开始，中国粮食总量开始出现阶段性和结构性过剩，国内粮食市场价格急剧下跌。对此现象，1998 年我国实行购销市场化改革来保护种粮农民利益，巩固粮食流通体制改革成

---

① 夏仲明：《三十年粮改的回顾与思考》，《粮食问题研究》，2008 年第 4 期，第 44-48 页。
② 尚强民：《改革开放 40 年与保障国家粮食安全》，《中国粮食经济》，2018 年第 12 期，第 22-26 页。
③ 杨祖义、瞿商：《浅析粮食购销政策的三次变化》，《粮食问题研究》，2005 年第 2 期，第 13-18 页。

果，保障国家粮食安全。该项改革的原则是"四分开、一完善"，重点是"三项政策、一项改革"。"四分开、一完善"是指政企分开、中央与地方责任分开、储备与经营分开、新老财务账目分开，完善粮食价格机制①。"三项政策、一项改革"是指坚持按保护价敞开收购农民余粮、国有粮食购销企业实行顺价销售、农业发展银行对收购资金实行封闭运行和深化国有粮食企业自身改革的政策②。2001年，我国加快粮食价格市场化改革步伐，最大限度发挥市场在粮食价格机制和多元化粮食经营主体方面的作用。

2001年7月，为适应加入WTO和粮食生产流通新变化的需要，国务院下发《国务院关于进一步深化粮食流通体制改革的意见》，此次深化改革的重点是"放开销售区域、保护生产区域"。在粮食主销区实行放开粮食收购，由市场对粮价进行调节，从而使得粮食购销市场化改革加快进行；在粮食主产区，主要实行按保护价敞开收购农民余粮的政策；进一步完善粮食风险基金包干办法，切实落实粮食省长负责制，完善国家粮食储备体系，增强粮食宏观调控能力等。

经过上述改革，粮食流通管理取得了一定实效，国家粮食储备得到了进一步充实和发展，粮食宏观调控体系初步建立，进一步增强了政府粮食宏观调控能力。这一阶段进行的探索和实践，为粮食流通市场化改革积累了丰富的经验。但粮食流通仍有许多方面不能适应社会主义市场经济的要求，主要表现为制度不畅、机制不活、补贴不到位、支持政策不落实、国有粮食购销企业亏损巨大等。因此，要进一步理顺粮食流通管理体制，完善粮食流通政策。

根据国务院通知精神，粮食主销区，如北京、江苏、上海等地先后放开粮食购销市场；粮食主产区，如湖南、安徽等地也放开粮食市场，并在辖区内对部分农民试点实施直接补贴方法；粮食主产省，如河北、河南、吉林等地在原来实施按保护价敞开收购农民余粮的基础上，以辖区内农民为试点，采用价内补贴或直接补贴方法；部分省份在原有基础上进一步缩小保护价收购范围和品种，如黑龙江、陕西等省份，同时对省内部分地区，降低对其粮食市场和价格

① 蔡丹纯、吴晓兰：《以市场化为取向　追求效率　兼顾公平——用渐进主义分析1998年国家粮食流通体制改革》，《中国集体经济》，2009年第6期，第50-51页。
② 胡小平、范传棋、高洪洋：《改革开放40年中国粮食价格调控的回顾与展望》，《四川师范大学学报（社会科学版）》，2018年第6期，第23-29页。

的管控。这一阶段坚持粮食流通市场化改革方向，为粮食购销市场全面放开创造了有利条件。

（五）以扭转粮食减产局面为目标的支持保护阶段（2004—2013 年）

1998—2003 年，我国粮食总产量出现"五连跌"情形，共下降 8 160.03 万吨，主粮产需缺口由 1998 年的 2 617 万吨下降到 2003 年的－5 500.1 万吨，供不应求形势严峻[①]。以扭转粮食减产局面、提高农民生产积极性为目标的农业支持保护政策相继出台。一是改革农业税费。为贯彻落实党的十六届三中全会精神，进一步推进粮食购销市场化改革，2004 年 5 月，国务院下发《国务院关于进一步深化粮食流通体制改革的意见》，明确要求从 2004 年起全面放开粮食收购市场，实行"放开收购市场，直接补贴粮农，转换企业机制，维护市场秩序，加强宏观调控"的政策，完善粮食价格形成机制，实现粮食购销市场化和市场主体多元化[②]。随着逐步推进粮食流通体制的改革，出现了国有粮食购销企业改革进展不平衡、促进粮食稳定增产和农民持续增收的有效机制尚未建立的问题。粮食宏观调控和流通监管体制有待完善。2004 年，按照"多予、少取、放活"的原则，逐渐降低农业税率。2006 年，农业税被完全废除。二是完善补贴政策。2004 年起，在全国开始全面推广粮食直接补贴制度，2006 年增加农资综合补贴，此后不断完善，逐步形成农业"三项补贴"[③]。此外，中央政府还加大对农业科技、农业病虫害防控、现代农业人才支持计划等方面的财政扶持力度。三是实施托市收购政策。自 2004 年以来，在主产区对供不应求的重点粮食品种实行最低收购价政策。2006 年 5 月，国务院又印发《国务院关于完善粮食流通体制改革政策措施的意见》，提出要加快国有粮食购销企业改单、妥善解决企业历史包袱、建立竞争有序的粮食市场体系、加强粮食产销衔接、加强粮食宏观调控、确保国家粮食安全等政策措施[④]。

---

① 隋丽莉：《新世纪以来我国粮食价格政策成效、问题与改革方向》，《经济纵横》，2020 年第 3 期，第 119-128 页。

② 中华人民共和国中央人民政府网：《国务院关于进一步深化粮食流通体制改革的意见》，http：www. gov. cn/gongbao/content/2004/content _ 62827. htm。

③ 陈祥云、李荣耀、赵劲松：《我国粮食安全政策：演进轨迹、内在逻辑与战略取向》，《经济学家》，2020 年第 10 期，第 117-128 页。

④ 中华人民共和国中央人民政府网：《国务院关于完善粮食流通体制改革措施的意见》，http：www. gov. cn/zhengce/content/2008-03/28/content _ 3590. htm。

三、以统筹安全与发展为目标的供给侧结构性改革阶段（2014 年至今）

（一）探索推进粮食价格形成机制与政府补贴脱钩（2014—2017 年）

在保障粮食安全的前提下，我国积极与国际接轨，开始尝试粮食进出口贸易政策的多元化创新。2014 年中央 1 号文件强调"以我为主"和"适度进口"的粮食安全战略。国家积极落实多项政策，促进粮食进出口贸易发展。在适度进口调节国内余缺的基础上，提高进口粮食质量监管水平；同时，加强国际合作与交流，鼓励我国粮食企业、科技和标准"走出去"，提升我国粮食产品的国际竞争力。2014 年以来，在粮食连年丰产、结构性过剩基础上探索，以提高竞争力为主要导向，按照"分品种施策、渐进式推进"的原则，调整种植业结构，并探索新的农业支持政策。2014 年，国家将实行多年的大豆临储政策废除，将部分地区作为试点，实行目标价格补贴政策。该政策的实施对象为棉花和大豆，该项政策在 2017 年被调整为新的机制，即"市场化收购＋生产者补贴"机制。2016 年，在东北主产区对玉米进行收储制度改革，该项改革的原则是"市场定价、价补分离"，进一步加快收购价格市场化的步伐；首次将稻谷和小麦的最低收购价全面下调，优化稻谷、小麦种植面积。

（二）持续推进粮食流通体制市场化运行新机制（2018 年至今）

党的十九大以来，国家持续推进粮食流通体制市场化运行新机制。首先，在粮食支持和流通、市场化方面，加强支农强农政策，完善农业支持保护体系；构建现代流通体系，加强储备应急管理；扩大农业开放，由要素开放转变为制度开放，提升对于"两个市场、两种资源"的利用率，优化进出口结构，深化农业国际合作。其次，在粮食经营上采取放开搞活的措施。倡导粮食流通多渠道、少环节、降成本、增效益，多种经济成分并存，把市场做大、搞活，把效益做好；发挥各个方面的积极性，在实践中，凭实绩说话，凭本事赚钱；既不搞"国进民退"，也不搞"民进国退"[①]。我国正在加快粮食产业化体系建设，现已有 2.3 万户粮食企业入统，2018 年工业总产值突破 3 万亿元，一大批名牌产品和名牌企业涌现出来，并积极面对各种市场风浪，逐步成长壮大。在

[①] 白美清：《我国粮食流通体制改革开放历程的初步回顾与探索》，《中国粮食经济》，2019 年第 12 期，第 7-10 页。

我国，形成跨国公司存在“走出去”与“引进来”并存的局面，且世界 500 强中我国企业的数量持续增加。中国的粮食大市场面向世界、发挥自身优势，造福本地、贡献世界。

第二节 中国粮食流通制度改革的主要成效与特点

新中国成立以来，中国用占世界不到 10％的耕地、6％的淡水资源，解决了占世界近 20％的人口的吃饭问题，为世界粮食安全作出了突出贡献。截至 2021 年，中国总人口达 14.12 亿人，人均占有粮食 484 千克，多年来一直高于世界平均水平；长期保持 70％以上的口粮储备，远远高于联合国粮食及农业组织（FAO）界定的 17％～18％的粮食安全储备率。与新中国成立之初相比，中国人口增长了 2.62 倍，同时粮食人均占有量增长高达 2.3 倍。中国实现了粮食安全从基本解决温饱问题到数量、质量、营养的全方位保障转变，取得了历史性成就。

一、中国粮食流通制度改革的主要成效

党的十八大以来，以习近平同志为核心的党中央着眼于实现“两个一百年”奋斗目标和中华民族伟大复兴的中国梦，明确提出了构建新形势下国家粮食安全战略，即坚持“以我为主、立足国内、确保产能、适度进口、科技支撑”的战略方针。深入推进农业供给侧结构性改革，从追产量到求优质，从生产导向到需求导向，从高产创建到绿色增产，聚焦重点，精准发力，牢牢守住粮食安全战略底线，为推进经济转型升级和持续稳定发展奠定了坚实基础，为改革发展大局发挥了“压舱石”的作用。

（一）粮食综合生产能力较强

随着补贴力度的加大和政策的完善，我国粮食产量连续 6 年稳定在 1.3 万亿斤以上，粮食综合生产能力显著提升。从耕地保护能力方面看，我国耕地面积近十年都保持在 18 亿亩①以上，严守住了 18 亿亩耕地红线。从耕地质量上来看，党的十八大以来，我国累计建成高标准农田 8 亿亩，2019 年耕地质量平

---

① 亩为非法定计量单位，1 亩＝1/15 公顷。——编者注

均等级 4.76，较 2014 年提升了 0.35 个等级[①]。从农业科技水平方面看，2020
年，我国农业科技进步贡献率突破 60％[②]，主要农作物良种覆盖率稳定在 96％
以上[③]，全国禽畜粪污综合利用率达 75％以上，整体呈现稳步提升趋势。从农
田灌溉方面来看，2020 年耕地灌溉面积和高效节水灌溉面积较 2019 年分别增
加 43 万公顷、160 万公顷[④]。农田灌溉水有效利用系数平稳提升[⑤]，高效节水
农业蓬勃发展。从农业机械化水平方面来看，全国农作物耕种收机械化率 2020
年达到 71％，其中，小麦、水稻、玉米耕种收综合机械化率分别超 95％、
85％、90％。农业机械化水平进入新发展阶段[⑥]。

（二）粮食储备流通体系可靠

在粮食储备能力方面，各地积极落实粮食储备规模任务，扩大储备规模。
对于储备粮加大监督检查力度，主要通过以下几种方式：日常监督、专项抽查
及第三方检测等。此外，对储备粮严格执行"入库一批、检验一批"制度，全
方位保障储备储存粮安全。中央储备粮规模稳定，地方储备粮能够满足产销地
区的市场供给。粮食总产高，供应稳，储备充足。从仓储物流设施建设来看，
全国累计投入仓储物流设施建设资金持续增长，实现粮食仓储物流设施建设跨
越式发展[⑦]。全国各地新建多个粮食专用码头泊位、粮食中转仓；通过出台政
策，加大资金投入，新建粮食储备仓，改建、扩建仓容；通过政府财政补贴引
导鼓励农户建仓，完成科学储粮设施建设，显著提升农户储粮能力；完成国家
粮食质量监测站建设，粮食质量检验监测能力进一步提升[⑧]。目前，中央储备

---

① 农业农村部新闻办公室：《2019 年全国耕地质量等级情况公报》，http://www. moa. gov. cn/xw/
zwdt/202005/t20200512＿6343750. htm。
② 人民日报：《农业科技进步贡献率超 60％——农业农村现代化迈上新台阶》，http://www.
gov. cn/xinwen/2021-01/07/content＿5577626. htm。
③ 人民日报：《关注粮食安全：全国主要农作物良种覆盖率达 96％》，https://finance. sina. com.
cn/china/2020-08-19/doc-iivhvpwy1781614. shtml。
④ 国家统计局：《中华人民共和国 2020 年国民经济和社会发展统计公报》，http://www. gov. cn/
xinwen/2021-02/28/content＿5589283. htm。
⑤ 人民日报：《我国用水效率明显提升 农田灌溉水有效利用系数达到 0.559》，https://www. sxc-
ntv. com/redian/2020/0917/400011560. html。
⑥ 中国青年网：《农业农村部：2020 年全国农作物耕种收机械化率高达 71％》，https://www. sohu.
com/a/438424317＿119038。
⑦ 广州市人民政府门户网：《广州市人民政府办公厅关于印发实施广州市粮食流通业发展第十三个
五年规划（2016—2020 年）的通知》，http://fgw. gz. cn./fzgg/fzgh/content/post＿2334251. html。
⑧ 刘雪青：《我国粮食流通业发展的回顾与展望》，《黑龙江粮食》，2020 年第 6 期，第 52-54 页。

粮账实相符率达 100％，质量达标率、宜存率稳定在 95％以上，科技储粮覆盖率提升至 98％[1]，仓容超 6.5 亿吨，仓储条件总体达到世界较先进水平[2]。在粮食产业化水平方面，购销、储备、运输和加工体系已完备。目前已有 2 万多家粮食加工企业，拥有巨大保障潜力。在粮食市场建设方面，不断扩大市场规模，加快形成导向型粮食集散中心，位于中心城市区域的粮食批发市场，其交易活动日益活跃；加快升级市场业态，迅速发展"互联网＋粮食"，销售门店逐渐出现连锁化、模式网络化、配送一体化等发展趋势；在粮食物流运输能力方面，已基本形成公路、铁路、水路多式联运格局。铁路运输作为跨省粮食物流的主要运输方式，运输能力基本能够满足当前需要，粮食物流效率稳步提升。在应急能力方面，逐步提升粮食应急保障能力。通过修订《粮食应急预案》和编制《粮食应急预案操作指引》来健全粮食应急机制，同时在粮食应急机制方面，建立专家数据库和调用机制。通过应急演练来提高应急保障队伍的技能，对于粮食应急的网络布局进行不间断的调整优化，从而最大限度地提升保障能力。我国应急加工能力强大，如在新冠疫情防控期间，全国应急加工企业复工率达 88.2％，每天的加工能力能够保证全国 14 亿多人口 2 天的所需[3]。

（三）粮食国际合作逐渐深化

统筹利用"两个市场、两种资源"，世界粮食贸易市场已经成为维护中国粮食供求平衡与保障结构安全的重要渠道。近年，大规模进口的粮食是中国市场供应的重要部分。2012 年以来，中国从世界粮食贸易市场进口的粮食由 8 025 万吨增长到 2020 年的 14 262 万吨，年均增长 7.45％[1]；出口的粮食由 277 万吨增长到 2020 年的 354 万吨，年均增长 3.11％。综合来看，粮食净进口量从 2012 年的 7 748 万吨增长到 2020 年的 13 908 万吨，年均增长 7.59％，这

---

[1] 光明日报客户端：《中央储备粮科技储粮覆盖率提升至 98％建成全球粮食仓储行业最大物联网》，https://politics.gmw.cn/2019-01/19/content_32378658.htm。

[2] 央视网：《中国储备粮规模稳定粮食完好仓容超 6.5 亿吨达世界较先进水平》，http://www.chinanews.com/gn/2021/04-02/9446557.shtml。

[3] 农视网：《我国粮食应急加工企业日加工能力可满足全国 14 亿人 2 天的需要！》，https://baijiahao.baidu.com/s?id=1720314259885579324&wfr=spider&for=pc。

[4] 年均增长率公式为：年均增长率 $= \sqrt[N]{\dfrac{末年}{首年}} - 1$，$N = $ 年数 -1。

相当于国际市场对国内的粮食净供给①。其中，小麦净进口从 341.5 万吨增加为 819.5 万吨，大米从 209 万吨减少为 63.8 万吨，玉米从 495.1 万吨增加为 1 129.3 万吨。小麦的净供给在国内消费中占比为 7.13%，大米的净供给在国内消费中占比为 0.43%，玉米的净供给在国内消费中占比为 3.63%。由此可知，粮食贸易仅在调节国内余缺、缓解生产压力方面产生作用，并不会对国内市场产生重要影响。目前，大豆进口量占全球大豆贸易总量的 60%，2020 年，我国累计进口大豆 10 033 万吨，首次超 1 亿吨，有效弥补了国内市场产需缺口。按目前我国大豆单产水平将 2020 年进口大豆数量折算为国内耕地，其大约占当年粮食耕种面积的 1/4，这相当于中国的耕地资源增加了 25%左右②。

近年，中国多次向非洲贫困地区和一些发展中国家提供粮食援助和资金、技术支持。新冠疫情期间，中国政府积极加强跨国合作，致力于打造强有力的粮食供应链。未来中国对高品质农产品的需求将持续增长，具有无限的消费发展潜力，将为全球农产品贸易注入持久的动力，为维护世界粮食安全做出更大的贡献。

（四）粮食宏观调控能力增强

一是持续增强粮食保供稳价能力。全国各地粮食生产以"稳区、增产、增效"为重点，稳步发展，粮食产量稳步增长，在"十三五"时期再创新高。充分发挥区域优势，粮食进口持续增长。多渠道、多品种供粮格局加快形成，有效保障了全国粮食供应和价格稳定。二是逐步完善粮食购销体制。初步实现了从过去统购统销到购销市场化的根本转变，发挥市场机制配置粮食资源的基础作用，粮食价格形成机制逐步完善。粮食市场放开后，继续发挥国有粮食企业主渠道作用。同时，在粮食市场，国家允许、鼓励多种所有制市场主体进入，并依法从事粮食经营活动，在此基础上，进一步发展多元化市场主体，基本确立多元化市场主体格局，初步形成较为完善的粮食市场体系。该体系主要包括国家粮食交易中心、区域性粮食批发市场、国家级期货市场三个市场。三是不断完善粮食流通政策体系。制定《规范行政处罚自由裁量权暂行规定》，细化、量化粮食行政处罚自由裁量标准，进一步规范粮食行政执法行为；修订《粮食

---

① 华经情报网：《2015—2020 年中国粮食进口数量、进口金额及进口均价统计》，《2015—2020 年中国粮食出口数量、出口金额及出口均价统计》，http://huaon.com。

② 杨晓东：《危机后世界粮食贸易发展及其对中国粮食安全的影响》，《内蒙古社会科学（汉文版）》，2017 年第 3 期，第 120-124 页。

安全责任考核办法》，为粮食安全提供更加有力的制度保障，对履行职责、提高行政决策能力提出更高要求；修订《本级储备粮油管理办法》，优化价差、质量、承储管理体系，完善储备粮承储主体公开招投标机制，为社会优质资源参与储备粮承储提供制度保障①。四是实行手段多样化的粮食行政管理。将过去国有粮食企业直接管理初步转变为依法管理全社会粮食流通，保证了储备粮等政策性粮食的收购和储存安全，维护了粮食流通秩序。2003年和2004年，国务院先后颁布了《中央储备粮管理条例》《粮食流通管理条例》。在此基础上，国家有关部门先后发布实施了粮食流通监督检查、收购资格审核、粮油统计、中央储备粮代储资格认定、质量监管等一系列配套规章制度。特别是在中央储备粮代储资格认定、粮食收购准入和粮食流通监督检查体系建设等方面取得了很大进展。如粮食流通监督检查机构目前已在全国29个省（自治区、直辖市）和80%的地（市）、70%的县级粮食部门设立。在一系列规章制度约束下，中国粮食流通管理已走向一个崭新的阶段，该阶段具有法治化、规范化、科学化三个特征。另外，自1990年国家建立专项粮食储备制度和2000年实施中央储备粮垂直管理体制以来，中央储备粮规模不断增加；同时，各地按照粮食省长负责制的要求，也建立和充实了部分地方粮食储备②。

二、中国粮食流通制度改革的主要特点

我国粮食流通制度经历了从计划经济逐步向市场经济转型的过程，其特点主要表现为：坚持市场化改革取向，坚持渐进式改革原则，坚持价格改革引领，坚持国有粮企创新。

（一）坚持市场化改革取向

在对经济体制进行探索的过程中，发现其主要经过三个阶段：首先是传统计划经济阶段，其次是有计划的社会主义商品经济阶段，最后是社会主义市场经济阶段。同时，对价格改革的历程进行研究，发现其也主要经历了三个阶段：第一是改革计划价格管理体制阶段，第二是建立、完善主要由市场形成价格的机制阶段，第三是完善主要由市场决定价格的机制阶段。国家对于粮食统

---

① 刘雪青：《我国粮食流通业发展的回顾与展望》，《黑龙江粮食》，2020年第6期，第52-54页。
② 颜波、陈玉中：《粮食流通体制改革30年》，《中国粮食经济》，2009年第3期，第18-25页。

购统销制度逐步进行完善，实行粮食收购和价格双轨制，逐步降低对于粮食购销市场的管控，积极推进国有粮食企业市场化改革，以及从最低收购价、临储政策到目标价格改革试点、实施"市场化收购＋生产者补贴"，还探索运用不同手段对粮食市场进行调控。从经济手段来说，主要采用粮食专项储备和粮食风险基金手段；从法律手段来说，主要采用加强粮食生产和流通立法手段，使在资源配置中具有基础性作用的供求、竞争、价格等市场机制逐步转变为决定性作用，"市场决定资源配置是市场经济的一般规律，市场经济本质上就是市场决定资源配置的经济"①。坚持市场化改革方向，推进"有为政府"和"有效市场"相结合。对内提高农业支持水平，畅通粮食流通体系，对粮食储备体系进行完善，建立高层次的粮食安全保障体系；对外用好国际市场、国际资源，既满足了国内对于农产品日益增长的需求，降低了国内土地资源压力，为未来完善耕地制度留有空间和余地，又利用国内农产品大市场促进多边、双边经贸平衡，以国内稳产保供的稳定性应对国际供应的不确定性，实现粮食等重要农产品向国内国际市场供应的高水平动态平衡。

（二）坚持渐进式改革原则

粮食流通体制改革是一种探索式、渐进式的改革。"我们要改革，但是步子要稳。因为我们的改革，问题复杂，不能要求过急……更重要的还是要从试点着手，随时总结经验，也就是要'摸着石头过河'"②。"摸着石头过河，是富有中国特色、符合中国国情的改革方法，摸着石头过河就是摸规律，从实践中获得真知"③。改革作为系统工程，其复杂程度不言而喻，涉及粮食购销市场、品种、价格、产销区、上下游企业等多方面，每一项改革措施的出台都体现出以下四个特点：一是积极稳妥，二是渐次推进，三是不断摸索，四是总结经验。例如，1985 年以来按照"先统购后统销"的顺序逐步改革直至最后取消粮食统购统销制度，2000 年以来分地区、分品种逐步从粮食保护价中退出，2004 年以来逐步增加纳入最低收购价政策的地区范围和粮食品种，按照"先主销区后主产区"的顺序逐步降低对于粮食购销市场的管控；对大豆先实行临储

---

① 许生、张霞：《改革财税体制　促进经济高质量发展》，《财政科学》，2018 年第 12 期，第 5-18 页。
② 中国共产党新闻：《陈云：不唯上、不唯书、只唯实，交换、比较、反复》，http://cpc.people.com.cn/GB/34136/2543702.html。
③ 王淇：《知识产权集中管理改革的法制方向研究》，《科技促进发展》，2016 年第 3 期，第 290-296 页。

政策（2008—2013 年），再进行目标价格改革试点（2014—2016 年），而后实施"市场化收购＋生产者补贴"（2017 年至今）。

（三）坚持价格改革引领

粮食流通体制改革的核心和关键是粮食价格改革。价格一方面可以综合反映国民经济运行情况，另一方面可以作为最直接、最有效的杠杆调节市场主体经济利益。在改革开放初期，邓小平一再强调，"理顺物价，改革才能加快步伐"，"价格没有理顺，就谈不上经济改革的真正成功"[①]。1992 年，党的十四大报告明确提出，价格改革是市场发育和经济体制改革的重中之重。2014 年11 月，时任国务院总理李克强在国务院常务会议上强调，"价格改革不推进，市场化改革的关键问题就等于没抓住！这是一项啃硬骨头的改革，是一场攻坚战"。价格机制不仅是市场机制的核心，也是让市场机制发挥决定性作用的核心力量[②]。粮食流通涉及多个环节，如收购、储备、物流、加工、批发、零售等，购销价格发挥桥梁和纽带的作用将各个环节连接起来。因此，粮食价格改革成为粮食流通体制改革的核心问题，如先后几次大幅度提高粮食收购价格、实行粮食收购价格双轨制、按保护价敞开收购农民余粮、实行粮食最低收购价和临储政策、实行目标价格改革试点、实施"市场化收购＋生产者补贴"等。

（四）坚持国有粮企创新

国有粮食企业改革是粮食流通体制改革的重要环节。40 年的粮改经验告诉我们，在粮食市场，若没有将"主渠道"和"多渠道"的关系处理好、处理正确，将会对市场稳定性、流通灵活性产生一定的影响。在市场经济条件下，实现多元化的粮食市场主体、多元化的购销渠道，一方面有利于粮食流通的灵活，另一方面有利于促进市场主体之间的公平竞争。但从我国国情、粮情出发，不论何时，都需要坚定不移地发挥国有粮食企业所具有的独特的主渠道作用。国有粮食企业与其他市场主体相比，具有仓容大、网点多、设施先进、信誉较好等优点，此外在收购粮食、掌握粮食来源、保证市场供应、服务国家粮食宏观调控等方面也具有较大优势，但由于其"三老"（老人、老粮、老账）历史包袱沉重，对粮食流通发挥主渠道作用产生严重影响。因而，必须坚持政

---

① 邓小平著：《邓小平文选》（第 3 卷），人民出版社，2001 年。
② 中华人民共和国中央人民政府网：《李克强主持召开国务院常务会议（2014 年 11 月 15 日）》，http：www.gov.cn/guowuyuan/2014-11/15/content _ 2779313.htm。

企分开、政资分开、所有权与经营权分开的原则，面向市场，转换机制，加快企业产权制度改革和组织结构创新。目前，全国大部分省份实现了"一县一企、一企多点"，从"敞开收购农民余粮"到提供"五代"服务（代清理、代干燥、代储存、代加工、代销售），从"收原粮卖原粮"到"向产业链上下游延伸"，使企业真正成为独立市场主体，真正实现"计划经济下粮食流通主渠道"转变为"市场经济下粮食流通主渠道"。

第三节 "双循环"下中国粮食流通制度改革的现实必要性

在"双循环"新发展格局下，我国粮食流通面临国内外双重挑战，内部挑战主要包括粮食收储管理体制有待完善、粮食运输资源利用率相对较低、粮食加工企业盈利能力不强、现代化粮食销售方式创新有限、粮食应急保障体系亟待健全等；外部挑战主要是国际粮源供应存在不确定性。

一、粮食收储管理体制有待完善

随着粮食市场化程度增强，我国粮食收储管理体制亟须深化改革，主要体现在以下几方面：储备粮品种结构不合理，社会储粮较少，粮库仓储基础设施较弱，粮库仓储保防人员素质不高等。

（一）储备粮品种结构不合理

由调研数据发现，小麦、早稻和晚稻品种在我国部分省份的储备粮比例总计达到98.8%，且品种都是口粮，远高于国家提出的口粮比例不低于70%的要求，这在一定程度上是有利的，可以应对诸如新冠疫情等突发公共事件的粮食需求。但是在储备品种中，玉米和大豆所占的比重比较低，对于养殖加工企业来说，不能在一定程度上满足生猪养殖业为恢复发展所产生的需求。同时，可以发现在储备口粮中存在优质品种不足的现象，尤其是优质晚稻品种所占比例严重不足，而这恰恰是居民特别偏好的品种，由此造成储备品种和居民口粮需求衔接不紧密的后果，进而影响储备粮对于宏观调控和调节粮食市场的作用。

（二）社会储粮较少

因为粮食最低收购价均高于市场价，且幅度不同，致使在粮食收购量中国有粮食部门仍旧占主导地位（部分省份的粮食收购量中，国有粮食企业在域内所占比重达到89％）。根据调研数据可知，国有粮食企业基本收购全部的早稻，造成社会多元主体无法参与其中，社会多元主体只在晚稻收购中具有有限参与的资格。

（三）粮库仓储基础设施较弱

1991年所建设的部分粮库目前仍在使用中，然而这些粮库具有不少缺点，对于储粮安全存在一定的威胁，如严重的上漏下湿问题、较低的气密性、难以防治鼠雀、难以应用储粮的各项新技术等。部分省份库点智能化系统与托市粮一卡通系统无法对接，如果同时收集省级储备粮系统和收托市粮系统，那么使用两个系统既费时间又费精力。

（四）粮库仓储保防人员素质不高

根据调研数据，大部分粮库存在仓储保防人员年龄普遍较高且文化水平较低的现象。这些人员的年龄在45岁以上，甚至50岁以上人员的比例达到40％左右，其文化水平居于大、中专的比例仅为25％，多数员工只受过初中或者高中教育，导致整体的业务能力、专业水平较低，再加上其随着年龄的增长，没有较高的学习意识，不能主动掌握新知识和新技能，因此对于实现科学储粮、绿色储粮等认识不足。

二、粮食运输资源利用率相对较低

目前，我国粮食运输主要以公路运输为主，铁路、水运为辅；运输装载方式主要包括袋装运输、散装运输和集装箱运输三种。有关数据统计，目前跨省份粮食物流运输方式中，主要以铁路和水路为主，其中铁路占比为50％，水路占比为40％，公路占比为10％。袋装运输仍是粮食运输的主要手段，占粮食运输总量的80％左右，存在着粮食"四散"设施不配套、粮食物流资源利用率不高等问题。

（一）粮食"四散"设施不配套

随着时代的发展，粮食流通也要跟紧时代进步的脚步，实现其现代化发展，即粮食流通要实现散装、散卸、散运、散存的"四散"化。然而实地走访调研发现，国有及国有控股企业总仓容中，部分省份依旧存在较低水平的粮库机械化和自动化，运输工具及方式不能有效衔接，整个省份仅有移动式输送设备，且散粮装载车、专用火车、船舶数量不多，严重制约了"四散"化的发展。

（二）粮食物流资源利用率不高

粮食物流运作条块分割，不能统筹规划供应链，不能有效配置资源，不能充分利用设施。粮食物流整体集约化、规模化程度偏低，对于物流的需求较为零散，运输组织机制没有系统化，没有整合零散物流，没有有效衔接联运与设施的多样化，无法实现其整体协同运作效能，也无法提高物流效率，从而使得物流运作成本增加。各种关于粮食的信息在储备、运输、加工企业间流通不畅，没有建立粮食物流信息采集渠道及管理系统，没有制定相关的技术标准，也没有建立全链条公共信息交换和电子商务平台。同时，缺乏相应的组织机构专门从事粮食流通方面的工作，并且缺少对域内整体粮食流通进行布局，造成粮食产业不能有效发挥其规模效益的后果。

三、粮食加工企业盈利能力不强

为新冠疫情期间，粮食加工企业发挥了在粮食稳价保供方面的重要作用，但总体来看，仍然存在较低的市场竞争力。以湖南为例，2019年，已有1580家粮油加工企业纳入统计，其中，只有19家国家级龙头企业、146家省级龙头企业、385家市级龙头企业，市级及以上龙头企业只占入统企业数的34.8%。

（一）粮食销售利润率较低

在销售利润率方面，作为产粮大省的山东有5%，部分省份与其相比还有差距，有的省份销售利润率仅为3.4%。即使是在拥有较高产品附加值的产业，如食品和副食酿造业，部分省份的销售利润率也仅有8%，而山东、江苏等省食品和副食酿造业的销售利润率最高可分别达到27%和34%。

（二）产值贡献结构不合理

在产值贡献方面，部分省份的大米加工在粮食工业产值的贡献率为49%，饲料占比达到34%，食品及副食酿造占比为3%，粮食深加工占比仅为1%，这与山东相比，具有较大的差距。

（三）产品品牌价值不高

在产品品牌方面，部分省份所拥有的粮食龙头企业存在以下不足：一是生产经营规模不大，二是产品品种过于分散。这致使其形成的粮食品牌并没有全国影响力，仅在区域内产生影响。

四、现代化粮食销售方式创新有限

在传统粮食产业与互联网融合进程中，由于缺乏战略层面的顶层设计[①]，当前主要依赖于传统方式进行粮食的销售配送，还没有大规模地采用电商平台进行销售配送。

（一）现代化企业经营理念缺乏

部分粮食企业缺乏现代化经营理念。由于企业对自主品牌的建立关注程度不高，造成其在个别方面的影响力较低，尤其是在粮食产品推广和营销渠道建设方面。然而随着数字经济的发展，这些企业已不能达到当前现代化粮食销售配送要求。

（二）电商物流配送体系未完善

网络化的粮食电商物流配送体系尚未建立完善。粮食产品具有两个方面的特征：一方面是居民对于粮食需求量大，另一方面是粮食价格不高。电子商务平台在部分地区并没有完善，致使出现高昂的粮食物流成本，而消费者并不愿意为额外的运费买单，最终会对粮食产品的配送质量和效益产生一定的影响。

（三）配送体系信息化水平较低

粮食电商物流配送体系的信息化水平较低。由于在流通过程中，粮食产业涉及较多的经营环节和市场主体，导致粮食网络资源分布不均，同时又因为网络运营不具有统一规范的标准，造成混乱的物流管理局面。若要共建、共享关于粮食的物流信息，是存在一定难度的。

五、粮食应急保障体系亟待健全

国家粮食和物资储备局统计数据显示，截至 2022 年底，全国共有粮食应急加工企业 6 584 家、应急储运企业 4 846 家、应急配送中心 3 542 家、应急供应网点 56 495 个。应急加工能力每天可达到 164 万吨，能满足全国人民 2 天的需要。当前，我国粮食应急保障体系仍存在薄弱环节，表现为应急保障基础条件有待改善，粮食应急保障能力有待提高，信息监测共享体系有待完善。

---

① 王敬锋：《"互联网＋农业"背景下绿色粮食产业发展路径研究》，《粮食科技与经济》，2020 年第 1 期，第 25-27 页。

（一）应急保障基础条件有待改善

新冠疫情发生后，国家粮食部门要求每个省、市、县至少建设1个粮食应急保障中心，该中心必须具备储备、加工、配送功能，面对突发事件能够有效衔接加工、储运和供应。但是部分省份具有较大的财政压力，需要进一步等待中央部门的统一规划与政策支持。

（二）粮食应急保障能力有待提高

按照国家有关文件要求，在粮食加工企业方面，需要加快建立社会责任储备的步伐，建立地方各级储备粮使用机制，面对公共突发事件提升粮食应急保障能力。为此对于其配送、加工、储运和供应网点，需要加大管理力度。但是在储备粮管理体制机制的制约下，地方粮食部门对于粮食加工企业提高粮食应急管理效率和能力的督促力度不强。

（三）信息监测共享体系有待完善

面对新形势，需要建立新型粮食市场监督预警体系来保障粮食安全，加强粮食应急指挥调度，实现全方位粮食应急信息互联共享，粮源统筹调度、重大信息统一发布、关键指令实时下达、多层次组织协同联动、发展趋势智能预判。目前一些省份的建设与现实需求存在一定差距。

六、国际粮源供应存在不确定性

当前，全球粮食安全形势复杂严峻。一是全球谷物产量和粮食贸易量下滑。FAO统计数据显示，2022年全球谷物总产量遭遇近四年的首次下滑，全球粮食贸易量进入三年来最低点。二是全球粮价一路持续走高。2022年开春以来，FAO的食品价格指数已跃升至1990年以来的最高水平，谷物等主粮价格指数创历史新高。此外，全球饥饿状况、中度和重度粮食不安全状况，以及导致粮食不安全和营养不良的主要驱动因素增多且不断加剧，世界范围内生物安全风险和不稳定因素不断加深，并日益成为全球粮食安全新的约束条件，值得高度关注。

（一）世界粮食贸易可能的连接断点

世界人口和粮食生产在空间分布上的不均衡、不匹配，全世界范围内逐渐分离的粮食产销趋势日渐明显，粮食生产和出口越来越向少数国家和地区集中。全球粮食贸易呈现出高度依赖少数大型粮食净出口国的态势。按照 Huang

等（2018）的计算，美国、阿根廷、澳大利亚、巴西、加拿大、新西兰、泰国7个国家的粮食净出口量约占全球粮食净出口总量的55%。不仅容易形成卖方市场势力，使得出口国有可能利用粮食禁运作为武器来制约进口国，而且一旦出口国暴发重大自然灾害、疫情疾病或出现政局不稳定等突发情况，全球粮食市场极易诱发供给不稳、供应不畅，进而引发世界范围内的粮食供应短缺或粮食价格危机。新冠疫情暴发以来，印度、越南、俄罗斯、哈萨克斯坦等国家对稻谷、小麦实施出口限制措施，影响了全球稻谷、小麦贸易，对市场不良预期和恐慌情绪产生推波助澜的作用，对世界粮食安全和经济社会稳定产生严重影响。

（二）全球粮食流通潜在的运输断点

全球粮食运输网络系统和关键路线节点面临的压力随粮食国际贸易的快速增长和粮食生产与贸易区域的高度集中不断加大。粮食跨境运输主要依靠海运，对海上运输要道和关键节点的依赖性日益增强。作为全球重要的粮食进口国，受国际粮食出口和运输路线集中的影响，中国的粮食进口不仅面临着品种和来源地高度集中的问题，也面临着进口运输线路高度集中的风险。中国从巴西、美国进口大豆，除了需要经历两国国内长距离的内陆运输以外，还需要通过巴拿马运河、马六甲海峡这两个海上运输节点。尽管目前中国并未因为这些运输节点出现中断而受损，但新冠疫情和苏伊士运河堵塞事件却暴露出全球农产品供应链和运输链的极度脆弱性，需要未雨绸缪。除了重视粮食进口的品种结构和来源结构多元化以外，还需要更多关注多元化粮食进口的运输线路、降低粮食国际运输成本、提高运输稳定性和及时性等。

（三）极端情形下的全球粮食供应断点

全球经济治理体系正处于重构关键期，粮食的政治属性日益凸显，已成为大国博弈的重要筹码，农业大国之间的竞争进一步加剧，跨国粮商加强对加工、销售和研发等高附加值环节的拓展，粮食安全保障将面临更加多元和复杂的风险挑战。国际农产品市场受生物质能源、投机资本等非传统因素的影响加深，粮食市场面临的不确定性、波动性和风险加剧[1]。21世纪以来，国际粮价在2004年、2008年、2010年、2012年等出现过多次较大幅度的波动，新冠疫

---

[1] 倪洪兴、于孔燕、吕向东：《中国农业贸易开放新观察》，《江苏农村经济》，2016年第3期，第4-6页。

情暴发有可能诱发全球粮价步入新一轮波动周期。中国是人口大国，必须建立一个全球粮食供给和市场体系，且该体系与大国地位相匹配，包含粮食种植、加工、储运和交易于一体的内外联通产业大循环体系。"十四五"期间，预计世界粮食年产量保持在 27 亿吨左右，能够满足全球需求，粮食库存消费比将保持在较高水平，有利于全球粮食治理。中国占全球 8 亿吨粮食库存的 80％以上。然而，供应链中断和进口风险的压力，以及自然灾害、出口禁令、囤积等因素给粮食国际贸易增加了变数。

第三章
"双循环"下中国粮食价格政策的改革策略

粮价作为百价之基，粮价的稳定直接关系到社会整体物价的稳定。中国粮食价格政策的演变，不仅基于当时农业生产的总体目标，而且满足特定时代背景和经济社会发展的现实需要。当今世界新冠疫情反复冲击，地缘政治冲突不断，贸易保护主义抬头，粮食市场波动明显加剧。受供应链断裂、极端天气、脱碳化进展加剧、生产成本上升、资本炒作等因素影响，粮食供给混乱，国际农产品价格大幅上涨，全球粮食价格指数创十年新高。鉴于国际大宗农产品价格飙升，中国输入型通胀风险或将增加，国际大宗农产品价格预计将继续保持较高水平，进而影响国内物价指数。在这种情况下，应充分利用两个循环助推粮食价格政策调整与改革，以积极应对国际粮价对国内市场的影响、助力国家粮食安全。粮食价格政策作为粮食制度改革的重点，对粮食市场竞争力至关重要，一直以来都是粮食经济问题研究的重要内容。面临新的发展形势，粮食价格政策改什么？如何改？本章基于"双循环"新发展格局，深刻分析"双循环"新发展格局对我国粮食安全的影响，据此系统阐述我国粮食价格政策改革的内在逻辑，包括深入剖析中国粮食价格政策已取得的经验成效与现阶段发展问题，并在借鉴发达国家和地区的经验基础上，提出今后我国粮食价格政策的改革方向与重点。

第一节　"双循环"新发展格局对中国粮食安全的影响

在"构建国内国际'双循环'相互促进的新发展格局"背景下，确保国家粮食安全不仅为"双循环"新发展格局构建提供了坚实的物质基础，而且确保国家粮食安全也是构建"双循环"新发展格局的重要组成和关键环节，同时用好"双循环"新发展格局已成为保障国家粮食安全的重要路径。因此，审时度势加快构建国家粮食安全新发展格局，既是基于现实国情主动适应粮食安全新发展阶段要求的必然选择，又是积极应对复杂多变的国际形势，尤其是在激烈国际竞争中占据优势、掌握主动的客观要求，将进一步促进我国粮食安全保障体系完善和保障能力提升。

一、构建国家粮食安全新发展格局势在必行

粮食安全作为新阶段三大安全战略之首[①]，具备经济运行托底功能，是维护社会稳定发展的基石。就目前来看，我国粮食供应充足，价格平稳，粮食安全总体有保障[②]。这不仅依赖于国内粮食产量连年丰收，也与积极利用国际市场和资源调剂国内余缺有关。保障粮食安全首先必须立足国内，充分挖掘国内供给潜力；鉴于国内外粮食市场联系更加紧密，确保中国粮食安全必须置身于全球视角（朱晶等，2021）。新粮食安全战略与"双循环"新发展格局以国内大循环为主体、国内国际"双循环"相互促进的主旨要义不谋而合，立足新发展阶段，构建国家粮食安全新发展格局是大势所趋、题中应有之义。

然而不容忽视的是，尽管到2021年我国粮食已实现"十八连丰"，但受资源环境约束限制，科技支撑能力不强，粮食产量提升空间有限，品种结构矛盾突出，仍然面临提质增效的可持续发展困境。同时，在逆全球化思潮和地缘政治冲突下，国际环境日趋复杂，全球粮食生产和贸易均衡格局被打破，不稳定性、不确定性日益增加，粮食安全面临的风险与挑战增多（张亨明等，2021）。因此，在国内新发展阶段和国外新形势下，需要全面审视我国粮食安全战略，统筹利用国际国内"两个市场、两种资源"。在确保内循环安全稳固的基础上，做到国内国际"双循环"相辅相成，构成粮食安全"双循环"新发展格局，进而提升我国粮食安全保障水平。

二、"双循环"新发展格局下保障粮食安全的新要求

保障粮食安全，离不开外循环的支持与辅助。在全球粮食安全治理体系中，中国国际粮食话语权与定价权较弱，在世界粮食市场竞争中处于不利地位。构建"双循环"新发展格局，要深化供给侧结构性改革，充分发挥我国超

---

① 新华社：《中华人民共和国国民经济和社会发展第十四个五年规划和2035年远景目标纲要》，http://www.xinhuanet.com/2021-03/13/c_1127205564.htm。

② 中华人民共和国国务院新闻办公室：《国家发展和改革委举行4月新闻发布会》，http://www.scio.gov.cn/xwfbh/gbwxwfbh/xwfbh/fzggw/Document/1723252/1723252.htm。

大规模市场优势和内需潜力，推进国内国外"双循环"相互促进①。这赋予了保障粮食安全新的战略内涵，也为我国保障粮食安全带来机遇。在新发展格局下，我国面临着如何保障粮食安全的新目标、新要求。

第一，保障粮食数量安全，提高粮食产能。粮食安全首先是数量安全，我国粮食自给率虽高，但粮食增产压力较大。在"双循环"新发展格局下，对国家如何保障粮食数量安全要进行重新认识，具体表现在三个方面：①农民作为粮食生产的主体，要解决好农民增收和粮食安全的关系，健全农民种粮收益保障机制。②在有限的资源对粮食生产约束日趋加重的情况下，强化科技支撑作用，提高粮食单产水平。③各粮食品种在消费用途、目标市场等方面存在较大区别，相互之间不能完全替代，要保证各个品种粮食供给充足，降低粮食对外贸易依存度。

第二，保证粮食质量安全，满足消费升级需要。在保证粮食数量安全的同时，粮食还必须是"良食"，从而满足内循环发展需求。对实现粮食质量安全的具体要求表现在生产端和流通端。①确保粮食是在良好的水土条件下生产出来的，实现优质产品的规模化种植，从源头上保证粮食的质量和品质。②我国作为仓储大国，大部分粮食都处于储备状态，必须管好存粮，保证储存粮食品质良好。③在流通环节，各粮食经营主体要确保粮食的品质达到标准，禁止质量不合格的粮食流入市场。

第三，增强粮食产业竞争力，提升国际粮食市场定价权。在国际粮食贸易中，四大粮商正是凭借完整的产业链条，垄断国际粮食贸易，牢牢掌握国际定价权，而中国缺乏粮食定价权，本质上反映了国内粮食产业实力和国际影响力的低下。因此，推动中国粮食产业实现转型升级，鼓励有实力的企业"走出去"，支持和培育具有国际竞争力和定价权的大粮商和农业企业集团，是"双循环"新发展格局下提升我国国际定价权与话语权的根本途径。

第二节 "双循环"格局下粮食价格政策改革的内在逻辑

国内外形势变化对保障粮食安全提出了新要求，粮食政策也要相应调整以

① 新华社：《中共中央政治局常委会召开会议 习近平主持》，https://baijiahao.baidu.com/s?id=1666665447817936218&wfr=spider&for=pc。

适应新变化。粮食价格作为一项基础性价格，和粮食生产、供需和贸易之间有着千丝万缕的关系。粮食价格政策在稳定粮食生产、调控市场、提高国际竞争力方面扮演着重要角色，是保障我国粮食安全的有力支撑。本节在阐述粮食价格政策改革的历史实践和历史经验的基础上，探寻"双循环"格局下粮食价格政策改革的内在逻辑。

一、"双循环"视角下粮食价格政策改革的历史实践

我国"双循环"发展格局的形成大致经历了以下几个阶段：从新中国成立之初到改革开放前，我国以内循环为主；从改革开放初期至 2000 年，国际外循环初步萌芽，我国外向型经济逐步形成；2001—2019 年，我国以外循环为主，2008 年世界金融危机后，我国开始注重内循环发展模式；2020 年，面对国内国外发展大势，我国适时提出国内国际"双循环"发展战略。在充分考虑我国社会经济各阶段发展目标的基础上，我国积极借鉴有关国家政府关于粮食价格支持政策的有益经验，构建具有中国特色的粮食价格支持政策体系。

（1）内循环为主阶段（1949—1977 年）。新中国成立后，我国受到国际封锁，各种物质供给短缺，经济发展表现为"自力更生"，该阶段主要以内循环为主。这在粮食价格政策上表现为政策大多以维持粮食供求稳定为主要目标，由制定国家牌价稳定粮食市场价格到政府采取直接定价的粮食统购统销价格政策，该时期粮食价格政策保障了人民基本生活所需，维持了社会稳定，有利于社会主义革命和建设。

（2）外循环兴起阶段（1978—2000 年）。党的十一届三中全会后，我国提出"对外开放"政策，开始积极融入国际大循环，参与国际分工。农村经济体制变革极大促进了粮食生产发展，中国粮食供应形势发生了根本性变化。相应的，以粮食价格改革为重点，引入市场因素改革粮食市场。1985 年，取消粮食统购制度，实行合同定购和市场定购；1993 年，统购统销体制彻底解体，粮食真正走向商品化、市场化。这一阶段，国家出台"价格双轨制""保量放价""购销同价"等一系列措施推进粮食购销市场化改革。

（3）外循环主导阶段（2001—2013 年）。2001 年中国加入 WTO，经济发展开始全面融入世界经济，对外贸易发展迅速，粮食国际贸易成为中国粮食价格调控的新手段。基于国际粮食现货市场和期货市场的传导效应，为防止农民因为粮食价格大跌而减少播种面积，政府相继出台水稻、小麦粮食最低收购价

格政策。2008 年，在全球金融危机导致大宗农产品价格暴跌的形势下，玉米、大豆价格因与国际市场关联较强而受到较大影响，出于对玉米、大豆等生产者利益的保护，临时收储政策正式启动。

（4）外循环主导与扩大内循环阶段（2014—2019 年）。在 2008 年世界金融危机后，我国"出口导向型战略"的弊端凸显，经济发展进入减速换挡的"新常态"。2014 年中央 1 号文件《关于全面深化农村改革加快推进农业现代化的若干意见》强调"以我为主"和"适度进口"的粮食安全策略，在粮食连年丰产、结构性过剩基础上探索提高粮食产业竞争力。2014 年中央在部分地区对棉花和大豆推行目标价格补贴试点工作。2017 年调整为市场化收购加补贴机制。2016 年东北主产区玉米临时收储政策不再执行，实行"市场定价、价补分离"政策。2017 年、2018 年，先后全面下调稻谷和小麦的最低收购价，优化稻谷、小麦种植面积。

（5）外循环受阻与"双循环"互促阶段（2020 年至今）。受以美国为首的西方资本主义国家贸易摩擦的影响，以及新冠疫情、地缘政治冲突影响，国际外循环受到阻碍，我国适时提出构建"双循环"新发展格局战略部署。2020 年，我国调整完善粮食最低收购价政策，开始对最低收购价小麦、稻谷限定收购总量，并促进"优粮优价"。

二、"双循环"视角下粮食价格政策改革的历史经验

新中国成立初期，中央政府采取的粮食价格措施是自由购销，即农民种植粮食、民众购买粮食都是自由的，在此背景下，新中国百废待兴，农业生产处于恢复阶段。1954 年起，随着社会主义改造进程的推进，中央政府加强对市场的控制力，开始推行粮食统购统销政策，粮食价格随之转变为由政府制定。改革开放后，计划经济开始松动，我国粮食价格政策的发展经历了从计划经济逐步向市场经济转型的过程。进入 21 世纪，加入 WTO 后，我国的对外开放进入了新时期，随着我国农业市场的对外开放，为了避免国际粮食价格对我国粮食价格造成冲击，我国采取了最低收购价保护政策。总之，我国粮食价格政策在坚持市场化导向的基础上不断进行调整和完善，充分发挥市场机制在资源配置中的决定性作用，同时强化政府的宏观调控，确保国家粮食安全。

（一）坚持以市场化为导向的政策改革目标

在发挥政府支持和调控的作用下，不断探寻在坚持市场化导向基础上的更

好的粮食价格政策。改革开放后，党和政府逐渐将市场因素引入粮食制度体系中，进一步发挥政府宏观调控下的市场机制作用。党的十四大之后，以粮食价格改革为重点，进一步探索在市场条件下粮食安全政策的新形式。2003 年，国家发展改革委、国家粮食局联合下发的《关于 2003 年粮食收购价格有关问题的通知》指出，要在优质优价的基础上适当调整粮食保护价收购范围，以充分发挥市场机制的作用。至 2004 年，我国全面放开粮食购销市场。21 世纪初，在粮食过剩背景下开始新一轮以提升市场竞争力为导向的供给侧结构性改革。农产品价格形成机制要始终坚持市场导向，从根本上消除价格支持对市场的扭曲影响。

（二）立足发展阶段确定目标任务和政策举措

中国粮食价格政策的演变，不仅基于当时农业生产的总体目标，而且满足特定时代背景和经济社会发展的现实需要。新中国成立初期，国营粮食商业尚未普遍建立，粮食价格波动剧烈，为稳定粮价和防止私营粮商囤积居奇，制定国家牌价稳定粮食市场价格。计划经济体制时期，为了快速实现建设社会主义国家的需要，党和政府优先发展重工业，建设发达工业国家。城镇化率不断提高，商品粮需求日益增长，但粮食供应却显疲态，国家采取政府直接定价的粮食统购统销价格政策。改革开放时期，农村经济体制变革促进了粮食的生产发展，粮食购销价格倒挂致使国家财政不堪重负，为此粮食购销体制逐步向市场化方向改革。2001 年加入 WTO 后，中国粮食价格调控政策中粮食国际贸易成为新的手段。基于国际粮食现货市场和期货市场的传导效应，为防止农民因为粮食价格下跌而减少播种面积，政府相继出台水稻、小麦粮食最低收购价格政策。2008 年，在全球金融危机导致大宗农产品价格暴跌的形势下，玉米、大豆价格因与国际市场关联较强而受到较大影响，出于对玉米、大豆等生产者利益的保护，临时收储政策正式启动。2014 年以来，在粮食连年丰产、结构性过剩基础上探索提高粮食产业竞争力。2014 年，国家在部分地区对棉花和大豆推行目标价格补贴试点工作，2017 年调整为市场化收购加补贴机制。2016 年东北主产区玉米实行"市场定价、价补分离"政策，取消临时收储。我国经济已进入高质量发展阶段，推进农业供给侧结构性改革，促进粮食产业高质量发展，是当前解决粮食产业不平衡不充分发展矛盾的迫切要求，探讨"双循环"格局下中国粮食价格政策的改革策略对提高农业质量效益和竞争力至关重要。

（三）借鉴国际经验与立足中国实际相结合

我国政府在充分考虑社会经济各阶段发展目标的基础上，积极借鉴国外发达国家农业的成功做法，吸收国际粮食公共准则和有关国家政府关于粮食价格支持政策的有益经验，构建具有中国特色的粮食价格支持政策体系。通过对发达国家粮食生产补贴经验的总结，中国在立足自身农业发展特点的基础上，总结借鉴发达国家先进的粮食生产补贴实践经验，改革创新自身粮食生产补贴政策，对粮食生产实行价格支持、直接补贴和农业综合服务补贴等。近年，农业收入保险补贴措施在世界范围内越来越多地得到使用，已经成为许多发达国家向农业生产者提供支持的常规手段。当前我国农产品价格风险日益凸显，农业保险走到改革的"十字路口"，亟待提质升级。2016年中央1号文件《中共中央 国务院关于落实发展新理念加快农业现代化实现全面小康目标的若干意见》提出发展收入保险的规划。2019年，财政部等四部门联合印发《关于加快农业保险高质量发展的指导意见》，指出2022年"收入保险"将会是发展农业保险的重要险种。美国粮食支持政策转型的制度路径表现出更加注重粮食产业国际竞争力的提升、更加突出支持政策的市场化导向、更加注重粮食产业的可持续发展等特征。借鉴美国的经验，中国也在不断探索市场导向的粮食补贴政策，加强耕地地力保护补贴，并依据社会主要矛盾的变化提出粮食产业高质量发展。我们在改革和发展两方面，既要借鉴和利用国外先进经验，又要立足国内实际，促进我国粮食市场竞争力的提升。

（四）注重保持政策的稳定性和连续性

中国粮食价格政策的演变历程是一部与中华民族实现站起来、富起来、强起来伟大历程相伴随的发展史。新中国成立以来，党的历届领导集体围绕社会发展不同阶段的主要矛盾更迭，坚持改革完善粮食政策，夯实粮食生产根基。改革开放以来，正是党和国家废除了束缚粮食及农业生产的体制机制，逐步建立了相对完整的粮食和农业生产发展的支持体系，中国才能在短时间内解决十几亿人的温饱问题，实现从吃饱向吃好的转变。随着与国际合作的日益深入，国内外粮价倒挂，玉米、大豆受到影响，党和政府继续加大对粮食政策的支持力度，继续保持政策的稳定性。但须知，中国的粮食问题除部分粮食品种短缺外，还存在粮食产业大而不强、现行价格政策支持体系疲软等问题。面临国际市场上各种不确定因素，只有继续坚持农业农村优先发展，按照新时代党的粮食安全战略要求及中央 1 号文件部署，牢牢压实各级政府及相关部门的粮食安全责任，持续完善粮食方面相关政策，毫不动摇地保持政策的稳定性和连续性，才能始终确保中国人的饭碗始终牢牢端在自己手中，并把握粮食国际贸易的主动权，使国外粮食市场和国际粮食资源为我所用。

三、"双循环"视角下粮食价格政策改革的内在逻辑

粮食价格政策作为维持粮食安全发展格局的重要手段，在国内大循环供需两端及国际大循环中发挥赋能效应，其影响贯穿粮食生产、流通、贸易等各个环节。

（一）产能提升：粮食价格政策改革对生产环节的赋能效应逻辑

首先，粮食价格政策能有效保障农民基本收益和种粮积极性，保证粮食供给稳定。主要表现在粮食价格支持政策在执行过程中，实行托市收购政策、生产者补贴、完全成本保险和收入保险，有效稳定了农民收益。根据2018 年全国小麦主产区的专项调研数据，发现"最低收购价"下调的政策信号会降低农户的种粮积极性。如果取消托市、降低托市价格和生产者补贴，则会在一定程度上不利于市场稳定、农民收益和粮食安全。合理的粮食价格可以直接传递给农民积极信息，增强农民生产信心，是稳定粮食生产最有效的市场化手段。

其次，粮食价格政策影响农户的生产决策，最终表现为种植结构调整。有关研究表明，生产者补贴政策虽然对持续改善种植结构的作用有限，但的确可促进大豆、玉米种植结构调整。价补分离政策下，吉林省农户因玉米价格变化调整了种植行为。针对我国粮食种植区域分异特性，通过发挥价格调控作用，对不同的粮食生产区域和不同粮食品种采取差异化的补贴措施，可以调整粮食作物的种植比例、种植品种。

最后，粮食价格政策改革有效赋能粮食要素禀赋结构投入。通过对吉林省进行调查，发现玉米"价补分离"政策会对现阶段农村地租波动造成影响。在收储制度改革前两年，改革对玉米单位面积总投入有负向影响。大豆生产者补贴很可能诱使农户在扩种过程中粗放经营，降低生产要素的投入。粮食生产遵循要素禀赋结构及其相对价格体系，政府可以通过价格支持政策、利益补偿等方法，引导农户根据当地的自然资源条件，科学地、适度规模化地进行粮食种植，合理利用耕地资源。

（二）消费提质：粮食价格政策改革对流通环节的赋能效应逻辑

首先，粮食价格政策改革有效赋能我国粮食产业的"五优联动"发展。通过推进实施优粮优购，发挥连带效应，带动其余粮食环节发展，为粮食产业"五优联动"提供有力支撑。落实完善粮食收储制度，形成优质优价的市场导向，可以增加农民种粮收益，引导农民调整粮食种植结构，促进农业供给侧结构性改革。优质粮食供给增加，粮食产业附加值提升，居民消费需求得到有效满足。

其次，粮食价格政策改革有效赋能粮食流通市场的市场活跃度与竞争力。随着粮食价格政策向市场化方向改革，粮食收储制度改革深入推进，粮食购销市场全面放开，这激发了多元化市场主体参与粮食市场竞争的内在活力，粮食市场繁荣活跃，竞争程度较以往更为激烈。各多元化主体公平参与市场竞争，有利于提高经营能力，增加企业后劲，提高市场竞争力。粮食市场活力不断激发，又有利于减轻托市收购带来的财政负担，促进粮食企业转型升级。

最后，粮食价格政策改革有效减轻我国库存压力。现有的粮食储备高库存从根本上说是为配合上游生产端的价格支持政策服务的，粮食高库存既是当前粮食收储体制机制的"果"，亦是粮食收储体制改革的"因"。粮食托市收购政策的执行促使粮食产量持续增长，导致粮食库存居高不下，而临时收储制度的改革有效改善了玉米库存过高的问题。通过改革粮食收储制度，减少对粮食生产的过度刺激，同时鼓励多元化主体入市收购，加快粮食市场化改革，可以减少粮食库存。

（三）国际定价权：粮食价格政策改革对国际大循环的赋能效应逻辑

首先，粮食价格政策改革能有效调节我国粮食进口。在最低收购价和收储体系的作用下，国内粮食价格不断攀升，国内外价格倒挂严重，导致粮食大量进口，"非必需"进口数量难以控制。通过改革粮食价格支持政策，降低其对市场的扭曲程度，利用价格信号调节粮食进口，这在近年我国玉米市场上表现得尤为明显。2016年，玉米临时收储政策改革逐步落实后，"三高"问题得到了明显改善，表明价格政策改革可对粮食进口起到抑制作用。

其次，粮食价格政策可赋能粮食国际竞争力提高。在关税配额作用已发挥到极致的情况下，未来农产品国际竞争力的提升，更多是依靠国内支持政策的调整。甘林针（2022）通过将粮食政策支持纳入粮食国际竞争力体系中，发现过高的粮食政策支持强度会使粮食生产"政策导向化"，削弱粮食的国际竞争力。最低收购价政策在一定程度上扭曲了市场，使我国粮食价格竞争力在国际上处于劣势。

最后，粮食价格政策改革可有效适应 WTO 农业国内支持规则。加入 WTO 后，国内农业支持政策受国际规则约束。在保障粮食安全的基础上，为适应 WTO 规则，减少国际贸易争端，我国不断进行农业补贴改革。通过改革玉米、大豆临时收储制度，将其由"黄箱"政策调为"蓝箱"政策，扭转了玉米、大豆补贴突破 WTO 规则的困境，这表明了价格政策改革在对粮食产生影响的基础上，还会对 WTO 合规性产生影响。

第三节 "双循环"格局下粮食价格政策改革的绩效评价

新中国成立以来，我国对农业非常重视，这与中国古代重农的思想是一致的。毛泽东从中国的实际出发，在吸收中华传统文化精粹的基础上，参考马克思和列宁对于农业的论述，借鉴苏联社会主义农业建设上的经验和教训，提出了符合中国国情的农业道路，目的是实现农业的现代化。进入 21 世纪，我国在市场上进一步开放的基础上，开始使用价格支持政策来稳定粮食价格，保障了农民的收入稳定，极大地促进了粮食产量的快速增长。

一、"双循环"下中国粮食价格政策改革的经验成效

改革开放 40 多年来，我国粮食产业取得长足发展。供给总量有保障，产业链得到延伸，价值链得到提升，市场化改革顺利推进。当前，在党和政府的共同努力下，我国粮食产业发展良好，前景光明，处于历史发展的最好阶段，其特点主要表现为：粮食安全保障处于历史最好阶段，粮食宏观调控能力有效增强，农户种粮权益得到有效保障，粮食对外开放处于高水平阶段。

（一）粮食安全保障处于历史最好阶段

作为一个人口大国，中国对粮食安全问题极为重视。党和政府长期以来在保障粮食安全方面做了巨大的努力，使得中国在有效保障农户的合法权益基础上粮食安全保障水平持续提升。新中国成立 70 多年来，中国利用占世界不足

10%的耕地和6%的淡水资源，养活了世界近20%的人口，为世界贡献了1/4的粮食产量，粮食安全保障水平实现了历史性的飞跃，粮食价格政策的实施为保障我国粮食安全起到了重要作用。就生产端而言，70多年来，中国粮食总产量稳步上升，国内生产供应能力不断提高。2021年，我国粮食总产量已经增长至68285万吨，同比增长2.0%，粮食生产已实现"十八连丰"。随着国内粮食生产能力的提升，中国人均粮食占有水平也实现了大幅度提升，2019年人均粮食占有量为474.2千克，成为历史上粮食生产和供应的最好时期。就消费端而言，中国实现了以低于世界平均水平的人均资源占有量获得高于世界平均水平的人均食物消费量。FAO统计数据显示，1961—2018年，中国人均食物消费量呈稳定的增长态势，其中，主粮消费量增加了1.5倍，果蔬、肉蛋奶、水产品等消费量均增长了5倍以上，增速高于全球平均水平。从《经济学人》发布的全球最新粮食安全指数排名榜可以看到，在123个国家和地区中，中国粮食安全指数排名第30位，且在食物总体供应、食物获得性、质量安全等重要指标上明显高于世界平均水平。

（二）粮食宏观调控能力有效增强

伴随各项财政支粮政策的深入实施，我国粮食宏观调控能力得到有效增强。一是运用价格、补贴、一般服务支持等财政支粮政策有效增强粮食生产调控能力，引导粮农从事粮食生产、优化粮食种植结构、提升生产经营效率，助力粮食供给侧结构性改革。二是粮食政策性购销和储备粮吞吐调节机制不断完善。通过发挥最低收购价政策托市效应，稳定市场粮食收购价格，保障粮农收益，合理引导预期。同时，通过扶持粮食仓储及物流设施建设，充实粮食库存储备，有利于发挥其"调节器""蓄水池"功能，进而有效调节粮食供求，稳定粮食市场。三是粮食市场监管日益强化。伴随多元市场主体的入市，财政通过保障必要的经费投入，不断强化我国粮食市场的监管力量，继而逐步加大粮食市场的监管力度，创新粮食市场的监管方式。实施粮食价格支持政策，能够在国际粮价波动之际有效维护国内粮食市场的稳定，从而有利于社会稳定。同时，粮食作为重要的生活必需品，保持粮食市场的价格稳定，对于国计民生的发展具有重要价值。在最低收购价和临时收储收购政策的作用下，政府收购了大量的政策性临时储备粮，使得国家的粮食调控能力有了比较坚实的物质保障，在粮食市场出现波动时，能够有效地进行干预。

（三）农户种粮权益得到有效保障

实施粮食价格支持政策，能够有效地保障农户权益，尤其是在最低收购价格和临时收储价格不断提高的背景下，农户种植粮食能够获得稳定且良好的收益，这极大地提高了农户的种植积极性。在当前城镇化、工业化不断推进的背景下，农户种粮积极性较以往有所降低，实施粮食价格支持政策，能够稳定和提高粮食收购价格。这不仅能够鼓励农户从事粮食种植，而且能够吸引更多的资本进行投资，有效地保障粮食安全。实施最低收购价和临时收储制度，能够对粮食的市场价格进行干预，能够帮助农户在实现粮食销售的同时获得比较可观的收入，有效地保障了粮户的利益，避免了"谷贱伤农"现象的产生。农民收入提升的同时，还通过有效刺激农户消费，提升农户消费水平，推动农村消费转型升级，进而带动农村地区经济发展。

（四）粮食对外开放处于高水平阶段

中国粮食安全保障处于历史最高水平，与中国农业高水平对外开放、全面融入国际粮食市场有直接的关系。自 2001 年加入 WTO 以来，中国对外开放步伐不断加快，农业对外开放度较高，成为世界上农产品关税较低和贸易自由化水平较高的国家之一。在市场准入方面，中国通过大幅度削减农产品进口关税，使得平均关税税率仅有 15.1%，是全球农产品平均关税水平的 1/4，成为世界农产品进口关税水平较低的经济体之一。同时，通过不断完善配额管理制度，适时扩大粮棉油及化肥等农资产品的配额量，特别是主粮配额量大，且在配额内关税降至 1%，使得主粮进口量大大增加。在出口补贴方面，中国已不对任何农产品出口实施补贴。在国内支持方面，严格按照 WTO 的要求，将特定农产品、非特定农产品"黄箱"补贴约束在特定农产品年度生产总值及农业年度生产总值的 8.5% 水平之内，这一"微量允许"水平低于发展中国家通用的 10% 标准，并自主放弃了多边体制为发展中经济体定制的"发展箱"权利。按照 WTO 规则的要求，中国还放宽民营企业出口限制，不断降低国有企业农产品出口比重，提高民营企业农产品出口比重，使得涉农民营企业成为中国农业对外贸易投资的主力军。另外，中国通过不断调整和修订国内农业政策法律体系，逐渐推动农业服务业领域的开放。

二、"双循环"下中国粮食价格政策改革的制约问题

现阶段，国内外粮食市场的联系更加紧密，确保中国粮食安全必须置身于

全球视角。基于新时代的历史方位和大变局的战略定位,以习近平同志为核心的党中央从全局高度创造性地提出"构建国内国际'双循环'相互促进的新发展格局"。在此背景下,确保国家粮食安全不仅为"双循环"发展提供了坚实的物质基础,而且确保国家粮食安全是构建"双循环"新发展格局的重要组成和关键环节,同时用好"双循环"战略已成为保障国家粮食安全的重要路径。当前,尽管我国粮食产业发展处于高水平阶段,但是价格政策改革方面仍存在着诸多问题,重点表现在:新形势下的粮食供需结构错配问题凸显,农业发展水平低导致粮食产业根基不稳,价差驱动下的粮食市场竞争力不强,国际规则约束下的国内农业支持政策发展受限。

(一)新形势下的粮食供需结构错配问题凸显

当前,我国粮食供求总量基本平衡,但随着粮食生产结构和居民消费结构的转变,结构性失调现已成为我国粮食安全中的主要问题。一是品种结构失衡。有关数据显示,2011—2020 年,三大主粮产量占粮食总产量的比例均在90%以上;2020 年稻谷、小麦、玉米的种植结构比例分别为 17.96%、13.96%、24.64%,而大豆种植结构比例仅为 5.90%,农作物种植结构严重失调。2021 年我国大豆进口 9 651.8 万吨,占国内大豆总消费量的 82.77%,大豆对外依存度过高。个别品种供求失衡,价格变动,经某些因素放大后会造成全国性的农产品价格上涨,从而引起粮食市场波动。二是优质产品供应不足。我国粮食生产存在重产量而轻品质的现象,在三大主粮中,优质产品产量过少,无法满足消费需求。以优质强筋小麦为例,我国优质强筋小麦产量为 300万~450 万吨,而目前我国优质强筋小麦年需求量为 500 万~700 万吨,生产与消费需求存在结构性矛盾。三是地区结构不合理。长期以来,粮食主产区承担着保障粮食安全的重任,2021 年 13 个粮食主产区的粮食产量占全国总产量70%以上,粮食供给客观存在区域性不平衡状态。粮食产销区利益分配不均问题日益加剧,而多数主产区省份又是劳动力输出大省,若农户种粮收益不能得到有效补偿,则主产区的粮食生产稳定性势必会受到影响。

(二)农业发展水平低导致粮食产业根基不稳

"大食物观"理念下,加快粮食产业转型升级,实现粮食产业的高质量发展,是顺应人民消费结构变化趋势的根本遵循,也是建设更高水平、更可持续的粮食安全保障体系的有力支撑。粮食产业的高质量发展必须以推进农业供给侧结构性改革为主线，提升农业质量效益和竞争力。农业发展水平不高主要体现在三个方面。一是农业科技创新水平不高。科技创新是推动现代农业持续稳定发展的重要力量，农业转型升级必须依靠科技支撑。目前，我国农业科技创新成果转化率低，农业科技创新投入不足，2010—2018 年中国农林牧渔业科技经费的投入占 GDP 的比重处于 0.28%～0.38%，农业科技创新投入一直在低水平徘徊。种业发展短板突出，育种规模小，核心技术自主创新能力不足。二是农业规模化经营水平较低。我国农业整体还处于小农经济水平，土地细碎，分散经营，不利于机械化耕作和规模化经营，生产力水平低下，严重阻碍了农业生产效率的提高和农业产业化的发展。三是农业可持续发展能力不强。随着粮食质量安全日趋重要，建立资源节约、优质绿色的现代农业体系是未来农业发展的必然趋势。而近年，化肥、农药等的过量使用造成粮食生产环境污染，对粮食质量产生不利影响，制约了农业的可持续发展。

（三）价差驱动下的粮食市场竞争力不强

国内外粮价价差与粮食国际竞争力成反比，价差越大，竞争劣势越大。就当前来看，国内外粮价倒挂，"非必需"进口不断增加，价差驱动下的粮食国际竞争力不强，而粮价倒挂本质上则是国内生产成本不断上涨导致。近年，农资价格、人工成本及土地流转费用持续上涨，"地板价格"居高不下，而发达国家因其土地、技术方面的优势，生产成本低廉。2020 年，我国稻谷、小麦、玉米、大豆每 50 千克总成本分别比美国高 46.01%、47.42%、99.53%、120.88%。粮食生产总成本过高，导致按"生产成本＋基本收益"原则制定的最低收购价不断提高，扭曲了粮食市场价格，抬高了国内粮价。2020 年，我国稻谷、小麦、玉米、大豆每 50 千克平均出售价格分别比美国高 29.02%、96.52%、135.74%、96.32%，国内粮食价格竞争劣势非常明显。合理的关税保护是克服基础竞争力差的有效措施，但我国粮食产品配额内关税仅为 1%，配额外关税最高只有 65%，实行关税保护的空间非常有限，粮食价格保护调控手段后天缺乏，不足以起到"防火墙"作用。基于成本之上的国内粮食市场价格与国际市场价格差距难以扭转，而且高于进口税后价格，"天花板价格"难以突破，粮价调控空间被持续压缩。国内外价差扩大趋势难以改变，我国粮食市场竞争力不断降低。

（四）国际规则约束下的国内农业支持政策发展受限

随着我国加入 WTO，我国对农业实行的支持保护政策开始受 WTO 规则限制，并承诺所有扭曲贸易和生产的"黄箱"政策支持不超过 8.5％的"微量允许"水平。2004 年之后，我国陆续出台包括托市收购政策在内的一系列农业支持保护措施。粮食价格支持政策虽然对保证粮食供给安全具有重要的作用，但在一定程度上扭曲了市场资源配置。随着农业补贴金额越来越大，"黄箱"补贴的剩余空间不断收窄，日益逼近或突破 8.5％的底线，粮食价格支持等一些政策面临着较大的国际诉讼压力和调整转型的困境。2019 年，WTO 发布美国诉中国农业国内支持争端案件报告（DS511），裁定中国对小麦、稻谷实施的最低收购价政策违背入世承诺。中国虽然对此做出调整应对，但裁决使得今后实施最低收购价政策的提升空间已经被"锁定"。2016 年以来，中国国内支持政策面临的国际争端诉讼相继发生，今后国内农业支持政策体系在美国等发达国家的全面审视下，可能会遭受越来越多的国际争端诉讼，面临不得不进行调整和改革的处境。

第四节　国外主要国家和地区粮食价格政策的评价借鉴

美国和欧洲作为现今发达国家和地区代表，它们对世界的经济、政治、文化、军事有着广泛的影响力，它们是世界粮食的主要出口国家和地区的代表。日本和韩国作为亚洲发达国家，国土面积狭小、人口密度大，其关于粮食支持政策具有较好的借鉴性。印度与中国一样，土地资源和水资源丰富，也是一个人口数量庞大的发展中国家。了解这些有代表意义的国家和地区的先进经验，有助于发现那些对于我国有借鉴意义的粮食政策措施。

一、发达国家和地区粮食价格政策的发展现状

在全球范围内，农业作为基础性产业，是国家经济发展和人类生存的前提。政府应该尽可能地稳定主要农产品的价格，适当加大对农业的保护力度。美国、欧盟、日本等发达经济体在这方面的做法比较成熟，出台了很多适合自己国家、地区的农业价格政策，很好地保护了本国、本地区农业的发展。它们的成功经验，对于农业相对落后的国家来说，具有一定的学习和借鉴意义。

（一）美国粮食价格政策

美国粮食价格政策多样化，而且灵活性较强，优势特征明显。在美国现行的粮食价格政策中，主要补贴形式包括固定直接支付和反周期支付两种。固定

直接支付不考虑国内具体的粮食产量和播种面积，在政府立法的基础上，规定基期单产、基期补偿播种面积及支付率，从而确定具体的补贴额度。固定直接支付补贴由于形式较为固定、覆盖的粮食品种少，在美国现行粮食价格政策中覆盖面较窄。反周期支付政策因为补贴额度与当年的粮食价格直接相关，故属于粮食最低价保护政策，且能恰好弥补固定直接支付的弊端，由此几乎覆盖了美国粮食产业种植生产的全部粮食品种。反周期支付率与基期单产和基期播种面积的乘积是反周期支付的额度。当市场内粮食价格比之前制定的标准高时，政府不会对种粮户补贴；当其低于之前的定价标准时，政府便会按照市场价格与标准价格之间的差额支付给种粮农民。我国之前在东北和内蒙古地区试点实行粮食目标价格政策，其与反周期支付补贴的补贴性质非常相似，这两种补贴形式都非常灵活，在减少财政压力的同时，还能保证农民的既有利益，使农民在面临粮食价格波动的时候有效减少损失。

美国的粮食价格政策除了上述两个最核心政策以外，还包括一系列其他辅助性的间接补贴政策，为解决农民融资困难而提出的农业融资补贴是其中最具有代表性的补贴形式，农业融资补贴的核心内容是"无追索权贷款"。其含义可简单地表述为：农民可以将收获的农产品作为向银行申请贷款的抵押物。具体实施方法为：当之前的贷款金额和需要为此支付的利息两者之和低于农民销售农产品所获得的收入时，农民就可以用销售收入偿还贷款；相反，若农民销售农产品所获得的收入低于之前的贷款额度时，农民只要将抵押的农产品交给信贷公司用来偿还贷款，就可以避免承担其他的相关责任。但这一政策在实际实行过程中也遇到了困境，即在农民销售农产品所获得的收入低于之前的贷款额度时，大量农民若是选择将农产品抵押给信贷公司，那么将会面临大量农产品积压的困境。为解决农产品大量积压的问题，政府对"无追索权贷款"操作方式进行了调整。当市场内的粮食价格较低而无法偿还贷款时，政府出面将差额补贴给农民，农民就可以不采用将农产品作为抵押来偿还贷款的方式，这便避免了信贷公司大量农产品积压的问题。

（二）欧盟粮食价格政策

与美国的粮食价格政策相比，欧盟的粮食价格政策更加侧重于处理市场价格和干预价格之间的关系，和美国的粮食价格政策具有不同的表现形式。与外部市场相比，欧盟的粮食价格政策的主要目标针对的是内部市场。通常情况下，市场上的粮食交易都是围绕市场价格进行的。政府部门为了维护粮食市场的平稳运行，会对市场进行一定程度的干预，尤其是在市场上粮食交易的价格剧烈变动时。通过总结整理，发现欧盟对我国粮食价格政策可借鉴的地方主要有以下几点。

以 2010 年为界，严格限制政府有权干预的粮食品种。在 2010 年之前，政府能够干预的粮食品种较多；在 2010 年之后，由于出台的相关法律法规对政府干预粮食价格的权力做了严格限制，政府对粮食品种的干预范围缩小。因此，在 2010 年之后，只有当欧盟粮食市场上出现严重的、超出预计的粮食价格波动时，政府才会以行政手段干预粮食价格，介入粮食市场的运营。从目前的情况来看，欧盟主要是对小麦进行粮食价格干预，粮食品种基本上没有涉及。

对干预性粮食库存的处理情况通常有多种形式，最为主要的处理方式是：通过公开拍卖的方式，将粮食交由出口商负责，再由出口商负责这部分粮食的出口销售工作。出口商在粮食出口过程中会产生一定的粮食差价，这时政府会支付一部分出口补贴，从而抵消差价问题。政府的这种做法也是鼓励当地粮食出口商积极参与库存粮食竞拍的一种表现。另外一种出口的方式则是通过国际粮食援助进行，主要依靠欧盟内部或国际上的慈善机构，但由于牵涉到出口补贴问题，这一方式近些年已经很少使用。还有一种方法则是在欧盟内部地区进行顺价销售，但这种方法不利于欧盟当地的粮食价格稳定，会冲击当地的粮食安全，原因是只有在欧盟当地的粮食价格高于干预性库存粮食的成本价时，这种方法才能使用。

针对粮食市场上可能出现的特殊情况，欧盟也制定了一系列措施来应对，从而保证欧盟当地相关部门能够积极应对特殊情况的发生。当欧盟内部某个区域的粮食交易价格突然大幅度下跌时，或者是比之前制定好的干预价格低时，欧盟的粮食价格干预机制便会启动。此外，针对这种情况，欧盟还设置了专门的公共财政资金，对可能突发的状况进行担保和支持，从而保障设置的干预机制能够对粮食市场进行迅速、有效的保护。

进出口干预政策作为欧盟粮食价格政策的辅助政策，其有效推行可为欧盟内部粮食市场的健康发展保驾护航。欧盟对外来的粮食产品制定了非常高的关税，目的是减少国际粮食的大量涌入对内部市场的粮食价格的压制，也是为了减少国际市场粮食价格的波动对欧盟内部市场造成的冲击。此外，为了保证粮食价格政策在执行过程中的实效性，欧盟的相关部门也会每隔一段时间便对具体产品的税率进行重新修订。随着粮食价格政策的日益完善，实施效果的日臻完善，欧盟对粮食出口的干预越来越少。

（三）日本粮食价格政策

日本的粮食补贴政策有着自身独有的特点。日本政府出台的各项粮食补贴政策根据实际制定和执行的时期和范围不同，将制定的各项政策相互补充、有机结合，为实现各阶段的粮食补贴政策目标提供了基本保证。日本的粮食补贴政策主要包括以下几个方面。

一是价格支持政策。日本的价格支持政策主要由直接管理价格和粮食价格补贴构成。第二次世界大战刚结束时，直接管理价格的应用较多。在这一政策实施中，政府直接管制稻米的生产和流通，除少数经政府批准的厂家可以接受大米的批发业务外，任何企业和个人都不被允许。大米作为日本国内的传统主食，在日本民众的日常生活中占据着十分重要的分量，故大米的价格对日本国内的经济发展、社会的稳定以及民心的稳定都具有十分显著的影响。因此，针对大米的补贴自然成为粮食价格补贴的核心内容。国内粮食市场上进行交易的所有粮食品种，日本政府都对它们进行补贴，但补贴力度之间却有非常大的差别，其中大米的补贴量占到了整个补贴量的七成以上，补贴力度始终非常大，而日本政府对大豆只实行差价补贴。

二是直接补贴政策。从 20 世纪 60 年代开始，日本就开始对稻米、小麦和大豆等粮食作物进行直接补贴。就小麦实施的直接补贴政策来看，主要是为了鼓励小麦生产。从流通体制来看，21 世纪初，小麦才开始进入市场流通，之前一直是日本政府统一包办小麦的生产和销售。在日本，最早实行粮食价格政策的粮食品种是大豆，而不是大米。最早可追溯到 20 世纪 60 年代初，日本政府就已出台了针对大豆的粮食价格政策。大豆的价格政策为后来日本政府实行大米的价格政策提供了诸多经验。日本政府早期制定的大豆价格政策与当前世界上许多国家正在实行的粮食目标价格政策较为相似，可以认为是基于日本实际国情而制定的目标价格政策。在政府实行大豆的目标价格政策时，会提前设定好一个大豆的目标价格，如果粮食市场上大豆价格比目标价格高，则按照市场价格进行交易；反之，政府将会以补贴的形式，把目标价格和市场价格之间的差价支付给销售厂家，从而保障其经济利益，由此，这一政策也称为"不足支付政策"。日本加入 WTO 后，按照 WTO 的相关规定，属于"黄箱"补贴政策的"不足支付政策"需要进行改变。为此，日本又相继出台了一系列的相关补贴政策，如20世纪末出台的新农业基本法。在新的基本法中，日本政府将对粮食价格的补贴转向种粮农民。日本由于多山，大多数农田都在山区和半山区，平原地区的农田数量非常有限。先天地形的不足，导致在山区和半山区从事粮食生产的农民的种粮效益也大打折扣。在这些日本农民从事农业生产的过程中，如果他们采用的生产方式有利于保护环境和农业的可持续发展、资源的可重复利用，日本政府就对这些农民直接发放补贴。经过多年的实施，这一政策虽然还存在一些不足，但其在保障粮食安全方面作出了卓越贡献，在国内、国际上都取得了较高的评价。

三是粮食保险政策。①灾害补贴。日本的粮食业除了受旱涝虫病灾害威胁，还受到地质灾害的威胁，原因是日本处于太平洋和欧亚板块的交界处，位于环太平洋火山地震带上，导致其地质灾害频发。因此，除了其他的粮食补贴政策外，自然灾害补贴在粮食产业中还占据着非常重要的地位。在自然灾害中，如果受到损失，政府会对各个方面进行补贴。具体来说，主要包括粮食作物、农用机械、农业基础设施等。通过建立健全灾害补贴体制，农民在自然灾害中受到的损失大大降低，也降低了在正常年份从事粮食生产的成本。而且，在WTO的章程中，属于"绿箱"政策的自然灾害补贴不需要进行削减。②保险补贴。鉴于日本特殊的地理位置，日本的保险行业非常发达。但大多数商业保险公司却不愿承保涉及粮食产业的保险，其原因在于粮食产业的保险风险系数很高，因此就需要政府出面负责粮食保险方面的事宜。政府在粮食保险的具体实施方式主要是划定农户的种植面积，当达到一定规模时，农户就必须参保。政府通过直接参与到农户与保险公司的合同中，有效保证了农户的种粮收益和国家的粮食安全。日本的粮食的保险补贴在稳定粮食市场方面做出了卓越贡献。

二、发达国家粮食价格政策的启示

当前，我国以增产为导向的农业支持政策，显然不能满足农业高质量发展的要求。应当根据形势变化适时调整和完善政策，推动农业支持政策由增产导向型向质量效益导向型转变。以美国和欧盟为代表的发达经济体为了维持本国、本地区粮食价格水平，出台了一系列关于粮食价格补贴政策，并且保证一系列政策能够有效实施。因此，发达经济体对于粮食价格的补贴政策值得我们学习和借鉴，以形成具有中国特色的粮食补贴政策。

（一）美国粮食价格政策的启示

客观来讲，美国的粮食价格政策的发展还不够完善，存在不少的局限性，但这些政策却有力促进了美国粮食产业的发展，对我国发展粮食价格政策也具有十分重要的借鉴意义，特别是在保障我国粮食安全和提高农民收入方面。经过归纳总结，发现美国的粮食价格政策对我国的经验借鉴主要包括以下几个方面。

一是要制定清晰的政策目标。通过总结美国几十年的粮食价格政策发展，可以发现美国的粮食价格政策在制定和运行过程中都是围绕共同的目标进行的，执行过程中的目标都非常统一明确。与美国明确清晰的政策目标相比，我国目前的粮食价格政策目标不一，有的是为了提高农民收入，有的是为了促进农业生产规模，还有的是为了推动农业可持续发展。粮食价格政策目标相对比较分散，导致我国的农业补贴效率不高，且补贴系统混乱，由此粮食价格政策的实施效果必定会受到影响。针对这种情况，我国必须尽快建设统一、明确地促进我国粮食产业发展和维护我国粮食安全水平的粮食价格政策目标。

二是要建立完善的农业补贴政策体系。粮食价格政策除了要保证国家粮食产业政策的稳定性和连续性外，在制定的过程中要尽可能保持灵活。美国的粮食价格政策不仅包括常见的直接补贴，还包括不少间接的补贴方式，支付方式各种各样。在实行粮食价格政策的过程中，同时还有其他一系列的相关措施共同发挥作用，包括农业科技创新投入、农业基础设施建设等。

三是在扩大农业补贴范围，即追求效率的同时，还要兼顾公平。主要做法是在对某些具有自身特点的地区进行重点扶植的同时，要逐步扩大粮食价格政策涵盖的范围，兼顾到整个粮食产业的发展，避免粮食产业内部种粮农民收入陷入极度不平衡的困境。未来，我国应不断扩大农业补贴的资金规模，并将新增补贴金额的主要部分流向粮食主产区和粮食优势产区，同时向专业大户、家庭农场、农民专业合作社等新型农业经营主体倾斜。

实施粮食价格政策的宏观调控政策必须具有前瞻性。近年，粮食产业科学技术发展迅猛，但与此同时，科学技术的弊端也逐渐显露出来，其对粮食产业的危害也开始显现。就我国粮食产业目前面对的压力来看，推广和实施粮食价格政策可以有效缓解此压力，但不能解决其面临的本质问题。未来，若要实现我国粮食产业的长远、健康、稳定的发展，我国政府必须在当前水平的基础上进一步加强对粮食产业的宏观调控。此外，对于我国粮食产业发展现状和农产品生产的特点，我国政府必须制定有针对性的粮食价格政策，充分发挥我国粮食价格政策和农业补贴的真正作用，从而确保相关政策落到实处，惠及各方。

（二）欧盟粮食价格政策的启示

2014年中央1号文件《关于全面深化农村改革加快推进农业现代化的若干意见》中已经明确提出，我国要建立并完善粮食市场农产品价格形成机制，并将适当地向市场交还粮食价格的决定权，在保障种粮农民利益的同时，也可以使家庭农场和种粮大户的经营者拥有相对可观的收益。通过对欧盟地区粮食价格政策的经验了解，粮食价格市场化改革是我国粮食产业未来发展的必由之路，因此也就离不开政府强有力的干预和管理。

建立综合的粮食价格支持政策。2004—2005年，针对小麦和水稻两种主要的粮食作物，我国开始采取粮食最低收购价政策，随着时间的推移，其弊端开始逐渐显露。针对这一现象，我国政府开始对现行的粮食最低收购价政策进行调整并完善，与此同时，在我国东北和内蒙古等地，我国政府开始了针对棉花和大豆两种作物的目标价格制度的试点。由2014年至今的试点结果可以看出，目标价格政策的效果比较理想，目标价格在农民种植行为方面的指导有着显而易见的作用，不仅大大降低了地方在粮食补贴方面的财政压力，而且使得当地粮食品种结构趋于合理。另外，各种粮食价格政策之间并不是非此即彼的选择关系，各种政策可以根据各种适合的粮食品种的特点进行适当的调整。例如，类似主要作为口粮的小麦和水稻等粮食作物，依旧可以实行最低收购价政策，来确保粮食产量和农民种植的积极性，并能够充分保证我国的口粮安全。又如，主要用于工业用粮和饲料用粮的玉米与其他粮食品种，可以选择实行目标价格政策。农民可以依据市场上粮食品种价格的变动来决定其来年的种植计划。这不仅有益于增加农民收入和减轻地方政府财政压力，更是对我国粮食价格的合理性、粮食结构的优化产生了深远的影响。

整合和优化现有粮食补贴政策。在当前的粮食期货投资者中，机构投资者所占比例仅有3％左右，而中小散户的比例则高达80％，且资金量大都在百万元以下。我国农产品期货市场的发展极为滞后正是由于成规模的机构投资者的占比过低。由于中小散户投资者资金数量少、风险承受能力差、客观分析能力弱等特点，他们并不会选择中长期操作，大都以短期操作为主。这就使得在期货市场波动时，产生大量的盲目操作和羊群效应。这样不仅特别损害中小散户的经济利益，更不利于我国粮食产业的长期发展和粮食安全水平的提高。

（三）日本粮食价格政策的启示

在遵循 WTO 规章制度的前提下调整国内的粮食价格政策。我国于 21 世纪初加入了 WTO，在国内的粮食价格政策和粮食补贴政策方面，WTO 对其成员有着明确的规定和严格的限制。WTO 鼓励"绿箱"政策，就是使其成员在国内粮食生产方面采取与农业生产不挂钩的扶持政策。之所以鼓励这一政策，主要原因在于它不会使农产品在市场交易过程中对市场秩序和交易过程进行扭曲。借鉴日本粮食发展的经验，这一方面尤其值得我国学习并加以利用。日本在加入 WTO 之前，对粮食产品大多选择直接补贴的方式，如大豆和大米的"不足支付政策"。这一政策不仅维护了日本农民利益，也对日本粮食产业的发展具有重要意义。但是这一政策属于 WTO 规定的"黄箱"政策，加入 WTO 后按照规定是要被削减的。因此，日本政府就针对 WTO 的规定对此政策进行了调整，不再对粮食价格进行补偿，而是把补贴重点放在了日本在山区和半山区进行耕种的收入较低的农民身上，调整后的补贴政策则被 WTO 认定为"绿箱"政策，是不需要被削减的。我国也应当借鉴日本的调整经验，将 WTO 的规章制度与我国粮食产业发展的现实情况相结合，在 WTO 规章允许的条件下，不断提高我国粮食产业的补贴水平，完善我国粮食价格政策体系。

完善农业基础设施建设，加大农业补贴力度。许多研究我国粮食产业的学者一直以来都在关注"如何提高种粮农民的积极性"这一问题，因为种粮农民的积极性与粮食安全水平和粮食产量呈现出显著的正向相关关系。在日本，农业收益水平长期较低，再加上日本又是一个地质灾害和自然灾害频发的国家，日本农民从事粮食种植的收益率也就更低了。基于这一现实问题，为了维护种粮农民在粮食种植方面的基本利益，确保本国农民从事粮食种植的积极性，日本政府在完善粮食产业基础设施建设方面，投入了大量资金，并给予种粮农民强有力的补贴来保证其经济效益，以便获得更好的效果。举一反三，我国也应在这一方面参考日本政府的做法，以此来激发种粮农民的积极性，促进我国粮食产业的长期稳定健康的发展。

三、发达国家粮食价格政策的经验借鉴

近年，随着我国重要农产品市场运行环境的变化，现行农产品价格调控政策面临一系列挑战，亟待完善。对农产品价格进行调控是世界上的通行做法，尤其是发达国家已经形成了比较完善的农产品价格调控体系。以下通过梳理美国、欧盟、日本三大经济体的农产品价格调控政策，阐明其近年农产品价格调控方法，提炼政策的实施背景、条件，评价实施效果，总结成功经验和失败教训，为我国农产品价格调控提供宝贵经验。

（一）明确补贴目标，保证政策前瞻性

通过整理总结美国、欧盟和日本对粮食的补贴政策，可以发现其在粮食价格政策的制定和出台方面都具有非常明确的目标，且政策都具有较强的前瞻性和统一性。为保证粮食价格政策的顺利实施，我国各级政府及相关部门在粮食价格政策实施之前应做好充分的前期准备工作，将针对目标群体制定的补贴方式、补贴数额等细节问题以规范化、统一化的法律形式表示出来。政府及相关部门前期做的准备工作具体包括粮食运输、仓储的准备工作和补贴资金的咨询工作，此外还包括对中储粮、农发行、县市一级粮食局、乡镇一级的粮食所等各级部门的关系所做的协调工作等。为顺利推进这些工作，可以借助当地大专院校和科研院所等科研机构的协助，从而普及粮食价格政策的理论。在制定粮食价格政策时，要对其预计达到的目标及推行方法有清晰的认识，并对预计在推行过程中可能遇到的阻碍做好充足的准备。

另外，对于中央政府制定的粮食价格政策，地方政府应当与其保持一致。国家出台的粮食价格政策，是为了促进全国的粮食产业和粮食市场平稳运行，也是为了提高农民收入和减轻地方政府的财政负担。因此，地方政府应当支持中央政府工作，积极协助粮食价格政策在农民群体和粮食主产区的落实。在推进粮食价格政策执行的过程中，各部门要仔细研读，对中央政府颁布的政策有清晰、科学、客观的认识。与此同时，政策的实施在中央政府允许的前提下也应因地制宜，针对当地实际发展情况积极调整粮食价格政策执行方式，以符合当地粮食产业发展的特点。不容忽视的是，在进行政策调整前，地方政府及相关部门要对执行过程中可能出现的问题提前认真考虑，并进行预测和评估，从而制定周密的计划和相应的预案方针。在粮食价格政策执行过程中，地方政府和中央政府必须相互配合，才能确保政策落实到位，从而实现粮食

价格政策的最终目的，促进我国粮食市场的健康发展。

（二）政策相互搭配，形成政策体系

美国粮食价格政策的实施获得如此大的成功，不仅需要政府相关部门出台极具科学性的政策，还要依靠执行时的彻底性，同时也离不开美国政府及其粮食主管部门数年间不定期出台的对过去法律的补充条款或者是一系列新的专项法律法规，使得现行的粮食价格政策更加完善。辅助性质的规章制度与粮食价格政策之间的互补关系为美国粮食市场的平稳运行提供了一定的保障，并完善了美国的粮食价格政策体系。我国陆续颁布过一部分对粮食价格政策具有辅助性质的法律法规，但是与美国不同的是，我国出台的政策缺乏统一的、系统的规划。因此，我国的这些规章制度难以融入粮食价格政策的体系当中，反而会在实际执行过程中削弱粮食价格政策自身带来的效果。

另外，粮食价格政策的内部也存在一些条款制定得并不是十分合理的问题，一些条款之间甚至自相矛盾。这也就使粮食价格政策在执行过程中存在一定的隐患，从而导致粮食价格政策在最终的执行效果上大打折扣。因此，我国政府及粮食主管部门需要在制定及推行粮食价格政策之前尽可能地对未知情况进行预估，并制定相应对策，以防在政策执行的过程中措手不及。

（三）扩大补贴范围，优先效率，兼顾公平

通过对美国的粮食价格政策和粮食补贴政策的分析，我们可以发现政府的补贴政策难以实现全体种粮农民绝对的公平，因为粮食生产还要受到气候、地形、土地规模等客观条件的限制。因此，关于执行粮食补贴政策这一问题，政府应当注重效率，兼顾公平。与我国现实情况相结合，政府在持续实行种粮农民直接补贴、良种补贴和农资综合补贴等现有政策的同时，在部分有条件的地区，应因地制宜地增加一些新的补贴项目。例如，可以依据实际粮食种植面积或产量对生产者进行补贴。需要强调的是，我们应先建立一个完善的监督机制来保证政策的有效性，以避免潜在的"浮夸风"再次出现。同时，考虑到农产品的价格在整个商品市场的价格体系中占据不可忽视的地位，我国相关部门可以结合我国国情，借鉴美国采取的用农业补贴来稳定农产品价格的经验，建立适合我国的农产品目标价格补贴机制。就具体操

作而言，这与我国现有的在价格过低的情况下对生产者进行差价补贴的政策不同，此项目的意义在于强调对农产品价格进行实时监控和预测，在市场价格过高时，对低收入消费者进行补贴。显而易见，这样不仅可以保证生产者的收益，还可以确保生产者的积极性。在农业补贴方面，我们一向坚持效率优先，兼顾公平，从而提高农业补贴的精准度和指向性。从这个角度而言，政府的补贴资金在兼顾所有农产品生产主体利益的同时，可以适当地向粮食生产区的种粮大户、家庭农场、主要农产品生产者及新型农业经营主体倾斜，从而确保整体效率的提高。

（四）完善农业保险，增强抗灾能力

通过了解日本农业保险政策，我们意识到农业保险的普及不仅可以在粮食价格偏低的年份为农民补足差价，还可以在自然灾害突发时降低农民损失。考虑到日本多灾的自然条件，保险公司负担较重的特殊情况，日本政府甚至出面对经营农业保险的保险公司予以扶持。这对我国粮食产业的发展同样有着重要的借鉴意义。农业保险在农业减灾抗灾方面可以发挥非比寻常的作用，2014年中央1号文件《关于全面深化农村改革加快推进农业现代化的若干意见》中，关于"加大农业保险支持力度"的相关内容体现了中央对农业保险的高度重视。不过我国在农业保险方面起步较晚，缺乏经验，因此在制定农业保险补贴政策时，一定要考虑到上述的实际情况。具体而言，我们应考虑到各产粮区的基层财政，尤其是市、县级财政面临的现实问题，在计划提高主要农作物保险的补贴时，应该合理地提高中央和省级的补贴力度。同时，我们也可以出台相应的政策，积极引导保险行业对农业产业进行投资。例如，鼓励并引导保险机构开发完善农业保险，鼓励他们针对风险较小的特色或优势农产品提供保险服务，同时政府可以对相关参保农户提供一定的保险补贴。更进一步的话，相关部门可以采取便于操作且相对灵活的"以奖代补"方式，来充分调动农民参保的积极性。另外，在有条件的地区，保险机构也可以开展农村金融的贷款保证、保险和信用保险等业务。首先，政府既是倡导者，也是监督者。由于当地政府更加熟悉当地农户的情况，因此，相关部门可以为生产状况良好且有信誉的农户背书。其次，农业是我国的支柱产业，基数大、地位高，保险机构和金融机构没有理由完全放弃这个市场。最后，任何新兴行业的产生都伴随一定的风险，这一政策将在合适的地区进行试点，如果成功的话，再在类似的地区结合当地具体情况，具体推广。

第五节 "双循环"下中国粮食价格政策的改革策略

当前的粮食价格政策更多地以保证国内粮食数量安全为主，但有效激励机制后劲不足，且对提升粮食质量安全和促进国际循环发展应对不足。在"双循环"新发展格局下，要适时转变只追求高自给率的发展理念，将建立优质高效的现代农业体系、提高粮食市场国际竞争力目标融入粮食价格政策改革的路径之中，利用国内国外市场，共建从粮食价格政策角度入手的粮食安全"双循环"发展体系。

一、加快推进农业保险实施进程，保证粮食的数量安全

为保障农民种粮积极性，必须保证农民基本种粮收益。农业保险作为保障农业生产的重要手段，能够有效满足农户日益增长的风险保障需求。要进一步提升农业保险保障水平，推动农业保险转型升级。一是扩大三大粮食作物完全成本保险和种植收入保险实施范围，完全成本保险、种植收入保险两个品种覆盖农业生产总成本、农业种植收入和全体农户，保险保障水平高、保险责任范围广，能够显著提高农民的种粮积极性。因此，各相关部门与地方政府要贯彻落实中央部署，循序渐进，结合实际扩大政策实施范围，动员、协调各种力量加快实现 13 个粮食主产省份产粮大县全覆盖，让更多农户获得优惠。二是统筹耕地轮作补贴和大豆生产者补贴制度，积极落实扩种大豆和油料生产任务，推进玉米大豆带状复合种植补助，加快发展大豆、油料作物保险，建立从中央到地方的扶持政策体系；发挥价格引导作用，调整结构，扩种大豆。三是鼓励各地在符合农业保险工作基本原则的基础上，因地制宜探索开展农业保险创新试点，加强政策性农业保险的宣传，增强广大农户的参保意识。四是完善农业保险大灾风险分散机制，形成多方参与、风险共担的"全链条"农业保险大灾风险分散机制，推动农业保险高质量发展，更好地服务保障国家粮食安全。

二、健全完善优粮优价市场运行机制，保证粮食的质量安全

在处理好粮食供给侧的矛盾时，也要把握好中长期的粮食需求侧变化，增强供需的适配性。未来要持续完善粮食价格形成机制，充分发挥市场机制对于价格形成的作用，协调供给与需求之间的矛盾。重点可以从以下几方面发力。

第一，坚持有效市场和有为政府相结合，做好粮食政策性收购和市场化收购工作。精心组织粮食市场化收购，探索建立粮食分级定价标准，完善优粮优价市场运行机制；发挥好政策托底作用，稳定优质粮食收购价格。按照"价格保底、随行就市、优质优价"的收购原则，强化政策兜底、优粮优价的市场导向。第二，建立健全粮食市场化收购资金长效保障机制，降低入市收购的流通和交易成本，解决市场化收购主体在收购过程中存在的融资难、风险大难题。在保障合理储备的基础上，积极鼓励多元市场主体开展粮食市场化购销，增强粮食收购市场的活力与竞争力，加快形成优质优价的市场环境。第三，探索发展订单收购、"以销定产"模式，让企业优先掌握优质粮源，真正实现产需对接，促进优质优价。发展订单农业，关键是要建立"龙头企业＋合作社＋农户"或者"合作社＋农户"的农业产业化利益联结机制，充分发挥流通对生产的引导与反馈作用，发展优质粮源生产基地。通过引导各主体掌握本地优质粮源，促进当地粮食市场化收购，真正实现优粮优价。

三、为促进粮食产业发展提供制度供给，提高国际定价权

要提高国际粮食市场定价权，必须增强我国粮食产业竞争力。长期以来，我国粮食支持政策追求高产量、高自给率，而欠缺对竞争力的保护。未来要实现粮食安全的长效发展，构建以竞争力为导向的粮食调控政策体系是大势所趋。一是逐渐减少粮食价格支持政策，更多地采取基于农业生产环境、生产资料成本、农业科技的直接补贴政策。农民收入水平高低与农业生产方式选择、农业科技推广与应用具有密切联系，提高农民收入将有助于提高农业生产率。粮食价格支持政策对农民收入提高有限，不能仅靠提高收购价，应加强对粮食生产者的直接补贴，建立技术补贴制度，推广绿色低碳生产模式，支持粮食适度规模化经营，推进农业提质增效，形成与市场需求相匹配的现代农业生产结构，增强粮食国际竞争力。二是坚持市场化的政策改革取向，推进农产品价格形成机制。中国粮食终端市场价格完全是市场化的，但在托市收购政策下，初级市场价格相对缺乏弹性，粮食贸易追求"低买高卖"，这导致中国粮食贸易市场盈利空间有限，竞争力弱。未来应继续坚持市场化的粮食价格政策改革取向，增强粮食价格政策的灵活性与弹性，还原市场的价格发现功能，从而改善中国整体粮食贸易环境，增强粮食企业盈利能力和实力，鼓励粮食企业"走出去"，提升我国在国际粮食市场的话语权和定价权。

四、采取适当的政策优化手段，为粮食价格政策提供更多的支持空间

为防止小麦、稻谷最低收购价政策今后再次面临他国竞争者非议和控诉的困境，有必要采取适当的政策优化手段，为最低收购价争取更多的支持空间，以规避未来可能会面临的更多的国际争端。具体可以从以下几个方面入手。第一，加大符合国际规则的转移性补贴力度，充分挖掘和拓展不受限制的"绿箱"政策。例如，农业保险保费补贴、粮食直接补贴、耕地地力保护补贴，这些政策能保障农民基本收益、促进粮食生产，从而减轻最低收购价政策的支农"负担"，避免国际争端。第二，利用非特定产品"黄箱"政策，为属于特定产品"黄箱"政策的稻谷、小麦最低收购价政策提供更多的支持空间。2016年农业"三项补贴"改革后，极大地扩展了非特定产品"黄箱"的支持空间。未来可以通过加大对粮食适度规模经营补贴和农机具购置补贴的支持力度，向小麦、稻谷主产区倾斜，为小麦、稻谷最低收购价政策更好适应国际规则提供支持。第三，积极参与国际多边贸易规则制定，争取更大的国际市场话语权。中国虽是粮食进口大国，但"大国效应"却不明显。中国应该主动开展多边贸易谈判和国际规则的讨论与制定，借助"一带一路"倡议参与全球贸易治理体系的重构，为国内争取更大的农业生产政策支持空间。

五、强化粮食价格监测预警机制，应对国内外形势变化

面对复杂多变的国际贸易局势和国内环境，中国应当建立完善的风险防范、预警及管控机制，采取多种措施化解国际市场的进口风险或其他输入风险，提升应对国内外市场变化的应急处理能力。一是加强粮食供需监测预警。提前释放部分钾肥和救灾肥储备，平抑国内化肥价格过快上涨趋势，针对农资价格较快上涨情况，对实际种粮农民发放一次性补贴，帮助农户和农业企业提升粮食生产的竞争力及应对风险的能力，从而保障粮食供应稳定。二是加强对粮食市场价格的实时监测。在确定最低收购价格水平时，统筹考虑不同作物之间的价格协调关系和国内外市场供求形势，充分做好改革前后的评估工作。时刻关注粮食供需市场，加大价格监督检查力度，及时监测市场价格波动情况，严厉打击各种价格违法行为。健全国内粮食应急保供体系，防止因变相涨价、串通涨价的错误信号影响农户种植行为决策，维护粮食市场正常

秩序。三是增强对粮食国际市场的把控力。用好各类金融工具管理粮食进口的价格风险，加强粮食现货和期货的信息分析和综合研究，及时把握主流信息，掌握粮食价格主动权，避免由于信息不对称陷入粮食危机。加强粮食国际市场调节，提高大豆等大宗进口农产品风险管理能力。四是加强国内外粮食市场预警和监测，及时了解大宗商品市场的变化趋势，防范国际粮价上涨向国内传导，多措并举做好大宗商品保供稳价，加强重要民生商品价格调控，重点防范输入性通胀。

粮食储备作为国家粮食安全的关键构成部分，尤为重要，它将粮食生产和加工、销售联系起来。我国现阶段实行"立足国内、确保产能、适度进口、科技支撑"的国家粮食安全发展战略，与当今构建粮食产业"双循环"新机遇一脉相承、内涵相通。我国既是粮食生产大国，同时也是消费大国。在"双循环"新发展布局下，粮食储备是内循环中粮食安全的关键构成部分。粮食储备通过提高粮食供给自有率，为完成粮食价格宏观经济政策、平稳粮价、高效率地应对突发事件、确保人民日常生活和全社会和谐平稳打下基础。

第一节　中国粮食储备体系的理论分析

FAO将"粮食储备"定义为：粮食储备指的是，在新的作物年度开始时，可以从上一年年底收获的作物中得到的粮食储备量。储备粮是保障国家粮食安全的"压舱石"和"稳定器"，在关键时候能够发挥稳定社会、保障安全的作用。粮食储备体系是指一国为完成本国粮食储备政策目标而形成的一套制度体系，其理论基础主要是由公共产品理论、宏观调控理论、制度变迁理论、比较优势理论所构成。

一、公共产品理论

美国经济学家萨缪尔森在边际效用价值理论的基础上，分别于1954年和1955年发布了《公共支出的纯理论》和《公共支出理论的图解》，标志着公共产品理论的产生。他把公共产品界定为"每个人消费这种物品不会导致他人对该物品消费减少的物品"。换句话说，产品的公共性关键反映在交易的非竞争性和效用的非排他性。公共产品的非排他性和非竞争性是共通的。非排他性关键就是指效应的外部性。公共产品的效应可以好坏不分地提供给每一个人，效益可以由全员好坏不分地共享，即使他不因此付出任何代价。公共产品的非竞争性注重的是：一方面，每个人不容易影响到别人对这种物品的消费质量和总数；另一方面，产品的成本不容易由于消费者总数的提升或降低而产生变化。由于公共产品不可以确保追求完美利益最大化的自身的权益，因此公共产品的供给不可以彻底取决于个人。只有政府部门进行干涉，才可以清除市场失灵产生的损害，才可以完全不计个人投入而完成公共事业。

粮食储备并不是彻底的公共产品或准公共产品。因为首先储备粮的应用具备排他性，其获益地区和获益目标受到限制。与此同时，粮食储备规模比较有限，只达到一部分消费市场，不太可能同时完成交易。因而将粮食储备含糊地界定为公共产品是不合理的。但是，假如从储备行为主体的方面来划分，政府部门储备毫无疑问具备公共产品或准公共产品的特性，其储备的获益方应该是全国各地所有的人，具备非排他性。尤其必须强调的是，政府部门储备的功能不仅是在粮食紧缺时确保市场供给，更关键的是对粮食销售市场提供供给信心和保障功能，进而调整其他市场主体对粮食供求价格的市场预期，因而也具备交易的非竞争性。因此，作为国家公共产品，政府部门储备应由中央财政注资。

作为公共产品，政府储备粮具备交易费用高、外界强制性成本增加的特性。为了更好地、更彻底地解决这一问题，公共经济学基础理论明确提出了地方财政制衡供给方式。美国经济学家斯蒂格勒认为，当地政府提供公共产品在两个层面是有效的：一是与中央对比，当地政府更紧贴人民和销售市场，更掌握其辖区内人民要求和市场发生转变的信息内容；二是当地政府可以为辖区人民带来更多元化的产品与服务。但是，因为公共产品供给的规模效应、外部经济和管理成本，地方财政的分散也会造成资源分配失效。基于以上两个层面考虑，公共经济学理论认为，公共产品的有效供给应以"按公共产品水准和盈利范畴区划政府部门权力"为标准，在地方政府中间确立供给行为主体。我国幅员辽阔，各地区的粮食生产和饮食结构存在很大差别，这促使中央在配给粮食储备资源时，要掌握各地情况不一的粮食生产和消费信息，预判实时变动的粮食价格，信息成本昂贵。因此，依据粮食储备的公共产品特性和股权融资作用与供给功能分离的标准，将粮食储备的行政职能有效划分给中央和当地政府是合乎公共经济学基本概念的。

依据公共财政理论，公共产品的供给不仅必须考虑到权利的充分分配，还要考虑到实施权利所必需的财权和财政资源，进而完成财政资源和权利的平衡分配。在我国社会经济发展水平参差不齐，各地区之间的财政整体实力也是有较大差别的。要保证当地政府执行好粮食储备义务，就需要搭建纵向转移支付制度，匹配充裕的财政资源，保证行政职能的执行。与此同时，我国很多归属于粮食主产区的省份是社会经济发展相对滞后的"财政穷省"，而归属于粮食主销区的省份是经济发展相对先进的"财政强省"。因而，必须建立有效的横向利益补偿机制来确保粮食主产地的权益。

为保障政府部门提供的公共产品可以有效地达到管辖区人民的要求，公共产品供给管理决策不可采用"由上而下"的管理决策方式，而应全面掌握管辖区内公共产品供给对象的详细要求。与此同时，伴随着人们生活水平的提升，对高品质粮食的需求也越来越大。这就决定粮食储备的种类结构也要与粮食的需求结构相符合，储备的种类要有目的性。

二、宏观调控理论

宏观调控理论是由经济学家凯恩斯提出的，其又被称为国家干预经济发展理论，是政府综合各种因素对国民经济进行宏观调控的理论。在市场经济体制环境下，为了更好地推动国民经济健康发展，造就良好的宏观经济政策环境，政府依靠各项法律法规和经济政策等手段，以社会发展和经济发展为主体，融合多种因素，正确引导、调整和操纵社会经济的总体运作，完成有限资源的最佳配置。宏观调控最显著的特性是：一是紧紧围绕发展规划和总体产业结构调整，不围绕实际经济活动；二是宏观调控是一种政府行为，是市场经济体制快速发展的必然要求，是政府根据相关法律法规、税收、财政政策工具和行政手段对与国计民生有关的重要行业和非常容易发生"市场失灵"的经济发展行业开展的正确引导和调整；三是宏观调控的具体目标是抑制通胀，推动经济发展优化结构，提升就业，稳定物价，实现经济稳定发展。政府参与经济活动是宏观调控的主要方式之一，其关键具体表现是国家根据经济发展实际成立国有产业企业，即国企参加市场调节，其实质是根据国家自身的物质力量调整提高市场运作效率而不赢利。

粮食市场归属于常见的发散型蛛网市场。以小麦为例，小麦的价格上涨时，刺激了农户的种植主动性，农户加大对小麦种植的资金和劳动投入，造成未来市场小麦供给提高。但此外，小麦的消费比较有限，促使小麦长期性供过于求，最后造成小麦的价格下降。因而，只靠粮食市场的自我调整难以恢复到平稳情况。为避免粮食价格过低损害农户利益，维护农户种粮积极性和合理权益，加强粮食市场宏观调控，尤其是强化粮食储备的管理，确立各级政府储备责任，健全国家粮食临时性储备政策，有效分派储备粮，是解决粮食产量波动、保障国家粮食生产安全的关键。粮食储备的宏观调控本来是为了更好地备战和防止粮荒。伴随着时代的变迁，政府除应对突发事件外，还通过宏观调控填补了粮食市场的缺失，在调整粮食市场供求、维护农户种粮主动性和支配权、确保农业生产和储备可持续发展等领域起到了关键作用。政府干预的方式之一便是直接干预，例如，确定最低保护价格。储备粮的宏观调控是遵循粮食市场规律性，确保资源分配高效率，确保国家储备粮数量真实、品质优良，确保国家必需时用得上、调得动，进而确保国家粮食生产安全。

三、制度变迁理论

制度变迁理论最先由美国学者道格拉斯·诺思提出，注重制度架构的自主创新和提升，是一个用更高效率的制度替代现行标准制度的理论。他将制度视作外生变量，认为制度变迁是一个盈利增长和自我强化的过程。根据不同的制度变迁造成不同的经济收益，强调制度要素是经济发展的关键，不论是变迁或是平稳都必须符合道德和伦理的支撑，途径的选取是影响制度变迁方向的主要因素。其他学者也对制度变迁作出了不同的表述。有些学者认为，制度变迁是权益被遗弃的结果，是旧的权益结构被新的权益结构所替代；有些学者觉得制度变迁是一个动态性的过程，其实质是技术性变迁；还有些学者认为，经济发展是制度变迁的驱动力。有学者进一步明确提出，制度是不是要改革创新，需看制度能不能管束不断变动的经济活动中的个人行为，这取决于人们违反制度的行为被发现的概率以及惩罚的力度，即人们对损失的恐惧。中国学者林毅夫将制度变迁分成强制性和不可逆性两种。他强调，不可逆性制度变迁是一个自发性的自主创新过程。新制度的预期收益率高过交易费用，制度变迁就很有可能发生。制度变迁是一种政府部门行为，二者紧密联系、互相促进。新制度经济学提出，制度变迁的重点在于成本和效益对比，取决于资源是否得到了最优配置。仅有当预期收益率和执行信心超出预估成本即自主创新的制定和执行成本时，制度改革创新才可以摆脱摩擦阻力并得到执行。

粮食储备是一项成本较高、盈利不确定的长线投资，因而国家粮食储备的管理机制要伴随着农业生产、农业科技、国际关系等的变动而转变。粮食储备管理制度的健全要注重处理现阶段的主要问题，推进长期性的粮食生产安全，其目的是在最大限度确保国家粮食安全的同时，提升粮食储备的效率，使储备布局合理化，控制成本。在转型过程中，参考其他国家的方式，一方面可以减少制度的设计方案成本，另一方面可以填补制度自主创新能力的不足。除此之外，在制度变迁中掌握"度"十分关键。以粮食储备为例，过多储备是对国家资源的消耗。

四、比较优势理论

在亚当·斯密《国富论》提出的绝对优势理论基础上，大卫·李嘉图在其代表作《政治经济学及赋税原理》中提出了比较成本贸易理论（后人称作"比较优势理论"）。依据比较优势理论，进出口贸易原因是有关生产工艺的相对性差异（而不是绝对差异）及因此造成的相对性成本差异。每一个国家都应当依照"比较优势"的标准，生产制造和出口具备"比较优势"的商品，进口具备"较为劣势"的商品。

鉴于我国人口众多，资源比较缺乏，尤其是伴随着社会经济的迅速进步和现代化过程的发展，经济发展与资源紧缺的矛盾日益突出。2020年5月，党中央明确提出，搭建国内国际"双循环"互相促进的新发展格局。这既是密切关注我国社会发展主要矛盾的转变、促进高质量发展的自主创新发展战略，也是解决繁杂国际大环境、重构国际交流新起点的战略性措施。我国应灵活运用比较优势和社会分工，依据我国粮食价格和生产量的起伏，从国外市场进口较为劣势的粮食种类，出口比较优势的商品，以完成经济收益和资源配置布局。

第二节　中国粮食储备体系的演变历程

新中国成立之初，政府就开始建设粮食储备体系。通过持续改革发展，创建了中央垂直管理的粮食储备体系。不论是改革开放前或是改革开放后，我国的粮食储备体系在解决各类自然灾害、促进粮食市场的平稳运作层面都起到了十分关键的作用。剖析我国粮食储备制度的历史沿革，讨论中央和地方政府在各个历史阶段发挥的作用，深刻领会每一次粮食储备制度重要改革创新的社会背景和成果，对进一步改革创新和健全我国粮食储备体系，提升我国粮食储备体系的运转效率，确保我国粮食安全有着关键现实意义。中国的粮食储备制度大致经历了以下四个阶段。

一、粮食自由购销时期的粮食储备体系（1949—1952 年）

新中国成立后，粮食产出供给形势十分严峻。伴随着 1949—1952 年粮食自由销售政策的施行，粮食市场上各种各样的经济行为主体共存，一些投机粮商借机炒高粮价，恶化了一些地区的粮食供求形势。在这种形势下，尽管国家没有颁布粮食储备规章制度，但中央早已逐步利用国家粮食储备公开市场操作售卖，以稳定销售市场。那时候粮食储备有两个主要来源：一是征缴公粮，二是回收余粮。仅 1950—1952 年，政府就向粮食市场售卖了市场交易总量 30%～40% 的粮食储备。在这一时期，国家利用储备粮合理抑制了几次比较大的粮食价格起伏，存粮量也日渐提升。可以说，这是新中国成立后国家最早利用储备粮开展市场调节的实例。这一部分粮食储备事实上归属于周转储备的范畴，其首要目标是维护市场粮食价格平稳。

二、统购统销体制下的粮食储备体系（1953—1977 年）

1953 年，随着粮食统购统销政策的执行，国家严控粮食销售市场，对城镇居民和农村缺粮居民推行计划供应，不再使用储备粮来平稳粮食价格。但考虑到我国粮食生产量不平衡，每年都有数千万农户遭到不同程度的自然灾害，国家开始考虑设立专门的国家粮食储备机构。1955 年，国家拨出一部分粮食周转库存量作为国家储备粮食，其被取名为"甲字粮"。与此同时，确立粮食权归属于国务院，方案由国家计划委员会等相关部门下发，储备由国营粮食企业承担。1962 年，国家依据时局和国防局势，创建了"506"战备粮，产生了应对战争时的粮食战略储备。"506"战备粮的粮权由军队和政府共同管理，实际储备任务仍由国营粮食公司承担。以"无荒不动，无战不用"为方向的国家粮食储备管理体系就此诞生，其性质归属战略储备。除此之外，农村集体储备于1963 年创建，1965 年系统化。这一储备的粮食权利归属于农村集体所有。与此同时，确立国家粮食单位可以代生产队存放储备粮，关键目标是解决洪涝灾害引起的饥荒，确保农村居民粮食供应。有研究将这一时期的粮食储备制度称为国家和农村集体二级储备。从总量看来（包含战略储备和周转储备），国家粮食储备伴随着销售市场粮食供给的提高而慢慢提高，但在这段时间也有起伏。1953—1977 年，有 11 个年份储备粮存量较上年提升，有 14 个年份存粮较上年降低。存粮减少的情况主要出现在 1959—1961 年和 1966—1976 年。

三、流通体制转轨时期的粮食储备体系（1978—1999 年）

党的十一届三中全会之后，家庭联产承包责任制逐渐推进，不但动摇了粮食"统购"制度的微观基础，也慢慢改变了我国粮食长期性紧缺的局势。1983—1984 年的粮食大丰收，使农户"售粮难"成为粮食市场的新状况。但因为我国欠缺专业的粮食储备管理体系，农户提升的粮食产量没有被立即消化吸收，严重伤害了农户种植粮食的积极性。1990 年，粮食生产再度获得大丰收。为防止"谷贱伤农"的状况再次出现，确保国家在撤销"统销"政策制度后对粮食销售市场的宏观经济调控能力，国家开始着手构建储备管理体系来调整粮食生产的周期性和不确定性与粮食交易的长期性和可靠性之间的分歧。依照当初施行的政策设计方案，粮食储备管理体系由中央储备和地方政府储备两部分构成。中央储备层面，创立了由国务院办公厅隶属、商务部管理的国家粮食储备局，专业承担中央储备粮，关键目的是调整粮食市场供需，平稳粮价起伏。当初明确的粮食储备方案目标是 175 亿千克，之后提升到 250 亿千克。这一部分重点粮食储备权归属于国务院办公厅，但其实际储备任务仍授权委托给地方粮食单位。在地方储备层面，规定省级人民政府依据具体情况建立地方储备粮，并在本省份各市、县之间调剂余缺。1995 年中央农村工作会议颁布了"米袋子"省长责任制，进一步把地区储备粮系统化，明文规定粮食主产地建立三个月以上的粮食市场销售储备，粮食主销区域建立六个月的粮食市场销售储备。自此，伴随着国家专项粮食储备规章制度的建立，我国的国家粮食储备方式从过去国有粮食公司的"单轨制"方式慢慢转化为国家粮食储备局（中央预算）与国有制粮食企业（省级及以下政府）并行储备的"双轨制"方式，粮食储备的目的也逐渐多样化。但在国家专项粮食储备管理体系中，作为储备行为主体的中央与担负实际储备任务的地方粮食单位中间还存在有委托-代理关系。除此之外，那时候地方粮食单位没有明确区分政策性粮食业务和经营性粮食业务，地方粮食单位存在投机行为，进而危害了国家重点粮食储备的基本功能和作用。一方面，当国家规定地方粮食单位以保护价回收余粮并变为国家专项储备粮食时，地方粮食单位并不立即向农户回收余粮，反而是趁机间接性将其原来库存议价粮变为国家专项储备粮食指标，无法充分发挥保护价收购政策平稳粮食市场粮价、确保农民收入的功效。另一方面，当粮食市场价格起伏时，地方粮食企业不但不依照国家粮食现行政策开展正方向调节，反而为了更大的利益进行反方向调节。当粮食涨价时，它们没有在销售市场上出售自己的库存，反而是与私营企业一起涨价购买粮食，并借机调高价格售卖存储的粮食，这造成了 1994 年粮食价格大幅度增长。粮价下挫时，它们拒不实施保护价敞开收购政策，反而廉价赔本售卖粮食，造成 1997 年粮价狂跌 30％。以上两个因素导致了 1990—1998 年国家储备粮在市场价格起伏时"调不动、用不上"的不利局势。

四、流通体制市场化时期的粮食储备体系（2000 年至今）

为了更好地处理国家重点储备粮管理体系中的委托-代理问题，2000 年 1 月，国务院办公厅组建了中国储备粮管理总公司，对中央储备粮管理体制中的人员、资金、物资实施垂直管理。政策含义显而易见是加强"双轨制"储备方式中的"一轨"——国家专项储备制度。2000 年 10 月，中央储备粮的管理由各省（自治区、直辖市）粮食局转交给中储粮子公司。中央储备粮的资金由中国农业发展银行贷款，贷款利息和购销费用由中央预算承担。2003 年 8 月，国务院颁布了《中央储备粮管理条例》，从法律意义上确定了中央储备粮的规划、存储、监管和法律责任。依据《中央储备粮管理条例》第 38 条要求，中央储备粮仅在发生下面三种情况时才可以使用：一是全国各地或局部地区粮食供应显著不足或是粮食市场价格起伏出现异常的，二是重大自然灾害或别的紧急事件必须使用中央储备粮的，三是国务院认为必须使用中央储备粮的其他情况。总的来说，依据中央的现行政策趋向，中央储备粮的总体目标是抑制全国性的粮食市场震荡和重大紧急事件引起的地区粮食市场起伏，主要发挥战略储备职能，兼具了一部分调节粮食市场的后备储备作用。按照中央政府与省级政府在粮食储备体系中的职责划分，局部的粮食供应缺乏或农民"卖粮难"问题主要由地方粮食储备来进行解决。2005 年，随着粮食最低收购价格政策的施行，我国国家粮食储备的作用架构进一步拓宽，将维护粮食主产区农民权利、解决农民"卖粮难"问题列入国家粮食储备的制度总体目标。依据政策安排，国务院授权委托中国储备粮管理集团有限公司（简称中储粮公司）在限定的时间内，在粮食主产区回收指定粮食品种，从而产生的临时性储备粮（也称"托市粮"）在购销资金等方面与专项储备粮实施相同政策，但在定价、轮转机制、权利义务等领域存在差别，具备商业周转储备的特性。自此开始，我国国家粮食储备形成了中央、省（自治区、直辖市）、市县三级储备行为主体，兼具战略储备、后备储备、商业储备等多样化目标的国家粮食储备管理体制。在"双轨制"储备管理体系下，中储粮公司是最主要的储备行为主体，承担中央专项储备粮和临时性储备粮的储备管理。其总体目标是"维护农户利益，维护粮食市场稳定，维护国家粮食安全"。其是国家管控粮食价格以及对储备粮流转调控的政策主体。

第三节　中国粮食储备体系的特征与成因

新中国成立后，我国粮食长期处于短缺状态，底子薄，周转回旋余地小，稍有灾害就有断粮之虞。改革开放以来，粮食流通体制从计划经济时代的统购统销向社会主义市场经济转型，粮食生产不断取得丰收，从供给短缺转为基本自给，丰年略有盈余，为粮食储备制度建立创造了条件。1990 年，我国抓住粮食丰收的机遇，建设国家专项粮食储备，实行国家集中有效管理，以丰补歉，调剂余缺，正式建立了新时期中国粮食储备新制度和新体系。

一、粮食储备体系特征

粮食储备是保障国家粮食安全的重要物质基础。从新中国成立至今，我国粮食储备大致经历了四个阶段，每个阶段都在探索更加适合我国国情的粮食储备体系。现阶段，我国粮食储备制度以政府储备为主导，形成了从中央到地方的三级储备主体，是一种兼顾战略粮食储备、后备粮食储备、专项粮食储备的多元化粮食储备体系。

（一）多元储备主体，政府储备为主

目前，我国的粮食储备仍以政府储备为主导，管理制度以国家为主导，以中储粮公司垂直管理为核心，同时还有"中央-地方"分级管理。我国的粮食储备管理工作以中央政府为中心，中央政府在粮食储备工作上起着决定性的作用。中央储备主要包含战略储备和周转储备，由中储粮公司承担，推行垂直管理体系，地方储备由各地政府承担，实施分级管理体系。社会储备包含农民储

备和民企储备，以周转储备为主导，总数较少，没有国家方面的专业体系管理。伴随着经济体制的深层次改革和粮食产量的不断提高，我国粮食储备已从单一行为主体逐渐发展为多元化行为主体，在加强粮食宏观调控、确保国家粮食安全等领域不断探索和改革。

我国的政府性储备粮包含中央政府储备粮和地方政府储备粮两部分。从储备行为主体来看，中央储备粮由中储粮公司进行管理，地方政府储备粮分成省（自治区、直辖市）、市、县三级，由地区国有制或国有控股粮食企业经营管理。其他民营粮食公司只实行代储任务，没有权力经营或调动。从储备总量来看，我国政府储备粮已超过 1.5 亿吨，占全国粮食总储备的 80％以上。

中国的粮食储备除政府储备外，还有社会储备，即以民营粮食企业和农民为主导的储备。这里的民营粮食公司，即除国企之外的全部粮食公司。民营粮食企业储备和农民储备以周转储备为主导，以粮食加工和追求经济利润为目标。根据"统购统销、双轨制市场调节"的过程，国家以国有独资的方式掌握了大批量的粮食储备仓库，创建了中央储备粮体系，地方政府以国有独资或国有控股的方式创建了地区储备粮库制度。其他旧国有粮食企业，经过政企分离、下岗分流的阵痛，根据股份制改革，逐渐转为民营粮食公司、股份合作制粮食公司、国有参股民企等多种所有制企业。

在农户储备粮方面，大部分农民自身的储备不能满足他们在非收获月份对粮食的需求，因此这一部分粮食需求只能借助市场。种粮大户占比逐渐减少，农民家中粮食储备水平显著降低。农民储备粮跌过警戒线，农村粮食安全只能依靠粮食市场解决。伴随着很多的农村劳动力走向城市，农民的储备将进一步降低；随着粮食流通市场的健全，可以比较容易地在市场上购买到家中需要的粮食，越来越多的农民将借助市场直接购买粮食。除此之外，伴随着农村生活水准的提升，参考恩格尔定律，农户消费原粮数量也在日益降低。因此，农民存储的粮食总数正逐年降低。

（二）储备规模较大，结构不太合理

我国粮食储备的三大主粮是小麦、稻谷和玉米。我国对储备粮存储限期的标准是小麦 3～4 年，玉米和水稻 2～3 年。其中，两大口粮稻米和小麦基本上可以完成自给自足，谷物自有率超出 95％。我国一直高度重视粮食生产，粮食生产量近年持续稳定在 6.5 亿吨以上。截至 2021 年，我国粮食生产完成"十

八连丰",余粮非常充裕。这归功于我国的政策支持、高新科技推动和不断深入的改革创新,清晰地表明了我国农业的综合性生产能力。中国的粮食,尤其是口粮并不依靠进口,其他国家公布的粮食出口限令对中国危害并不大。中国的粮食虽可以达到自力更生,但每年仍需进口 1 亿多吨的粮食。其中,进口品种以大豆为主导,大豆进口量占进口粮食总产量的 70%~80%;以小麦、稻米为辅,小麦和稻米的进口量占交易总量的 1%~2%。总的来说,我国口粮自有率超出 95%,对口粮进口的依存度在 1%~2%。

品种层面,小麦、早稻、晚稻品种合计占有率为 98.8%,均为口粮品种,远远高于国家规定的口粮占比不可小于 70% 的要求。这尽管有益于粮食应急需要,但玉米、大豆等储备品种占比较低,不利于饲养加工公司满足生猪养殖行业恢复发展的紧急要求。与此同时,高品质品种储备不足,尤其是人们喜好的高品质晚稻品种占比不足,储备品种与人民口粮要求联系不紧密,不利于粮食储备项目的宏观调控和调整平衡粮食市场供需的作用。

二、粮食储备体系成因分析

国家储备粮按管理层级可分为中央储备粮和地方储备粮。由于中央储备粮在储备体系中的主导作用,以及中央储备粮作为国家粮食储备计划的主要承担者和计划者,必须承认中央储备粮为我国粮食储备体系作出了巨大贡献。但同时,我国目前的粮食储备体系也存在着不足,如两种储备制度之间难以平衡、政府储备和民间储备缺乏合理的协调与调控以及储备目标体系单一等问题有待解决。

(一)中央专储和地方储备实施两种储备管理制度

一方面,承担中央专储任务的中储粮公司出现组织目标多样化,储备效率不高;另一方面,对地方储备的合理激励不够,储备布局不平衡。2000年,中央逐渐创建垂直的粮食存储管理体系。政策制定的目的是防止地方粮食单位委托代理储存中央储备粮所产生的委托代理问题,进而确保中央储备粮在粮食危机产生时可以充分发挥作用,因而产生了中央和地方两套储备粮管理体系。在这两套管理体系中,粮食储备的行政职能也获得初步划分。中央储备负责解决全局粮食供求失调和紧急事件引起的公共危机行为,而区域粮食供求失调则在地方粮食储备架构下处理。但这类储备规章制度的分配存在先天性的逻辑矛盾。中央储备的管理权限事实上包含了地方储备的管理权限，全局均衡是以局部平衡为基础的。假设一个地区发生粮食危机，中央储备和地方储备系统都有义务维护粮食市场的平稳。但职责区划不清、权力重合会造成两种状况：一是二者都有义务，两种储备规章制度完成的作用和总体目标相同，造成储备成本上升；二是互相推卸责任，责任主体模糊不清，地方储备数量不足，乃至地方储备与中央储备"反方向调整"。从现阶段国际性粮食市场起伏和国内粮食供求的波动来看，产生全国性粮食危机的可能性极低。但由于粮食危机的传播性，地区供求失衡非常容易造成市场焦虑和过度反应。因此，不论是中央储备或是地方储备，确保粮食安全的重中之重在于解决地方性粮食危机。

如今，思考现行粮食储备规章制度创建以前粮食储备制度存在的不足，可以发现那时的地方粮食单位除政策储备性业务以外，事实上还开展了多种商业性业务。地方粮食单位既执行政策性职责，又执行商业性业务职责，必定会忽略低回报率的政策性粮食储备。除此之外，因为中央信息的不对称造成的管控问题，也会出现地方储备"账实不符合"和"反方向调整"的状况。从这之后，我国推行的粮食单位"两线运行"和流通体系"四分一合"改革创新，实际上是将国有制粮食单位的经营性职能慢慢剥离出来。

2004年，粮食购销市场化改革将国有制粮食单位以粮食收购为基本的经营性业务完全剥离出来。但与此同时，中央储备粮系统再次出现了国有粮食部门集政策性经营与商业性经营于一体的模式。客观而言，担负保障国家粮食安全发展战略任务的中储粮公司终究是公司，依然遵循"自负盈亏、自主经营"的标准，其逐利性可以理解。但目前，粮食加工企业需要的粮源，并不是按价格行情回收，而是立即从其监管的中央储备粮中加工，随后按市场价格销往市场。一方面，中储粮公司在粮食仓储中享有中国农业发展银行全额的贷款和财政补助；另一方面，借助粮源优势和垄断性影响力，进军产业化运营谋求利润。在国家政策补贴和市场盈利的双向激励下，中储粮公司有动力不断发展粮食储备经营规模，同时还为满足产业化生产储备了大量的商业粮。

理论剖析证实，为了更好地维持粮食价格的稳定，确保农民收入，中储粮公司不但财政成本较高，并且在现行政策管控层面具有众多负面影响和明显的低效率问题。进行商业性储备便是运用其垄断性影响力谋取利润，这对别的粮食企业是不公平的。除此之外，多样化储备目标造成的巨大储备规模也缩减了地方储备的空间，提升了其储备成本费，并很有可能因权力区划不清而引起其不作为的行为趋向。另外，因为收购储备粮造成的成本由地方政府财政承担，分税制改革后，地方财政可支配收入占财政总收入的比例慢慢降低，尤其是一些经济发展落后的区域，受财政限制与储备风险，没有资金或驱动力确保存储备粮的资金要求。从国内的具体情况看来，粮食主产区的第二、三产业发展通常相对落后。因为粮食种植收益相对较低，农村税费体制改革减少了农牧业税金，粮食主产区的地方财政收入普遍较低，再加上粮食储备必须耗费很多财政资金，粮食主产区的地方政府部门既没有资金，又没有动力储备粮食。即使贯彻落实储备任务，也通常是迫不得已确保本地农户的收益。在大部分经济比较发达的地区，地方政府部门因为依靠中央储备和流通市场，欠缺粮食储备的合理激励。许多地区，尤其是区县政府，也没有达到"主销区六个月"的现行政策储备要求。这不但加重了经济发达地区和落后地区在粮食储备问题上的财政不平衡水平，也引起了粮食储备在主产区和主销区的布局不均衡。

（二）政府储备和民间储备缺乏有效的调控和协调机制

一方面导致政府储备担负太重的储备责任，无法实现储粮于民；另一方面，投机性预期导致了农民不愿意售卖、企业争相存储的问题。2004年粮食流通体系深化改革后，在我国民间储备的布局发生了巨大的转变：一方面，随着全国各地国有制粮食企业股份制改革创新的推动和市场的全方位放宽，民营粮食企业和海外粮商生产加工粮食的需求大幅度提升，促使潜在性储备规模也随着提升；另一方面，伴随着农作物种植结构的变化和城镇化水平的加速，传统的农民家庭储备显著降低。

由于政府储备担负了过重的储备任务，近些年粮食收储市场竞争激烈。尤其是2008年至今，因为国际性粮食市场的起伏和政府的最低保护价收购政策，市场广泛产生了粮价增长的预期。在这类预期心理的推动下，市场收储行为主体广泛产生了囤粮待涨的心理状态，造成一些阶段发生了农民"不肯卖"、企业"争储"的状况。在这类预期的推动下，市场收储行为主体广泛产生了储存粮食增长的驱动力，进一步加重了粮食收储市场的价格竞争。实际上，提升粮食价格有益于激发农户种植粮食的主动性，但一旦企业正常的商业储备无法得到保障，必定会危害企业的正常生产运营，从而危害市场上的粮食及加工品供给，最终危害粮食安全。

（三）体系单一，储备目标定位不明确

国际研究报告将粮食储备（主要是政府储备）的基本目标概括为四个目标，即粮食安全目标、收入稳定目标、价格稳定目标和效率提高目标。这四个目标在具体的储备计划中一般具有确定的评价指标，可以作为建立国家粮食储备目标体系的基础。在粮食储备的多重目标中，粮食安全供给是首要目标，收入稳定、价格稳定和效率提高是衍生目标。

但从近年国家粮食储备的运行来看，价格支持日益成为专项储备的主要目标，粮食储备的基本目标已经脱离了保障粮食安全的实际需要。例如，特殊粮食储备要在丰收年"吞下"，在歉收年"放出"。这客观上对粮食价格稳定起到了作用，但与以维持粮食价格为基本目标明显不同。因此，以粮食价格稳定为目标的粮食专项储备制度客观上鼓励各级政府竞争储备指标和补贴，将专项储备制度作为价格支持和收入支持的手段，在社会稳定的基础上争取专项储备补贴，但对供应安全关注较少。在这种情况下，地方政府和粮食部门不仅不关心专门储备粮食的数量、品种和质量，也不积极推广用旧粮食，储备新粮食，甚至用旧粮食代替特种粮。从长远来看，许多地区的粮食专项储备可能会消失或失去价值，完全违背建立专项储备制度的初衷。

我国现行国家储备粮管理体制为实现"两个确保"的管理目的发挥了积极作用，但也存在问题。中国现行粮食储备体系的储备主体相对单一。储备主体只有政府组成的中储粮公司和地方政府建立的国家储备粮储存企业，主要投资者是中央和地方政府。包括社会企业和农民在内的社会粮食储备非常稀少，或者没有进入国家储备计划系列，社会投资进入国家储备的比例仍然很低。我国粮食储备体系运行管理机制效率低，储备成本过高，粮食储备补贴政策落后于国有粮食收储企业。储备的仓储费和利息由国家承担，高于实际成本，企业可以通过增加库存增加收入，因此部分国有粮食收储企业的储备可能会降低，或者不及时与国家专用粮食交替，将大量粮食转化为陈粮。陈粮的出厂价格是其购买成本的几倍，造成了巨大的财政赤字和损失。国家储备粮调节市场的能力不强，一些储备粮企业甚至逆向调节。当粮食价格暴涨时，储备企业为了稳定粮食价格，应该抛售，却不愿意出售，希望为自己谋求更多利润，将粮食在自己的手中虚假轮转。相反，在粮食价格下跌时，储备企业却强调库存已满，有的甚至火上浇油，清仓压库，推卸责任，完全失去了国有粮食库存的平抑效果。

第四节 国外主要国家粮食储备体系的评价借鉴

众所周知，粮食储备在国民经济中占有重要地位。许多国家都在试图建立一套与其国情和经济发展水平相适应的粮食储备管理制度，并且采取了相应的政策法规以保证经济社会稳定和持续发展。因此，在研究我国的市场化粮食储备管理时，有必要了解和分析主要粮食进出口国的粮食储备管理情况，从中得到启示，以加强和完善我国的粮食储备管理体系。

一、国外主要国家粮食储备体系分析

我们从国外粮食储备管理比较完善的国家或经济体中选择了比较有代表性的美国、日本、法国、德国、印度、澳大利亚、加拿大 7 个国家作为分析对象，对它们的粮食储备管理体系和粮食流通制度进行总结和分析，借鉴国外主要粮食储备建设的成功经验，为我国粮食储备体系明晰建设模式。

（一）美国的粮食储备制度

美国是一个市场经济相对完善的农业大国。其储备粮由市场进行调控，政府部门直接储备较少，大部分由农民和商业仓储物流公司完成。美国的粮食储备占其生产量的一半，这在当今世界是独一无二的。其粮食储备总体目标是调整粮食市场供需，维护农民权益，调节方法是通过市场实现的。即使是政府储备也是根据市场机制的代理委托储备体系来运行的，由农产品信贷公司（CCC）负责具体运营。一开始 CCC 会自身储备一些粮食，但这一部分在总储备中的占比很低。接下来，CCC 代表政府部门与农民达成共识，由农民承担具体的粮食储备行为，CCC 按时按一定规范提供政府补贴。自然农民储备在一定程度上受限于政府部门的管控：当粮食价格大幅度上升时，农民依照政府部门的规定向销售市场售卖粮食，进而平稳市场；当粮食价格大幅度下挫时，农民依据政府部门规定，临时终止向市场销售粮食，进而产生农民储备。除此之外，以赚钱为目的，美国一般农业企业也会参加粮食储备。这一部分储备单纯是为了盈利，也称为"自由储备"。在一定水平上，美国的粮食生产效率代表着世界最先进的粮食生产力。伴随着生产制造能力的极度发展趋势，粮食储备创建了市场化的粮食储备管理体系。美国政府部门对储存粮食领域的管理方法主要是根据相关法律法规执行合理管控。国会制定的《美国仓储法》，对粮食的仓储批准、仓储存放、代管人的义务及其粮食的检测、称重、等级分类等一

系列具体步骤都有十分实际清晰的要求。依据美国仓储法，财政部向粮食和食品类仓储公司派发许可证书。一切从事粮食公共性仓储的法人都必须获得许可证书。许可证书申请办理必须合乎农业部要求的经营情况、设备标准、管理方法能力和对其设备的操纵能力。在派发许可证书前，财政部还对申请者的仓储设备开展现场检查。以上标准经核查达标后，为确保粮食保管单位履行合同，粮食保管单位还必须缴纳担保金。除此之外，粮食保管单位还需要提交监管部门的规范化仓单和合同范本。规范化仓单和合同书可以在期货市场和商品流通中出让，极大地方便了粮食买卖活动，节省了交易费用。

美国的私人粮食储备能力较强，其总仓储能力达到 3 000 多亿千克，而美国的粮食总储备超出 5 000 亿千克，由此可见私人储备在美国粮食储备中的作用。其中，商业服务储备能力已超过 2 000 多亿千克，占总存储能力的 42%。这一巨大的粮食储备使美国变成国际性粮食价格形成和操纵中心，而美国商业储备的调整将显著影响全世界粮食价格的跌涨。

（二）日本的粮食储备制度

日本人多地少，粮食无法实现自给。粮食作物的主要种类有大米、麦类、大豆等。现阶段，大米流通已产生自行流通大米（由农民协会销售）、政府大米（储备）、计划外流通大米（农户随意市场销售）的平行流通布局。

一直以来，日本作为粮食紧缺国家，尽管每年都需要从国际市场进口很多小麦和饲料（交易的小麦 90% 和精饲料 80% 依靠进口），但稻米的进口基本上为零。乌拉圭回合谈判后，日本接纳了稻米的最低市场准入量。从 1995 年到 2000 年，进口稻米从 38 万吨提升到 76 万吨，占国内消费的 4%～8%。进口稻米一部分作为食品用米和生产加工米售卖，另一部分作为粮食储备。日本《新粮食法》要求农林水产大臣每年制定并发布粮食作物供需和平稳的基本计划，包含粮食储备的总体目标和储备的运作状况。针对自主流通大米，日本还规定自主流通法人定编粮食储备计划，经农林水产大臣批准后执行。政府的储备大米，政府依据国家生产每年的丰收歉收状况决定是流入市场还是进行储备，通过调节储备来平抑粮食价格的波动。日本政府在明确储备规模时考虑到了三个要素：一是储备需要的存放费和政府的承受力；二是库存量对市场供需和影响的波动水平；三是确保粮食安全供应，按 2 年因自然灾害导致歉收所需量储备。为了更好地合理管控国内粮食市场，日本政府明确了储备方案，包含储备总数、计划销售总数和政府收购总数。还采取一定的有效措施保证储备规模的合理性。一方面，假如一部分政府大米未彻底进入市场销售，政府将收购对应的大米来进行调节。另一方面，因为日本大米价格较高，难以出口，所以为了更好地降低政府的稻米储备，降低政府财政压力，日本政府用一些超过储备经营规模的稻米进行国际援助。日本还制定了《粮食管理法》以及具体实施办法等相关法律法规，通过多次修订，在标准化农业生产和流通交易中发挥出了关键功效。之后，为应对 WTO 的相关标准，日本又制定了《新粮食法》。日本同时还有许多有关农业产品流通管理方法的相关法律法规。这些法律法规的实行对稳定农业生产、农产品买卖标准化、销售市场流通秩序规范化起到了十分明显的效果。

（三）法国和德国的粮食储备体系

法国和德国的粮食储备体系在欧盟成员中具有较强的代表性。法国的粮食储备主要由国家按"干预价格"收购农民的粮食。"干预价格"是欧盟在充分考虑维护农民收入不会受到过多危害、欧盟成员粮食产量和库存量，以及国际局势和发展趋势等要素的基础上制定的。当农业合作社收购的粮食由于市场粮食过多而卖不掉时，作为政府部门监管的法国粮食管理局必须购买农民的粮食用以公共性存储或临时性储备。或者说，当粮食的价格行情小于"干预价格"时，农户可以以"干预价格"把粮食交到欧盟设立在法国的"干预中心"作为临时性储备。法国粮食局设有专门用于存储的粮库。为了更好地完成其公共性储存任务，它从有空余粮仓的专业储存企业租用存储量（即购买储存服务），或者与私企签署采购协议，给予仓储期内的成本补贴。欧盟国家农牧业补贴委员会对"临时性储备"给予需要的存储费和贷款利息补贴。补贴方法是欧盟补贴法国粮食局，再由粮食局补贴储存粮食的公司。信贷金融机构当作补贴的清算专用机构。据调查，法国通过该渠道得到的年度补贴是欧盟全部成员中最多的。针对粮食储备的管控，法国推行的是按月涨价的现行政策，即对农民或粮食公司的储存粮食成本费进行补贴。现行政策的目的是按月提升农民和私储价格，防止收获的季节粮食发售过度集中化而危害粮食价格行情，进而尽量确保粮食价格平稳。因为法国农业市场化程度较高，农户生产的粮食可以始终与交易和进出口要求维持稳定平衡，粮食在库房存放的时间比较短，基本上不会有粮食陈化问题。德国政府承担实行欧盟每年制定的储备方案，并根据招标与民营企业签订合同。德国的粮食储备现行政策建立在粮食生产量远超过市场需求的条件下，因此德国政府把粮食生产放到社会经济发展的第一位。

（四）印度的粮食储备体系

印度由于其人口因素，农产品供给长期短缺。因此，政府严格控制粮食的价格波动，通称为"政府粮食配售制"。1960 年政府实施"绿色革命"后，粮食生产量大幅度提升，供求矛盾有一定的减轻。这时，政府操纵粮食的方法有一定的更改，但配售制的内容没有很大转变。1990 年，在全世界贸易自由经济化的直接影响下，印度粮食商品流通管理体系发生了市场化方位的巨大改革创新。印度农产品市场较为开放。尽管政府也参与一些农产品（主要是粮食）的管理，但管理是一种政策性行为，主要是为了更好地规范市场，稳定市场上的价格起伏。换句话说，在市场供给较足和粮食价格较低的情况下，政府开放购买农户想要售卖的农产品，以维护农民的权益；在市场供给不足的情形下，政府向市场售卖粮食，以维护消费者的权益。政府工作由粮食与国内供应部粮食司的印度粮食公司和农业部的全国农业合作运销协会代理。邦政府的粮食收购由邦粮食供应部完成。印度粮食公司主营水稻和小麦，全国农业合作运销协会则经营除水稻和小麦以外的粗杂粮。印度粮食公司收购的粮食一般有四种主要用途：①作为中央政府储备；②根据政府分派以政府补助价格卖给消费者；③小量用以"以工代赈"和农村地区援助；④超过储藏量、可承担供给量、免减量的一部分，由企业按市场价销售，或由公司经营的米面厂生产加工后按市场价进行销售。收购所需的资金由信用贷款解决。在粮食价格较高的情况下，一般不再进入市场进行收购。印度粮食公司独立于邦政府，具有粮食储备和粮食管理的双向职责（但不以获利为目的）。每年在市场上向农户收购的粮食，或是由政府分派，通过市场卖给企业用作其他加工目的；或是作为储备，在粮食供给不够的时候拿出来稳定市场。印度政府通过数十年创建的粮食安全管理体系对市场有着较强的掌控力度，但其造成的财政压力也很大，主要是由于政府要担负极大的粮食消费补贴。近些年，印度政府也在主动寻找降低财政压力的方式。但很多人并不认为这是一个问题，都不想在短时间彻底撤销补助，因为在他们看来，政府有义务给予贫困群体食物安全保障。

（五）澳大利亚的粮食储备体系

澳大利亚谷类市场的经营主体主要由农民联合经营机构、政府部门谷类管理部门构成。农民联合经营机构包含全国各州的粮食储运企业和种子联合企业。政府粮食管理部门包含小麦局和大麦局等。其他经营主体是除以上两大类之外的从事食品工业的农业公司。1989 年至今，澳大利亚的粮食商品流通体系进行了改革创新，政府部门对小麦的监管慢慢转化为合作制，这也是澳大利亚粮食销售市场由政府部门主导向合作制主导的转变。澳大利亚的粮食存储和加工通常由每个州的分散化处理机构承担。这几个机构操纵着年产量 70％以上粮食的存放和加工。它们通过交通运输网络进行连接。该网络还与多个港口相连接。中间仓储管理系统约有 900 个乡村终端基地和 17 个海港。可提供乡村仓储 1 800 万吨、海港仓储 600 万吨、其他仓储约 300 万吨，总仓储能力为 2 700 万吨。其他由大农场和民营企业存储。澳大利亚的粮食流通有商业流动和货品物流的两大职责。业务流程由小麦局等粮食代理商担负，实际承担小麦等粮食的进出口业务。货运物流由粮食储运企业承担，实际包括粮食回收、检测、装卸搬运、储存。粮食储运企业依照合作制标准建立，股份归属于粮食经营者。储运企业的核心理念是以最少的成本费为农业经营者提供最好的粮食采购、储运服务。澳大利亚的粮食类存储系统由乡村仓库、地区终端库房和海港终端库房构成。这种库房一般由小麦局指定机构来进行管理。

（六）加拿大的粮食储备体系

加拿大是世界上重要的粮食出口国之一。在正常年份，其 40％的粮食用于国内消费，60％用于出口。加拿大粮食储备体系主要分为农场储备、农村储备和中转储备。一般情况下，粮食收获后，大多数农民将其暂时储存在农场仓库中，然后逐渐将其出售给农村储备库。大多数农村储备库由农业合作社融资和管理，农业合作社主要从事粮食收购后的储运活动。这里存放的小麦属于小麦局，仓库从小麦局收取仓储费用。中转仓库一般由大公司拥有和运营，主要负责粮食整固、国内销售和出口运输。加拿大的总仓储能力超过6 200 万吨，其中 11.8 万个农场的总仓储能力为 4 500 万吨，农村仓库的仓储能力为 1 200 万吨，中转仓库的仓储能力超过 500 万吨。加拿大的粮食储存设施由农民和私营公司投资。加拿大对粮食公司经营谷物，特别是谷仓有严格的审批条件。根据《加拿大谷物法》的规定，申请经营谷仓的条件是：①必须有公司的注册文件；②申请人必需的房屋和堆场必须适合储存、装卸粮食；③谷仓的类型和条件以及设备的类型和尺寸必须满足该类型谷仓提供的基本服务；④申请人必须提供经审计的财务证明，即具有一定的财务资源，并以担保、保险或其他方式提供足够的担保；⑤储存在设施中的所有谷物都必须投保。

二、国外粮食储备体系对中国的启示

我国是世界上最大的发展中国家，在实现第一个百年奋斗目标之后，要乘势开启全面建设社会主义现代化国家新征程，向第二个百年奋斗目标进军，这标志着我国进入了一个新发展阶段。我国粮食储备的最大效益，就是保障国民经济持续、稳定、快速、健康发展。因此，在了解了国外较为成熟的粮食储备体系后，我国应该将国外成功经验应用到我国粮食储备管理中，不断推进和完善我国粮食储备体系，确保粮食安全和粮食市场的稳定。

（一）多元化储备主体

近年，因为粮食产量的逐年增高，很多国家中央储备占总储备的比例慢慢降低。美国、法国、日本等国家都没有政府部门运营的仓储设施。授权委托有资格的商业存储企业储存是较常用的方式。授权委托私营企业进行储备时，也需要了解和重视市场秩序，利用投放或收购储备粮来调节市场波动。这不但可减少政府部门储备成本，也可提升粮食市场的运营效率。

（二）明确粮食储备规模

在明确粮食储备规模时，要结合国内需要和国际环境的变化，以储备总量和每年粮食消费总量的比例作为标准，并考虑社会经济发展的需要进行统一规划，统筹规划明确粮食储备。最好是制定法律法规，根据国际认可的、科学规范的科学模型考量粮食储备经营规模，进而分派各个地区的储备任务。在粮食储备合理布局层面，要依据我国现代农业发展的区域规划和粮食生产消费地区差异进行协调。与此同时，在粮食储备合理布局层面要考虑到市场的需求和物流状况。结合国际环境，实现对粮食储备的合理布局。

（三）加强粮食储备基础设施建设

加强粮食储备有关的基础设施建设。例如，修建技术含量较高的智能化粮库，降低粮食在存储环节中的消耗。同时，在大中型港口码头建设一批粮食仓储设施，确保大宗商品农产品进口的吞吐能力和装卸能力，加速粮食物流服务体系建设，提高粮食商品流通效率。

（四）建立完善的风险预警机制

要提高粮食储备市场运作的效率，就必须对市场运作开展风险性检测，创建相应的风险预警机制和风险防控机制。这就需要加强对粮食储备市场的管控，不断完善市场信息监督机制，搜集市场波动信息，尤其是国际粮食市场起伏和储备状况，合理追踪有可能造成国际性粮食市场起伏的信息，如主要粮食出口国的预计生产量等。及时把握国际性粮价趋势，进而制定科学合理的粮食进出口贸易政策，通过调节粮食进出口贸易来促使中国粮食市场供求平衡。

（五）健全储备粮轮换运作机制

补充机制的建立对调整中央储备与地方储备的关联具有重要实际意义。一直以来，我国推行以中央储备为主、地方储备为辅的粮食储备管理体系，其中地方粮食储备是我国粮食作物全产业链均衡发展的"蓄水池"，对我国粮食安全和农业生产起着关键性作用。在这样的大环境下，中央储备和地方储备的发展可以根据轮换运行机制开展调节，两种储备可以相互补充。调节省（自治区、直辖市）、市、县储备的不断更替，从而使储备轮换疏密有致、调节得当，有效融入全国粮食流通大循环体制。

（六）加强粮食储备法规制度建设

市场经济需要完善的法律法规来进行规范。在成熟的市场经济国家，政府部门的粮食政策是由相关法律法规确保和实施的。粮食相关的部门和企业的一切活动和管理都要严格执行相关法律法规，通过法律法规规范经营行为。例如，加拿大政府仅在粮食方面就有几十部法律法规，其中最重要的便是《加拿大谷物法》和《加拿大小麦法》。澳大利亚在粮食生产、加工、存储、运输、市场销售等各个阶段都有对应的法律法规，可执行性强，有益于政府有关部门依法进行管理。例如，粮食储运有《储运经营法》，小麦销售有《小麦市场法》，大麦销售有《大麦市场法》。在我国，粮食流通法制建设还很欠缺，迄今没有《粮食法》，应加速粮食流通和储备法制建设。在《中央储备粮管理条例》的基础上，加速《粮食法》的立法过程，逐步推进我国对粮食流通的依法管理。

（七）通过国际市场来降低储备成本

对于国家粮食安全的实现，虽然越大的储备规模越有利，但同时也会带来更高的经济负担；因而，它们中间存有矛盾。引入一定数目的国际粮食贸易，可以减少粮食储备成本，合理提升国家粮食安全水准，事实上等同于把粮食储存在海外。由于世界各地的自然环境和气候条件不一样，粮食产量起伏的协同作用大幅度降低。采用一定水平的粮食储备全球化，可以根据动态来调节减少粮食储备成本，从而提高粮食安全水准。

第五节 "双循环"下中国粮食储备体系的改革策略

党的二十大报告中明确提出，要加快构建以国内大循环为主体、国内国际"双循环"相互促进的新发展格局。党的二十大报告更加强调了这一事关未来五年中国经济建设的"重头戏"。在此背景下，我们要坚持粮食流通市场化改革。近年，我国推进粮食收储制度市场化改革，相继取消了大豆、油菜籽、玉米临储政策，调低稻谷、小麦最低收购价政策，为市场化收储留出了空间，形成了多元市场主体收储的新格局。国家在发挥国有储备企业主渠道作用的同时，还鼓励和支持企业存粮，发挥好周转储备的市场调节作用。

一、科学制定粮食储备政策目标

明确储备目标是确保粮食安全、稳定市场价格和帮助农民做出生产决定的一项重大政策措施。有了适当的目标，政府可以通过竞标将大部分实际操作委托给商业企业。尽管必要时可以利用粮食储备来平抑市场价格的短期剧烈波动，但建议不要将波动幅度设定得太窄。政府参与必须明确，并按照简单而深思熟虑的规则进行。价格波动是实现供需动态平衡的有效信号。季节性价格差异对于商业企业在经营业务时维持"正常"库存是必要的，以利润最大化作为动机，以鼓励企业从存储中获取利润。通过管理价格区间狭窄的缓冲库存系统来消除价格差异，将使商业企业不愿保留自己的库存。国家粮食储备需要一个新的计划。为了实现特定水平的自给自足，全国统一储备计划所需的成本远低于各省份的分段计划。事实上，据估计，国家粮食储备系统可能不到 8 000 万吨，只占现有储备的一小部分。中国的粮食产量在世界上表现出最小的波动性，如果储备规模适中，超过 20%～30% 的波动可以在 95% 以上的时间内消除。如果国内粮食系统的管理与国际贸易（可以依赖私营和商业化企业）相协调，粮食储备的政策成本可以进一步降低，安全水平可以提高。相比之下，据估计，为了完全平抑每个省份的产出波动，在没有国际市场的帮助前提下，每个省份管理的储量将达到3.46亿吨。启动粮食储备增减的标准应当客观确定。完全100%平滑年产量波动代价太高，还可能扭曲价格信号，导致粮食市场持续失衡，实际上可能会降低粮食安全水平。粮食安全有不同的目标，如长期战略安全、中期产业安全、短期市场安全等。因此，粮食储备需要满足不同的功能。从中期来看，粮食行业存在自然风险、经济风险和政治风险，粮食生产存在周期性波动，有必要建立标准化储备；从短期来看，需要建立紧急谷物储备，以应对严重的紧急情况。其中，战略储备和监管储备均应储备生粮，监管储备应储备成品粮食。盲目扩大粮食储备范围不仅浪费财政资源，而且造成粮食资源的损失；与此同时，由于政策性面向市场的谷物具有显著的挤出效应，粮食储备的规模过大将抑制竞争性粮食市场的形成，不利于粮食产业的高品质发展。因此，迫切需要科学论证不同安全水平下粮食库存的规模，同时考虑安全性和效率。

二、坚持完善现行粮食储备制度

继续执行并完善粮食最低保护价收储现行政策，重中之重仍是有序推进粮食收储现行政策。培养和发展多样化粮食市场主体，要引导大中型粮食生产加工公司、饲料制造企业等多样化市场主体参与进行粮食收购，正确引导粮食储备公司与多样化粮食经营主体产生良好连接，搭建多样化粮食经营主体，一同维护我国粮食安全性，构建公平交易市场环境，进而提高收购市场活跃性。除此之外，还需要重视充分发挥国有制粮食企业的带头作用，开放资金来源，培养具备一定规模和较高市场竞争能力的粮食龙头企业，搭建比较稳定的收购路径，以合理标准收储，促进农户平稳创收，鼓励粮食加工机构自主创新。在销售市场对外开放的情况下，要想通过操纵粮价得到我国商品粮在国外市场的市场份额，就需要投入极大的成本，无法维持长期性和可持续性，这也将造成中国粮食供求失衡。因此，最低收购价要合理调节。首先，调节粮食标价体制，实施最低收购价的地方要调整到国外市场粮食价格水平，紧跟国际粮食价格的调整，合理加强粮食出口的竞争能力，维持农户种粮主动性；其次，调节运作方法，采用财政补贴的方法适应粮食托市收购，由政府部门承担税收；最后，要调节执行行为主体，中储粮公司不应再是托市收购责任主体，其职责重点应转为粮食安全储备和管控。

逐渐扩大基本粮食储备量，扩展等级分类储备功能。在粮食仓储物流垂直管理机制下，各地储备粮管理应趋向标准化。因此，中央政府应建立应急粮食储备体系，在该体系内建立起具有调节和稳定谷物市场功能的基本粮食储备。科学合理地制定粮食储备的操作规章和制度。常规粮食储备是在粮食市场价格高于委托收购价格时开始的。使用粮食储备的企业必须确保其数量不低于粮食储存合同中约定的数量。在发生异常市场状况时，承储企业必须遵守政府政策指示；鼓励储粮公司自主种植或直接采购，也可以根据法律确定相应的补偿。

在中国，粮食储备的首要储备主体是中央储备粮和地方储备粮。应急储备粮的管控首先要总数充裕。应急储备粮适用于解决突发性洪涝灾害、战事、国外市场波动等特殊情况的应急应用，应维持相对充足的储备粮总数。其次要确保盈亏。应急储备粮的管理应归属于我国和地方政府的有关部门，应急储备粮的定期轮换必须无条件服从政府部门的调度，因此政府部门需要弥补应急储备粮的盈亏。最后要严格保管。应急储备粮的储存，应当适当选择规模大、设施好、信誉好的国有粮食购销企业进行储存，并对全过程进行监控，确保粮食质量好、数量可靠。随着粮食价格形成机制和粮食储备体系的不断改革和逐步完善，粮食企业管理模式和粮食流通管理模式面临着更大的挑战和更高的发展要求。各级政府要加强宏观调控，积极引导职能的落实，推动粮食产业积极适应流通方式的转变，使粮食市场在资源配置中发挥决定性作用，确保粮食生产、流通、储备从业人员的实际利益，加快国有粮食企业改革。

二、优化区域储备布局与品种结构

从目前的储备布局来看，存在下列两个问题：一是粮食主产区储备经营规模过大，粮食主销区储备经营规模不足。中央储备粮量的70％左右集中在粮食主产地，尤其是集中储备了很多中央储备粮的东北三省和内蒙古自治区，而浙江省、广东省、江苏省、上海市等沿海地区的储备太少。这类储备布局可能造成当沿海地区或京津冀地区发生粮食危机时，由于东北三省铁路运输的短板，粮食储备就难以发挥作用。二是目前粮食储备布局与商品流通物流体系缺少高效对接。粮食商品流通管理体系的通畅，对确保粮食储备在紧要关头可以调度具备关键实际意义。在我国仍有大批量的粮食储备库没有专业的铁路线。长江下游、珠江流域沿途粮仓少，水路运送标准差，不能达到向长江三角洲、珠江三角洲应急装运粮食的要求。

　　提升粮食储备地区布局要紧紧围绕两个总体目标：一是调节当今粮食储备聚集在主产地的布局，大幅度提升粮食主销区的粮食储备规模，适当提升产供销均衡区的粮食储备，达到种植区、销区、产需均衡区的粮食储备基本均衡。二是增加关键公路沿线粮仓布局，在临江等关键水路交通要道的一、二线城市适度提升粮仓建设规模。与此同时，要增加关键铁路、水路、道路枢纽站连接点大城市的粮食储备布局和经营规模。要完成以上现行政策总体目标，一方面，必须搭建粮食储备产销区权益联动机制。要在种植区和销区中间创建稳定性的粮食物流体制，产生以定向商品流通为主导的、平稳的、长期性的地区合作方和分销管理体系。另一方面，运输设备建设规划要与仓储物流库布局整体规划充分对接，保证大中小型粮食仓储物流库布局与关键铁路、水路、公路货运无缝衔接。

　　现阶段，我国粮食储备种类存在两个问题：第一，粮食储备相对不均衡，玉米储备经营规模较高。我国北方地区的主粮以小麦为主导，南方地区居民的正餐中有 60％以上是稻米。玉米的适用范围是饲料加工厂等，住户粮食占有率小。储备构造与消费观念的不匹配造成粮食安全性降低。第二，从存储方式看，目前的粮食储备以原粮（麦子、稻谷、玉米）的方式存储，并没有一定量的制成品粮食库存量（如小麦面粉、精米等）。当抗灾或紧急状况必须及时应用时，要先找生产厂开展生产加工，那样便耽搁了应急。

　　根据新时代人民对高品质粮食的需要，不断调整优储适需标准，逐渐降低早稻储备，提升面向市场的高品质晚稻在市场中的比例，协助正确引导农户调节栽种结构，增加高品质粮食出产量，达到居民收入更新要求。与此同时，可以适度提升饲料粮和玉米、黄豆等工业级粮的储备，以确保水产品养殖和植物油脂生产加工公司的要求。

四、建立粮食动态储备体系

　　遵循静态储备的管理模式，必定会造成成本增加、轮换风险大、储存消耗大等问题。近十年的储备粮管理实践经验证明，储备粮管理较大的风险是轮换风险。轮换风险就是指因为轮换时机决策失误，导致廉价轮换和高价位轮换产生的经济风险。这类风险在粮食价格起伏中得到了集中体现。一般将一两年内储存的粮食储备称为动态储备，存储两年以上的称为静态储备。动态粮食储备是为达到社会发展粮食作物要求，考虑到农业生产周期时间、存储周期时间和商品流通周期时间,以减少储备成本、节省生态资源、社会资源和经济发展资源为总体目标,确保我国粮食生产安全的储备计划方案。动态储备粮是以较小的社会成本确保社会发展粮食要求的需要,展现了节约能源、提升社会经济效益的管理模式和可持续性、融洽、和睦的科学发展理念。执行动态储备,务必制定中央储备与地方储备差别管理方法的标准、储备与管理方法的有机结合、贷款政策的调节、进库资质年审规章制度的创建、储备资金的贯彻落实、免税的再次定义等有关现行政策。过去,粮食进入储备意味着变成"死粮"并逐渐陈化。因此,要充分利用商业储备,激活储备粮资源,在市场化条件下改变各级储备粮轮换模式,使地方储备粮动态轮换模式应运而生。一是科学核定静态和动态粮食储备比例。静态库存由政府控制,以确保在任何时间点数量真、质量好。动态库存由企业根据粮食市场价格的变化进行销售,并根据需要进行补充。二是粮食储备企业与加工企业联合经营,走厂库结合的道路。三是办自己的加工企业,走"一体化"之路。四是加强粮食储备的省际流动。五是建设和完善粮食物流信息系统,通过信息化降低粮食流通成本,提高粮食流通效率。

五、加强粮食储备设施建设

与西方发达国家相比,我国粮食储备设施尤其是地方粮库的信息化管理、机械化水准还存有很大差距。例如,在我国地方粮库中,平房仓和楼房仓仍占较高比重,适合机械化工作的圆柱仓较少,粮库采用的机器设备大多数很老旧,粮食出入仓和散料运载工具相对落伍,粮食仓储成本费和物流成本较高。因此,执行等级分类储备粮必须加强地方储备设施基本建设。国家相关部门要对地方粮食仓储设施基本建设的资金来源进行研究,针对经济发展比较发达的地域,地方财政可以解决困难。针对地方财政有困难的地域,中央财政要给予全力支持。一是将储备粮仓储基础设施建设优先纳入基础设施规划。粮食仓储设施属于社会公益性基础设施,建议政府把粮食仓储设施建设纳入地区基础设施建设规划,协调上级相关部门尽量争取更多的用地指标,优先安排项目建设用地,适当减免相关建设费用,由政府开辟立项、规划、环评等快捷通道,通过"退城进郊"建设新库或旧库置换等方式,新建政策性粮食仓储企业,扩大企业仓容规模,提升企业科学储粮水平,实现政策性粮食"集中存放、统一管理",切实维护政策性粮食储备安全。二是明确建库资金筹措渠道。2022年4月12日,在国务院新闻办公室举行的国务院政策例行吹风会上,明确提出推动"补短板、强弱项目"建设，将粮食仓储物流设施作为专项债券的支持重点。借助这些优惠政策，建议中央财政适当放宽对支持地方政策性粮食仓储设施建设的准入条件，尽量将仓储建设项目纳入中央财政预算内投资项目储备库，提升中央建设资金扶持比例。同时，通过对原有粮食仓储设施进行拆迁、转让等方式，取得国有粮储处置收益。通过专项债券、上级资金扶持、处置收益以及申请农发行贷款等方式相结合，解决资金来源难的难题，加快政策性粮食仓储设施的建设，实现政策性粮食储备合理布局、规模存放，强化地方政策性粮食的储备安全。三是加快仓储物流设施建设。建设大型的粮食物流中心，集粮食交易、货物中转、仓储配送、烘干整理、资金结算、粮食质检于一体，完善物流节点，实现铁路、公路的有效衔接和长短途运输方式的合理转换，提高粮食快速中转的能力。四是提升基层粮食企业储粮管理水平。加大对粮食收储企业资格的审批力度，国家层面出台详细的收储企业仓储建设标准，对不具有标准仓房的企业不予收储资格。鼓励粮食收储企业加大对仓储设施的改造投入，提升仓储设施的建设标准。建议出台相应的扶持政策，对企业粮仓改造给予适当的资金扶持，提升企业仓储设施改造的积极性。同时，加强对基层粮食企业的储粮技术指导和仓储知识培训，积极推广科学保粮、绿色保粮等储粮技术，提高其仓储业务水平，降低粮食损失损耗，提高储粮品质。

六、合理利用国际粮食资源

习近平总书记提出的"人类命运共同体"的理念，以共建"一带一路"国家为基准线，共同构建世界粮食安全防线。中国的粮食安全战略以全世界粮食安全性为基本，以全世界粮食生产量和粮食安全性能为根据。减少世界粮食危机是中国粮食安全的充分保证。粮食安全不但是中国的发展战略研究课题，也是当今世界的安全课题。充分发挥共建"一带一路"国家的农业资源和农业技术条件，根据共建"一带一路"国家现代农业发展、农业设施基本建设和农业技术升级，提升粮食生产量，确保国际粮食供给，减少粮食危机发生率。以共建"一带一路"国家为突破口，全球互利共赢发展。激励粮食公司充分运用自身优势，与共建"一带一路"国家进行粮食生产加工合作，建设海外粮食生产地和仓储物流加工产业园区，积极主动融入海外粮食产业综合性产业园区或粮食产业项目，通过外引内联建设外向性和内向性并重的全产业链粮食产业企业集群，完善粮食产业外循环。

　　现代粮食经营不是传统式的一购一销，而是一套完善的收购、存储、加工、销售体系。在这个体系中，期货和现货、内部贸易和出口贸易要结合在一起。这也是市场经济体制快速发展的要求。储备粮管理实质上是计划性的，但在市场经济前提下，这一方案必须根据或通过市场运营来完成，即务必合乎市场经济体制的主要标准和国际惯例。只有充分运用市场在资源分配中的功能，才可以搭建安全高效的储备粮管理体系。一个不参加市场运营的机构，是不太可能合理调整市场供求的，也难以完成效率高、成本低的储备运行。因此，依照责任权利统一的标准，应在确保必需储备粮稳定平衡的条件下，授予国有制粮食储备企业必要的经营权。但要注意的是，国家储备粮从事市场经营活动时，务必服从和服务于国家宏观经济总体目标。假如国家粮食储备采用公开招标和仓储租赁的方法，应给予这类服务的企业与一般企业一样的经营自主权。在市场经济前提下，单纯性的粮食收购销售企业无法抵挡经营风险和自我提升。拓宽融合粮食加工行业，搭建一体化管理体系，是粮食企业提高竞争能力、抗风险能力和经营高效率的有效途径，在确保粮食安全的情况下有益于储备的效果和企业的发展。进入粮食加工产业，不但为粮食生产企业给予了平稳的营销渠道，也为加工企业提供了多种销售选择，可以立即销售原粮，还可以加工销售。将储备粮管理拓宽到加工阶段，有益于减少粮食交替成本费，缓解国家经济负担。粮食储备企业还可以向生产行业拓宽，即在主产地创建稳定的粮食回收方式。根据收购合同，农户和经营者密切联系在一起，仓储企业拥有比较稳定的粮食来源，这也确保了农民的稳定收入。粮食进出口应成为储备粮流通的重要渠道之一。赋予粮食储备企业充分的进出口经营权，有利于充分利用国内国际两个市场，管住、管好、管活国家粮食储备。

粮食批发市场是粮食宏观调控的载体，是粮食安全工作的"晴雨表"，是联系政府宏观调控、粮食生产、粮食消费等方面的"跷跷板"，其健全与否，直接关系国家粮食安全战略是否能够落实落地。目前，随着国家粮食流通体制改革的进一步深入，粮食批发市场已基本建立起了交易中心、信息中心、质检中心"三位一体"的批发市场体系，承接了国家储备粮及地方储备粮的轮换、粮油公共信息发布、粮油质量检验等多项重要工作，成为粮食流通环节中不可或缺的重要组成部分。

第一节　中国粮食批发市场的分类分析

粮食批发市场是粮食产业的重要组成部分，也是粮食生产者、经营者和消费者之间的一个"三通"，更是粮食宏观调控的一个重要载体。目前，我国粮食批发市场发展百花齐放，分别满足了不同层面的市场需求。

一、市场规模

从市场规模和辐射面看，有全国性或区域性大中型商流粮食批发市场，如郑州、大连、长春和天津等地的 20 多家粮食批发市场，其特点是辐射范围广，粮食交易量大，有比较完善的管理制度和市场运行机制，服务功能强；也有摊位式物流粮食批发市场，一般为中小型规模，辐射范围小。近些年，在交通便利的粮食集散地和大中型城市粮食消费集中地也涌现出了一些规模较大的摊位式粮食批发市场，大多以粮库为依存，成交量逐年增加。

二、市场功能

从市场功能看，粮食批发市场具有商品集散、信息发布、价格形成、综合服务等基本功能，但不同类型市场的功能也各有侧重，如摊位式物流粮食批发市场的商品集散功能尤为明显，大中型商流粮食批发市场的价格形成和信息中心功能更加突出。

三、交易方式

从交易方式看，随着市场的发展产生了多种多样的交易形式，主要有摊位交易、竞价交易、协商交易、电子商务、远期现货合同交易、会展等①。但不同类型市场采取的主要交易方式有所差别。例如，摊位式粮食物流批发市场基本上采用协商买卖的方式进行交易；大中型商流粮食批发市场主要采用协商买卖和拍卖方式进行交易；电子商务产生较晚，目前只有部分大中型粮食批发市场开始采用。目前，随着信息技术、物流服务等快速发展，粮食批发交易方式也更加多样化、现代化，除主要采取场内协商交易外，也拓展和创新了一些新的交易方式。比如电子商务（B2C），即批发市场通过建立网上销售平台，为场内经营商户提供新的销售通道，并开展配送服务，让消费者可以足不出户就能购买粮油商品；再比如连锁经营模式，即批发市场以统一品牌、统一管理的模式，开设批发市场的社区直供店进行零售；还有小型交易会模式，批发市场开拓大客户，然后在批发市场经营商户内进行公开招标，选定供货商户②。

四、投资主体

从投资主体和市场形成方式看，有国有粮食批发市场、集体所有粮食批发市场和其他粮食批发市场三种类型的批发市场。国有粮食批发市场是国有或国有控股的粮食批发市场。在 20 世纪 90 年代，地方政府有关部门投资建设的粮食批发市场，大多属于国有粮食批发市场，也可称之为"规范化的粮食批发市场"或"官办的粮食批发市场"。由于缺乏科学规划，只有省级和部分市级粮食批发市场发展较好，绝大多数县级粮食批发市场交易不活跃，且经过近年的调整重组，数量已大幅减少。集体所有粮食批发市场，大多是大中城市的城中村或城郊地区村集体利用集体土地等资产投资建设的粮食批发市场。其他粮食批发市场指除了国有、集体所有以外的非公有制粮食批发市场，包括个体、私

---

① 杨改：《我国农业物流组织研究》，重庆交通大学博士论文，2008 年。
② 胡美姝、王晓华：《我国粮食批发市场建设现状、问题及对策建议》，《粮食科技与经济》，2018 年第 6 期，第 28-31 页。

营、外资等。多元投资主体参与粮食批发市场的建设，推动了市场经营管理水平的提升，增强了批发市场的竞争性，为市场发展注入了活力和动力①。

五、经营范围

从经营范围看，有粮油批发市场和综合性农产品批发市场两种类型的批发市场。粮油批发市场只经营粮食和油料，由于粮油经营量大，且具有铁路或码头的运输需求，所以一般建设在城郊地区。综合性农产品批发市场经营粮油、蔬菜、调料、水果等，一般建设在城区内交通相对便利地区。

第二节　中国粮食批发市场的演变历程及存在问题

中国粮食批发市场从萌生到在粮食流通领域发挥核心作用历经了 30 多年的发展。1978 年，党的十一届三中全会拉开了农村改革的帷幕，粮食流通开始打破传统的计划体制。1984 年开始，广州、西安、武汉等城市着手改革"菜篮子"产品的统购派购、统一包销和低价分配供应体制，率先放开水产品和蔬菜的价格与经营，山东寿光、北京新发地等一批粮食批发市场开始建设。到 1992 年，党的十四大明确提出发展社会主义市场经济，在政策引导和需求拉动下，粮食批发市场快速发展，粮食市场体系初步形成。进入 21 世纪，粮食批发市场由数量扩张转向质量提升，宏观规划、微观管理、硬件设施等方面均有了较大进步。随着新兴流通方式的快速发展，以粮食批发市场为枢纽的多元化粮食流通格局已经形成，但在长期的发展过程中，我国粮食批发市场体系仍然存在着诸多问题。

一、中国粮食批发市场的发展历程

我国粮食批发市场是伴随着粮食供求形势的变化以及国家对粮食流通管制的逐步放松而萌芽的。随着粮食购销市场化程度的不断提高，粮食批发市场逐步建立和发展起来。

---

① 胡美姝、王晓华：《我国粮食批发市场建设现状、问题及对策建议》，《粮食科技与经济》，2018年第 6 期，第 28-31 页。

（一）粮食统购统销时期（1953—1977 年）

从 1953 年实行粮食统购统销开始，国家对社会商品粮一直实行统一收购和统一供应，由国家指派和批准的粮食部门垄断经营。粮食购销价格由国家制定，粮食商品由国家统一调配。在这种背景下，粮食资源基本上由计划配置，粮食批发市场是不可能产生的。

（二）粮食议购议销时期（1978—1984 年）

1978 年党的十一届三中全会以来，农产品流通领域双轨制逐步取代统购统销制度，政府逐步放开农产品统购统销的范围、数量，农产品价格的管理逐渐松动，引入市场竞争，粮食集贸市场和议价经营逐步得到恢复和发展。1983 年，中央决定对粮食购销允许多渠道经营，多种价格并存，对携带、运输现粮取消了限制。同时，粮食部门普遍开展了议购议销业务，议销价格已与超购价持平。同年 1 月 22 日，国务院办公厅转发了商业部《关于完成粮油统购任务后实行多渠道经营若干问题的试行规定》，明确提出"定购以外的粮食可以自由上市，取消统购派购以后，农产品不再受原来经营分工的限制，实行多渠道直线流通"。1984 年国务院政府工作报告指出，"把原有的按行政区划、行政层次统一收购和供应商品的流通体制，改变为开放式、多渠道、少环节的流通体制，形成城乡畅通、地区交流、纵横交错、四通八达的流通网络，发展社会主义的统一市场。所有城市以及农副产品集散地，都应当逐步建立各种类型的贸易中心和批发市场"。同年 5 月，商业部要求在城市和粮食商品集散地逐步建立各种类型的议价粮油贸易中心、批发市场或货栈，不论国营、集体、个体，都可以参加交易、相互竞争。至此，粮食批发市场的建设开始提上了议事日程。之后，无锡、芜湖、九江、长沙四大传统米市相继恢复。米市交易都由买卖双方协商议价，自由成交。"芜湖米市"自 1984 年 7 月恢复后的几个月时间内，即同 26 个省（自治区、直辖市）的 400 多个客户建立了业务关系，签订粮油、食品等供货合同，数量达 1 亿多千克。在恢复米市的同时，有些地方还开办了粮行，成立了粮油交易所、贸易货栈等。但由于国家对粮食流通仍实行统购统销政策，用计划手段配置粮食资源仍然居主导地位，所以这一时期粮食批发市场并没有得到大的发展，交易量也有限。

（三）粮食合同定购时期（1985—1989 年）

1985 年中央 1 号文件《关于进一步活跃农村经济的十项政策》中取消了粮

食统购，改为粮食合同定购制，为粮食流通注入更多市场活力。1984年农民共向国家交售征购粮食2 047亿斤。1985年开始，全国实行粮食合同订购，粮食合同定购任务为1 580亿斤，1986年调减为1 230亿斤，1987年进一步调减到1 000亿斤。1988年全国粮食总产量7 881.6亿斤，商品粮数量2 400亿斤，其中：粮食合同订购1 010亿斤，粮食部门议购876亿斤，其他渠道市场收购514亿斤。粮食合同定购占商品粮数量的42%，议购和市场收购占58%。社会总销售量2 704亿斤，其中：城镇居民口粮供应1 354亿斤，占社会总销售量的50%；议购和市场销售1 350亿斤，占市场总销售量的50%。粮食合同定购以外的粮食实行议购议销和市场购销，这就为粮食批发市场的发展创造了条件。但是由于1985年粮食大幅度减产，随后粮食生产出现了连续四年徘徊的局面，使得粮食供求关系趋于紧张。

（四）市场规范发展初期（1990—1993年）

1989年1月，期货市场研究工作组经过深入研究，最终形成了建立农产品期货市场的方案。1990年7月，国务院批转了商业部、国务院发展研究中心、国家体改委等八部委提交的《关于试办粮食中央批发市场的报告》。1990年10月12日，作为国内第一个规范化的农产品批发市场，郑州粮食批发市场正式开业。当时我国处于社会主义市场经济体制尚未确立、改革开放受世界瞩目的阶段，国内外主要新闻媒体对此给予了集中报道，盛赞郑州粮食批发市场的成立是中国进行市场经济建设的试验，是包括粮食流通在内的整个商品流通体制改革的希望之光。郑州粮食批发市场是我国引进当代国际商品交换原则的产物，我国由此确立了统一、公开、公平、公正的市场运行原则。按照这些原则，郑州粮食批发市场制定了中国第一部引进期货交易机制的现货交易规则及与之相配套的管理细则，有效避免了困扰现货流通的违约现象和"三角债"问题。郑州粮食批发市场履约率一直保持在90%以上，为企业提供了一个良好的经营环境。这些相互联系的市场运行机制，构筑了新兴市场规范化运作的框架，被国内其他市场广为借鉴。在郑州粮食批发市场的良性带动下，我国粮食批发市场蓬勃发展。

以郑州粮食批发市场为代表的规范化的粮食批发市场，标志着我国粮食流通体制改革向市场化进程迈出了重要一步。规范化粮食批发市场以促进粮食流通规范有序为目标，严格遵守政府批准的交易规则，组织、监督、服务各粮食品种的交易活动，以远期现货合同为主的竞价、协商交易的推广，为粮食企业带来了新的发展空间和新的交易方式。各粮食批发市场还为进场企业积极争取优先运输、优先贷款和减免部分税收等优惠政策，并为会员提供全方位的综合配套服务。得益于其规范化交易与良好的管理运营模式，郑州粮食批发市场的市场影响力、交易吸引力不断增强，辐射面积不断扩大，逐渐成为名副其实的国家级粮食批发市场。在这一阶段，由于兴办粮食批发市场经验不足，特别是粮食流通中计划经济所占的比重仍然较大，粮食批发市场发展并不顺利。主要出现了盲目建设粮食批发市场的问题，造成财力、物力的浪费。事实证明，这时建立的粮食批发市场主要功能为商品集散，大部分粮食批发市场未能发挥出应有的作用。

（五）市场调整探索时期（1994—1999 年）

1993 年年底，国内粮食价格大幅上涨。1994 年 5 月 9 日《国务院关于深化粮食购销体制改革的通知》明确表明，"建立健全灵活的粮食吞吐调节机制，适时平抑粮价，稳定粮食市场，促进生产，保证供应，是粮食部门的重要任务……当市场价格过高时，要及时组织抛售，以平抑价格，保护消费者的利益。在需要抛售时，首先动用地方储备粮，必要时再动用国家储备粮"。国家储备粮是用于调节全国粮食供求总量、稳定粮食市场及应对重大自然灾害或其他突发事件等储备的粮食和食用油，非必要不动用。抛售方法：一是通过国有粮店公开挂牌销售；二是通过粮油批发市场抛售，平抑粮油批发价格。同时，对粮食市场的管理进一步加强，对粮食批发企业进行清理、整顿，对不符合条件的不予重新登记；在粮食行政管理部门的统一领导下，粮食经营实行政策性业务和商业性经营两条线运行机制，业务、机构、人员彻底分开，受此影响，粮食批发市场发展暂时进入停滞阶段。在这一段时期内，我国农产品期货市场却得到了迅猛发展。在期货市场的发展过程中，出现了过度投机的问题，发生了一些风险事件。国家有关部门着手对期货市场进行规范整顿。政府机构改革以及粮食流通政策的变化，曾一度使得粮食批发市场的地位和作用被弱化，大多数粮食批发市场有场无市，业务难以开展，加之经费紧张，一些粮食批发市场不得不调整主营业务方向，向粮食贸易、仓储等业务转变，与期货市场的繁荣发展形成鲜明对比。

针对现行粮食流通体制仍然没有摆脱"大锅饭"的模式，国有粮食企业管理落后、政企不分、人员膨胀、成本上升等问题，1998 年 5 月，《国务院关于进一步深化粮食流通体制改革的决定》下发，提出了粮食流通体制改革的目标是"四分开一完善",即政企分开、中央与地方责任分开、储备与经营分开、新老财务账目分开和完善粮食价格机制,明确中央和地方的责权关系,发挥国有粮食企业在稳定市场供应和市场粮价中的主导作用,更好地保护农民的生产积极性,为粮食生产的持续稳定增长创造良好的政策环境,建立起适合我国国情的粮食流通体制①。定购粮收购价格,由省级政府按以下原则确定:当市场粮价高于保护价时,参照市场粮价确定;当市场粮价低于保护价时,按不低于保护价的原则确定。该文件强调要建立和完善政府宏观调控下的市场形成粮食价格的机制,粮食价格主要由市场供求决定,从而确定了我国粮食流通体制里实行市场化改革的基本思路。因此,要求各地积极培育粮食市场,促进粮食有序流通,并强调要加快建立和完善区域性和全国中心粮食交易市场,积极支持和引导粮食经营主体进入粮食市场交易。粮食连年丰收,供给大于需求,造成市场粮价持续下跌,为了保护农民利益,国家要求粮食部门必须坚决执行按保护价敞开收购议购粮的政策,国有粮食企业要在各级政府的领导和支持下,充分发挥粮食购销主渠道作用和市场粮价形成的主导作用。对农民留足口粮、种子粮、饲料粮和必要的储备粮以外的余粮,要坚决做到按保护价敞开收购,严禁其他单位和个人直接向农民收购粮食,同时要求国有粮食购销企业必须实行顺价销售。面对这种情况,我国粮食批发市场的建设和发展处于停滞状态。相关资料显示,截至1998年年底,全国共有粮食批发市场数量543个。1998年以来,国家有关部门多次安排在郑州、大连、天津的粮食批发市场进行中央储备粮和陈化粮的竞价交易,各省份对老库存的销售和陈化粮处理也大都通过当地粮食批发市场进行,对粮食批发市场的发展起到了积极的推动作用。

为了促进农业生产和粮食产业结构的调整,实现粮食供求平衡,推动粮食流通体制改革的顺利进行,国务院在1999年5月中旬召开的全国粮食流通体制改革工作会议上决定从2000年起适当缩小按保护价敞开收购的范围,促使农民调整粮食种植结构、发展优质粮食生产,粮价由"全面保护"转为"部分保护",明确东北三省及内蒙古东部、河北北部、山西北部的春小麦和南方早籼稻、江南小麦,退出保护价收购范围。一些规范化经营的粮食批发市场,积极探索粮食批发市场发展的新模式。1998年,国家粮食储备局与郑州粮食批发

① 国务院:《国务院关于进一步深化粮食流通体制改革的决定》,http://www.gov.cn/zhengce/content/2010-11/17/content_3190.htm。

市场合作开展《中央储备量通过粮食批发市场吞吐调节和新陈轮换》的课题研究，结题报告受到国家有关部门和专家的认可和好评。1999 年，郑州、大连、天津等大型粮食批发市场多次成功举办中央储备粮竞价销售活动，创新了中央储备粮高效率、低成本运作的路径。郑州粮食批发市场还成功地举办了政府采购粮食公开竞价交易活动，增加了政府采购的透明度，提高了政府资金使用效益，保证了粮食采购的效率和质量。

（六）市场发展新时期（2000 年至今）

2001 年，我国粮食收购市场化改革迈出了关键性一步，从此粮食批发市场开始进入了新的发展阶段。国内市场经济体制建立，为适应粮食生产与粮食流通体制的变化，积极应对加入 WTO 后粮食市场国内外环境变化给国内粮食市场带来的机遇与挑战，在国家宏观调控下，充分发挥市场机制对粮食购销和价格形成的作用，完善粮食价格形成机制，稳定粮食生产能力，建立完善的国家粮食储备体系和粮食市场体系，逐步建立适应社会主义市场经济发展要求和我国国情的粮食流通体制。同年 7 月，《国务院关于进一步深化粮食流通体制改革的意见》（国发〔2001〕28 号）明确指出，要加快推进粮食主销区粮食购销市场化改革，特别是东南沿海的浙、沪、闽、粤、琼、苏和京、津等地区，经济相对比较发达，农业和农村经济结构调整的潜力较大，粮食市场发育较好，粮食购销形势已发生很大改变，可以完全放开粮食收购，粮食价格由市场调节。在开放粮食市场的同时，要积极建设和发展粮食市场体系，盘活粮食流通体系。按照市场形成和发展规律，支持培育全国性和区域性粮食批发市场，引导大宗粮食贸易进场交易，鼓励用粮企业到粮食批发市场协商成交。强化粮食批发市场信息中心功能，提倡应用数字化等多样化交易形式，降低粮食流通成本。继续鼓励粮食主产区和粮食主销区建立长期稳定的粮食购销关系，以保证主销区市场需求的粮源和主产区粮食销售渠道的稳定①。这些政策措施有力地促进了粮食批发市场的建设和发展。

2002 年 2 月，《国务院办公厅关于部分粮食品种退出保护价收购范围有关问题的通知》（国办发〔2000〕7 号）下发，对退出保护价收购范围的粮食品种的收购政策作出规定，明确表明要拓宽粮食收购渠道，允许和积极鼓励经批准

---

① 国务院：《国务院关于进一步深化粮食流通体制改革的决定》，http://www.gov.cn/zhengce/content/2010-11/17/content_3190.htm。

的用粮单位和粮食企业直接收购、经营。国有粮食购销企业也可以根据自身经营状况进行收购；鼓励粮食生产者通过粮食批发市场和集贸市场出售，为促进粮食顺畅流通，粮食集贸市场要保证常年开放，避免有市无场。粮食收购渠道的拓宽，为粮食批发市场的发展提供了比较宽松的政策环境①。

我国加入 WTO 后，国内粮食购销市场化改革进程继续加快，目前，东南沿海粮食主销区的浙江、上海、福建、广东、海南、江苏和北京、天津以及粮食产销平衡区的广西、云南、重庆、青海、贵州等 13 个省份放开了粮食收购。在放开粮食市场的同时，产销区之间的购销协作关系逐步得到了加强，粮食批发市场在促进粮食流通等方面的作用也逐渐增强。自 2001 年开始，浙江分别与吉林、黑龙江、江西等省，广东同湖南等省多次举办粮食产销衔接和贸易洽谈会，由政府组织有关粮食企业在粮食批发市场开展协商交易，签订贸易合同，同时还安排部分粮食进行竞价交易。如 2001 年浙江分别同吉林、黑龙江等省签订粮食贸易合同。在此期间，粮食主产区也加大了压库促销的力度，大量的库存粮食在粮食批发市场进行竞价销售，如 2002 年辽宁和吉林分别在大连北方粮食批发市场和吉林玉米批发市场公开竞价销售库存老粮。2002 年国家分批下达的 85 亿斤陈化粮销售计划，各省份都在当地粮食批发市场竞价销售。根据统计数据，2002 年全国粮食批发市场粮食成交量 950 亿斤，比 1990 年的成交量 32 亿斤，增长近 29 倍。由此可见，随着粮食购销市场化改革的推进，粮食批发市场的成交量明显增加，作用逐步发挥，粮食批发市场的建设发展进入了一个新的阶段。

新时期以来，粮食批发市场建设取得了新的成果：①成品粮市场保供稳价作用突出。成品粮市场发挥出了越来越显著的保供稳价主导作用。杭州粮油物流市场粮食线上线下融合交易，年交易量达 340.89 万吨；福州市场年交易量达 143.21 万吨，北京盛华宏林市场年交易量 112 万吨，东莞常平市场年交易量达 80.1 万吨，苏州市场年交易量达 85.7 万吨。据对全国 20 家大型成品粮市场统计，年粮油成交量达 3 900 万吨。首批全国十强粮食市场的年交易量已占当地口粮的 71% 以上。②线上线下新业态涌现。成品粮市场由于有强大的物流现货为依托支撑，所以对"互联网＋粮食"B2B、B2C、C2C 交易中信用和物

① 国务院：《国务院办公厅关于部分粮食品种退出保护价收购范围有关问题的通知》，https://www.hainan.gov.cn/data/zfgb/2019/10/5979/。

流配送问题的解决具有得天独厚的优势,对促进成品粮市场快速发展也具有强大的推动作用。陕西市场与中粮集团深化紧密型合作,利用老粮食仓库资源改造建设成品粮市场,既为市场未来发展稳定创造基础,又融合不同业态,寻求新的发展空间。同时,自行筹措资金,开发社会集团性消费贸易粮油的交易信息发布和竞价系统,以实现社会流通性粮油网上交易的全覆盖,进一步扩大市场占有率。

二、中国粮食批发市场存在的问题

我国粮食批发市场是在粮食流通体制改革中应运而生的,新时期以来,粮食批发市场经过多年的培育和发展,已经形成了一定的规模,市场功能初具雏形,并初步发挥出了应有的作用。但是,随着粮食购销市场化改革向广度和深度的不断推进,粮食批发市场也存在着许多突出问题。

(一)粮食批发市场重复建设问题依然存在

一些地方粮食市场建设缺乏科学规划和政策指导,市场重复建设现象仍然存在。①批发市场密度大,小范围内建有多个粮食批发市场,存在恶性竞争和资源浪费现象。②盲目攀比,建设大型物流园区。随着我国粮食批发市场的不断发展,一些粮食批发市场已发展成集商流、物流和信息流于一体的批发市场,也有的市场发展期货经营。但目前在粮食批发市场建设中存在建设大规模综合性物流园区的倾向。③重复建设地方粮食交易竞价交易系统,无序竞争问题突出。近年,一些地方市县开始重建地级市地方储备粮竞价交易系统。这既带来了潜在的交易风险,又造成了重复建设和目前使用的统一竞价交易平台的资源浪费。

(二)部分区域性粮食批发市场功能过于单一

我国一些粮食批发市场,特别是那些依据区位优势和资源特点自发形成的粮食批发市场具有经营规模较小而分散的特点,缺乏大市场带来的规模效益,且运输和仓储成本高,不符合市场经济运行的特点。主要表现在市场投资主体单一和市场功能单一。投资主体主要是私人投资,而私人单一投资会导致资金不足,严重限制粮食批发市场的发展。粮食批发市场功能主要是粮食集散功能,缺乏现代化粮食批发市场所具有的商品集散、货物结算、价格、物流配送、信息中心、质量检验以及生活服务等综合功能[①]。私人投资导致批发市场

---

① 杨柳:《中国郑州粮食批发市场简介》,《农村·农业·农民》,1994年第2期,第5页。

之间缺乏沟通和联系，各自为政，不能成体系运作，削弱了批发市场整体功能的发挥。

（三）部分粮食批发市场交易不活跃

目前，中央和地方储备粮进入批发市场交易的仍是少数，很多地方政策性粮食还没有进场交易，或者进场交易量很小，政策性粮食进场交易仍有很大空间。由于批发市场内商品粮进场交易一直未能有效推进，部分没有政策性粮食交易的粮食批发市场的交易难以为继。由于我国多数地方粮食批发交易市场交易行为不规范或缺乏规范的交易指导规章制度，批发市场的建设和市场需求不匹配，导致资源错配和浪费。自发形成的集贸市场，具有交易规模小、分布分散化、缺乏规范性和专业化等特点。

（四）各地区粮食批发市场发展不平衡

成品粮批发市场在主销区大中城市经营发展较好，集散、仓储、贸易等功能发挥充分；而在粮食主产区发展相对比较滞后，甚至有些大中型城市没有成品粮批发市场。

（五）粮食批发市场提供的服务功能缺乏适应性

随着粮食批发市场的逐步发展，其各项服务功能逐步健全，但总体上粮食批发市场综合服务能力还是比较薄弱，交易方式、支付方式缺乏创新，交易规则比较陈旧，对客户的需求理解不够到位，缺乏对客户进场交易的吸引力，对新型农业经营主体的服务还有些欠缺，功能发挥不充分。特别是大中型城市成品粮批发市场，基础设施落后，场内硬件有待更新，质量检验检测设备及综合服务设施等有待进一步提高。

（六）粮食批发市场缺乏科学布局和有效管理

由于大多数粮食批发市场基础设施不健全、硬件陈旧，其辐射带动面积和影响力较小，导致现阶段我国粮食批发市场专业化水平较弱。有些地方的市场运行缺乏公开透明的规范和准则，存在投资者与经营者合二为一，甚至投资者以经营者的身份参与场内交易的情况。由于存在严重的信息不对称问题，不仅造成场内交易不活跃、效率低，小范围交易频繁，而且严重损害了监管主体的权威性和公信力。另外，一些粮食经营者在质量检验检测、仓储、包装等方面缺乏规范化准则和行为，严重危害了进场交易人的利益；产权保护意识薄弱，存在盗用商标、商号等侵权行为。有的市场缺乏专业的管理团队和先进的管理模式；有的市场缺乏特色优势，竞争力不强，创新意识与创新能力不足；有的市场管理存在粮食安全隐患，管理意识与能力薄弱，存在"收费即管理"的情况。

（七）粮食批发市场管理法律法规制度建设滞后

现阶段粮食批发市场管理的制度建设不健全，粮食流通领域的制度法规有待进一步完善，缺少专门的批发市场管理的法律法规。如在法律层面规定粮食批发市场对政策性粮食交易资格的获取方式，制定协调交易、处理纠纷的法律法规等。粮食批发市场发展缓慢、功能发挥不充分的问题既有市场自身经营管理不规范等方面的原因，也有缺乏合适的政策环境的原因。

（八）粮食批发市场体系不完善且市场规范不完备

我国粮食市场体系不完善主要体现在：粮食主产区和主销区两个市场缺乏有效联系，互动、产区与销区之间的购销协作关系不稳定，粮食批发市场的运行缺乏衔接和流畅性，粮食批发市场系统抗风险性能力较差且粮食批发市场的发展和运作模式滞后于外部环境的变化。由于我国粮食主产区市场和主销区市场的利益关系很难被处理好，存在产销两地的利益不公正现象。粮食歉收年，粮食供小于求，主产区的粮食话语权大于主销区，主产区的粮食批发市场经营状况良好，呈现繁荣景象；而粮食丰收年，供大于求，主销区在购买粮食时选择变多，则其话语权大于主产区，主销区获得的利益大于主产区，这时主销区的粮食批发市场经营状况良好，呈现繁荣景象。我国粮食市场规范不完备主要体现在：市场交易缺乏准则规范和由此引致的粮食经营者行为缺乏规范。现阶段，我国新建地市级粮食批发市场基础设施不健全，影响范围较小且能力较弱，部分地区市场投资和管理尚未实现完全分离，市场运行缺乏公正公开的准则规范，引致市场内部交易不活跃、区域交易纷繁、交易效率低等问题，严重损害市场监督管理的权威性和公正性。此外，由于缺乏规范准则，部分粮食经营者违法和违约行为频发，在粮食加工、储存、包装、质检等环节偷工减料，甚至盗用他人商标、品牌等，严重损害消费者和其他经营者的利益。

第三节　中国粮食批发市场的交易模式

自 20 世纪 80 年代以来，随着粮食流通体制改革的不断深化，粮食流通市场化逐步推进，我国粮食批发市场经历了近 30 年的发展历程，实现了从无到有、从单一到多种形式并存的跨越。在 2004 年粮食购销市场全面放开以后，粮食批发市场经营规模不断扩大，交易行为逐步规范，交易模式更加多样。我国粮食批发市场常见的交易模式主要包括以商流为主的交易模式和以物流为主的交易模式。

一、以商流为主的交易模式

第一种交易模式是以商流为主的粮食批发市场交易模式，这种模式更多的是场内协商交易和集中竞价交易。这种交易模式在我国的适用范围非常广，极大促进了我国粮食批发市场的发展。

（一）模式特征

以商流为主的交易方式，是我国粮食批发市场的一种重要交易模式。这种模式的特点是买卖双方均以会员身份在场内进行交易，批发市场可以根据需要采取不同类型的交易方式和支付方式，组织市场客户进行交易，并为交易提供第三方信用担保。

从以粮食商流为主的交易方式的适用范围看，这些交易一般具有交易规模大、对市场供求和市场价格易产生影响、往往带有比较强的政策目的、对公开透明交易要求程度高等特点，而场内日常协商交易、场内集中竞价交易能够较好地满足这些要求，因此这种交易方式主要用于中央和地方储备粮的新旧轮换、吞吐调节，陈化粮处理，政府粮食采购以及各省份之间主要粮食品种的大宗交易（如 50 吨以上的交易），大宗工业用粮（酒精、饲料等）的采购，大宗贸易粮交易。

（二）模式优缺点

这种交易方式的优点主要有：一是无论是场内日常协商交易还是场内集中竞价交易，都是在市场规则下进行，能够保证交易的公开、公平、公正；二是由于粮食批发市场获取了大量的交易商信息，运用场内交易方式能够大大提高成交机会，降低交易成本，提高交易效率；三是就协商交易而言，是一种传统且被社会广泛使用的交易方式，要求的市场硬件条件不高，可以说是一种简单的交易方式，也很便于在批发市场运用；四是场内集中竞价交易最大的优点就是公开透明，引进交易竞争机制是市场经济下一种良好的交易方式，尤其在当前财政负担较重的情况下，该方式的运用能够降低财政支出水平，提高财政支出效率，减少经济腐败现象发生。

当然，这种交易方式也有其自身的缺点，主要有：一是就协商交易而言，尽管有批发市场做中介，但交易的数量、价格及其他条件都是由买卖双方协商而定，这也难免会出现买卖双方暗箱操作、市场难以有效监督的问题；二是就竞价交易而言，不管是竞买还是竞卖，都需要足够多的竞买者和竞卖者，当竞买者和竞卖者数量少，或某些买者和卖者串通，可能会导致交易和价格的不正常，尤其在竞买时，可能会出现一些交易者为了得到合同而采取压低价格、降低质量等现象。

二、以物流为主的交易模式

第二种是以物流为主的粮食批发市场交易模式，这也是我国普遍适用的交易模式之一。这种模式能够让市场交易者得到更多的利益，是我国粮食批发市场发展的一种选择。

（一）模式特征

以物流为主的商务分流的交易模式，是粮食批发市场交易方式发展的一种重要模式。这种模式的最大特点是粮食批发市场提供物流服务，为交易双方提供粮食运输、仓储、配送等服务。目前，我国粮食集贸市场在完成粮食商品从粮食生产者向粮食消费者转移过程中，粮食物流成本偏大，影响了粮食商品竞争力。如何降低粮食物流成本、提高粮食流通效率，是一个刻不容缓的问题。在粮食批发市场交易方式中，通过提升物流技术和变革物流方式，减少粮食不必要的迂回流动，加快粮食流通，提高物流效率，可以大幅度降低物流成本，增强粮食经营者的竞争能力和帮助市场交易者得到尽可能多的利益。因此，以物流为主的商务分流交易方式，是我国集贸式粮食批发市场发展的一种现实的选择。

（二）制约因素

总的来看，我国粮食批发市场以物流为主的交易方式还没有真正开展起来，除了批发市场本身的因素外，还受我国物流基本状况制约，这些状况包括如下三个方面。

一是物流管理体制分散，资源整合难。受计划经济影响，物流机构多元化，我国缺乏一个物流发展的总体大战略，相关体制问题和行业物流资源错配现象突出，物流社会化程度低，与物流相关的各部门分别由交通运输部、中国民用航空局等不同的政府部门管理，物流设施、运输及服务没有相对统一的标准，缺少一个总部门或上级机构对全社会的物流管理进行协调和调度，物流各部门不成体系地运作且缺少直接的互动和联系，加大了物流成本。

二是粮食供应链衔接有待完善。1953—1993 年，我国粮食供应链中计划经济色彩浓厚，政企合一，粮食 90% 以上由国有粮食企业经营。由于我国采取行政管理办法组织粮食流通，所以在粮食供应链条中出现的迂回运输或者重复装卸现象会使物流成本加大。1998 年以来，国家从严格管制转向放宽粮食经营，推出粮食购销市场化改革，允许将市场调节机制引入粮食生产和流通环节，国有企业经营粮食比重下降为不足 50%，个体户或者其他经济成分企业按照经济规律自主经营粮食，降低物流成本。同时，国有粮食企业也在适应市场化要求，粮管所和基层粮库也成为独立的经济实体，独立核算，自负盈亏，努力探索粮食供应链的最优途径，取得了长足的进步。这时粮食物流有所改变，有的粮食直接从基层粮管所或粮库进入粮食加工厂仓库，基层粮管所和粮库变为中转库，粮食物流途径有所缩减。

三是粮食第三方物流发展缓慢。目前，我国多数经营粮食物流的企业是在传统体制下物资流通企业的基础上发展起来的，其主要任务是提供仓储服务，以及货物搬运和运输，很少有专门经营粮食物流的企业。这些物流公司提供的硬件和软件服务都与提供高效率、低成本的独立的第三方物流服务的要求存在较大的差距。有发达国家实践证明，只有当独立的第三方物流产值占社会物流总产值的一半以上时，物流产业才能形成。我国目前粮食物流中的第三方物流只是停留在某个层面和某个具体环节上，对各种粮食品种的信息收集、分析和运用能力，物流统筹协调和专业化组织管理能力都稍显不足，无法确保提供涵盖从原料供给到全链条的全部服务，致使后续发展动力严重不足。

三、粮食批发市场电子商务

批发市场建设有两种模式：一种是传统的场所模式，另一种是中介组织模式。场所模式有专门的建筑物，参与双方必须进场交易，有专职人员提供资金结算交易等各种服务。中介组织模式不需要固定的场所而通过网络以 B2B 的方式完成从下单到结算的全部交易过程。例如，针对买方交易商和卖方交易商而言，需要首先在客户端进行注册，然后开设保证金账户存入保证金并发布供求信息，针对粮食商品种类特点通过拍卖交易、竞价交易或者协商交易模式确认成交，最后签署电子交易合同进行交收和结算。实际上，粮食批发市场电子商务应用的互联网仅是技术手段，更重要的是它是商业模式的重构，提升了粮食资源的配置效益。最直观的就是粮食流通通过这个平台解决了交易双方的信息不对称问题，通过线下的物流体系，实现资金流、商流、信息流和物流的有效结合，大幅度降低了粮食交易成本，同时可以通过大数据处理手段满足众多中小组织客户小批量、个性化的需求，从而在整体上提升了粮食流通效率。

（一）交易平台

我国粮食电子商务交易平台呈现"百花齐放"之势。我国粮食交易电子商务形式发展迅速，在互联网、大数据平台的快速发展背景下，以 B2B 交易模式为代表的粮食电子化交易得到迅猛发展，几个主要的粮食电子商务交易平台如下。

1. 中华粮网（www. cngrain. com）

郑州华粮科技股份有限公司（以下简称"中华粮网"）成立于 2001 年，前身为郑州粮食批发市场现货交易网，提供网上粮食交易、供求信息发布、中小企业网上推广、企业网站黄页、中小企业管理应用软件开发等业务。自 1995 年成立至今，本着"为深化粮食流通体制改革服务，为粮食企业生产经营服务，为粮食流通市场化国际化服务"的宗旨，不断增强技术实力、扩充服务范围，致力于促进传统粮食企业和用粮单位提高交易和经营的信息化水平，不断提供高效率高质量的信息服务和高水平的经营技术，实现了粮食批发市场信息化经营与粮食信息传播，大幅度降低了市场交易成本、提高了粮食企事业单位运营效率。

2. 中华食物网（www. foodchina. com. cn）

中华食物网成立于 2000 年 9 月 7 日，由大成长城集团发起，邀请中粮集团有限公司、荷兰合作银行（Rabo Bank Nederlands）、康地集团（Continental Grain Company）、Archer Daniels Midland Company（ADM）、嘉吉亚太有限公司（Cargill）等 17 家在农粮食品或电子商务领域卓有成效的公司共同投资成立。中华食物网提供客户完整的商流、物流、资金流与资讯流服务。

商流：提供国外代采、集采竞标、撮合套利的服务。

物流：提供商品散装或货柜（集装箱）的装载方式，货物自运或送到服务。

资金流：提供美元或人民币报价服务。

资讯流：网站提供完整行情资讯，包含每日成交信息、市场价格与行情分析等。

3. 天下粮仓网（www.cofeed.com）

天下粮仓网自 2002 年建网以来得到农业农村部、商务部、国家统计局、国家发展改革委等相关部门的大力支持，与政府、协会、国内外专业信息研究机构等建立了良好的信息合作关系。天下粮仓网多次在中国电子商务协会、中国互联网协会、农业农村部信息中心主办的网站评比中获得"中国农业网站百强"称号。

天下粮仓网长期致力于推进粮油饲料行业信息化，为企业提供有价值的信息和优质的服务。公司拥有一支高素质的专业化员工队伍，并聘请多名农业领域的资深专家作为公司的常务顾问。

4. 中储粮网（www.esinograin.com）

2016 年成立的中储粮网是中储粮公司倾力打造的电子商务平台，主要交易品种有玉米、稻谷、小麦、大豆、油脂油料等，是唯一获得财政部专项建设资金支持的"互联网＋粮食"电子商务平台。2015 年成为唯一获得中央财政专项资金支持的"互联网＋粮食"电商平台。2016 年中储粮公司对中储粮网进行了再建设，并遵循适用、专注的理念，采用多维模型数据库引擎，实现关键核心设备"双活"运行，规避单点故障风险，打造运行高效、拥有自主知识产权的电商平台。

目前，我国粮油电商快速发展，无论是流通企业还是加工企业，无论是支付还是融资，均衍生出互联网时代的特色模式。除上述四个网上粮食交易平台外，还有易谷网模式、中国网上粮食市场模式、中粮我买网双品牌运营模式、天津粮油商品交易所模式、淘宝网"吉林大米馆"模式、苏州粮食批发交易市场"良粮网"模式、粮达网"四链合一"模式、杂粮电商平台——饭中有豆模式、中米网及其中国大米产业联盟模式、吉林长春"大米白金城"模式、微粮模式等多种粮食流通电子商务模式。

（二）交易形式

我国粮食批发市场开展的电子商务交易方式不断突破自我，众多网站进行了卓有成效的创新尝试，为我国粮食产业的发展和批发市场的建设注入活力。

1. 栈单交易（2002—2006 年）

栈单交易是郑州粮食批发市场设计开发的、以我国粮食行业规模最大的专业网站中华粮网为交易平台、采用网上集中竞价的方式组织买卖栈单的交易活动，是以粮食为代表的大宗农产品电子商务模式的积极探索。2002 年 7 月 2 日，郑州粮食批发市场栈单交易开始试运行，当日共推出 6 个地区的 12 个栈单，截至当日上午 11 点 30 分闭市时，共成交小麦栈单 1.33 万吨，成交金额 1 453.2 万元。栈单交易自推出以来，受到广泛关注。但由于我国农产品流通的组织化、规范化和现代化程度及交易机制本身等多方面的原因，其作为一种全新的网上现货交易机制，未能取得长足发展，2006 年退出市场。

2. 大宗商品线上交易

根据《大宗商品批发市场电子商务解决方案》《大宗商品电子交易规范》等相关政策规章，中国谷物网等粮食交易平台为大宗粮油的场内交易提供公开便捷的网络平台，为广大用粮单位和粮食企业开展有效率合作，开辟了新渠道。

3. 中华粮网推出"商易付"服务

为了强化粮食在线交易体系的交易支持，中华粮网推出了"商易付"网上支付服务。商易付是针对粮食行业 B2B 在线支付平台，帮助交易企业安全快速实现在线支付，降低交易成本，提高资金使用效率。目前，"商易付"已经和中国工商银行、中国农业银行、中国交通银行、上海浦东发展银行建立了战略合作伙伴关系。截至 2014 年 9 月，通过中华粮网在线交易体系参与网上交易的粮食企业已有 3 000 多家，成交国家政策性粮食共计 1 亿多吨，成交金额超过 2 000 亿元。

四、"双循环"格局下粮食交易模式的挑战

目前，我国粮食批发市场呈现出参与者众多、规模小、交易频繁等特点，交易方式以商流、物流交易为主。尽管这种交易方式在粮食流通过程中非常方便快捷，但就目前形势发展来看，这种交易方式逐步变成一种信息透明化程度低、管理难度大、流通成本相对较高、交易费用相对较大的交易模式。在我国粮食市场化的不断扩大、国内国际市场协调发展、全球信息化不断推进的过程中，传统的交易模式将面临更大的挑战。

（一）国家粮食流通体制改革对粮食批发市场的冲击

2004 年国家决定全面放开粮食收购和销售市场，实行购销多渠道经营，积极稳妥推进粮食流通体制改革，充分发挥市场机制在配置粮食资源中的基础性作用。2005 年国家发展改革委、财政部联合印发了《关于早籼稻最低收购价格的通知》，2006 年 5 月国家六部门联合发布了《小麦最低收购价执行预案》。自 2008 年起，中央政府连续多年提高小麦和稻谷的最低收购价格，并针对部分农产品出现的价格下跌及卖难现象，适时出台了玉米和大豆等临时收储政策，长期以来形成的以市场化为基础的粮食流通格局逐渐向政策化转变，此举虽切实保障了种粮农民的利益，提高了种粮积极性，促进了粮食产量稳步提升，但也在一定程度上削弱了市场机制在粮食流通体系中的重要作用。

粮食作为主要的大宗农产品品种，通过批发市场交易形成的价格应当在整个粮食产业链的价格体系中居于主导地位，但是粮食流通政策化的外部环境实际上向市场发出了强烈的托底信号，形成了粮食收购价格只涨不跌的预期。国家托底收购的原粮绝大部分被中储粮公司、中粮集团等国家批准执行最低收购价任务的大型国企所收购，甚至省级、市级的粮食储备企业也非常积极地收购原粮。市场中的各级粮食流通企业、贸易企业、加工企业看到有利可图也大量抢购原粮，这就导致了正常市场上的流通原粮大幅度减少，粮食储备比率偏高。根据美国农业部的数据，近 20 年我国粮食储备比率基本保持在 30% 以上，如果再算上各级粮食企业的库存，那么实际粮食储备比率大大高于 FAO 规定的粮食安全保障基准 18% 的标准线。

（二）综合性农产品批发市场的竞争

粮食作为具有特殊意义的农产品，在农产品流通领域表现出渐进性的特点，相对于其他综合性和专业性的农产品批发市场，专业的粮食批发市场在成交规模、辐射范围、信息服务、物流水平等方面还存在一定的差距，普遍发育程度不高。经过 20 多年的建设，许多批发市场已从功能单一的提供交易场地阶段，向管理规范化、服务多功能化发展，储运、代理、结算、质量检测和信息等综合服务功能不断增强。为解决农产品销售难问题，加强农产品现代流通体系建设，商务部决定从 2006 年起在全国实施"双百市场工程"，通过中央和地方共同推动以及重点市场、重点企业示范带动，力争用三年时间，完成全国约一半农产品批发市场的升级改造，显著降低农产品流通成本，大幅减少流通环节损耗。

综合性农产品批发市场呈现出快速发展的势头，而粮食批发市场在2007—2012年经历了相对较快的发展后，除了成交额外，其他数据指标都有大幅度的下滑，其中总摊位数作为反映粮食批发市场活力的人流、商流的核心指标下降幅度达到70％，而且粮食产品在物流、仓储等方面的约束性条件比鲜活农产品更小，许多综合性农产品批发市场都将粮食作为主要的交易品种。如1989年10月28日建成开业的深圳布吉农产品批发市场，是全国首批农业产业化龙头企业，不但满足了深圳市居民的生活所需，而且辐射到整个华南地区（包括台湾、香港、澳门地区）乃至全国，并与东南亚、南非及欧美等地市场建立了频繁的贸易往来。上海农产品批发中心市场还设计开发了粮食电子竞价交易系统，并制定了《粮食电子竞价交易管理规则》，成为省级地方储备粮拍卖销售的主要渠道。

（三）流通渠道创新对粮食批发市场的冲击

流通渠道在我国一般是从宏观角度，研究全部商品或者某一系列的商品从生产到消费整个流通过程的运行。粮食流通渠道一般指的是粮食从生产者向消费者转移的通道和过程，但是粮食不同于一般商品，原粮不能进入最终的消费领域，必须转化为成品粮才能食用。所以，粮食流通渠道应该包括两个环节：一个是粮食生产者向粮食加工企业或各类原粮批发市场的转移过程，另一个是成品粮从粮食加工企业或成品粮批发市场向消费者转移的过程。传统的粮食流通渠道环节较多，不仅导致了交易成本较高，而且各类参与主体的收益一直较低。当前粮食流通渠道创新就是优化传统的粮食流通渠道，整合各类组织，减少渠道的长度，最大限度提升参与主体的收益。其主要核心就是粮食产业链的纵向一体化，也称为粮食产业化经营模式，即在原粮和成品粮的交易环节绕过各类粮食批发市场，强调以加工企业为主导，通过开展定向投入、定向服务、定向收购和订单生产、土地流转等方式，引导粮食种植主体按照市场需求进行标准化生产，提供稳定可靠的优质粮源。这种粮食流通渠道创新采取了"产＋销"一体化的模式，其原粮收购价格相较于粮食批发市场的交易价格虽然高出不少，但是随着广大消费者对优质粮食需求的不断提升，可以更加有效地发挥其品牌和市场优势，从而增强竞争力水平，提高产品市场占有率，国内越来越多的大型粮食企业采用这一模式。例如，河北邢台的"金沙河"面业集团从2012年起开始转型升级，探索以企业为管理和技术支撑平台，实现种植、加工、销售为一体的产业链整合。"金沙河"面业集团在小麦种植、仓储、制粉、制面、销售和服务方面不断发展，初步具备了"三次产业"共同发展的雏形，也使企业通过延伸产业链走向了可持续发展之路。甚至许多外资粮油企业都通过这一模式掌握优质粮油资源，巩固其领先的市场地位。

第四节　国外主要粮食批发市场的评价借鉴

粮食批发市场在国外已经有百年的历史，尤其是发达国家通过不断的演进，形成了一套成熟的运作管理体系。根据粮食批发市场在一个国家中的流通地位、管理方式的差异以及政府和社会组织扮演的角色不同，目前世界上的批发市场上主要分为三种建设模式：以批发为主导的东亚模式、以直销为主导的北美模式及以拍卖为主导的欧洲模式。对于这三种模式，本节选取了最具有代表性的日本、美国、欧盟为代表，以期平衡市场、指导农业生产、增加农民收入，改变我国农产品批发市场的格局。

一、国外主要粮食批发市场发展的经验

近年，尽管我国粮食批发市场飞速发展，但总体而言仍处于初级阶段，市场基础设施相对落后，管理机制不完善。通过深入分析中国粮食批发市场的建设现状和问题，结合现阶段我国粮食批发市场相关产业的发展状况，借鉴国外主要粮食市场建设的成功经验，可以为我国粮食批发市场体系明晰建设模式。

（一）日本粮食批发市场体系

日本的农产品批发市场有着较长的历史，政府在其市场体系的生成和演进过程中起到了至关重要的作用。首先，在市场建设方面立法先行。日本早在1923 年就颁布了《中央批发市场法》，后经多次修改，又于1971 年修订为目前的《批发市场法》。各个地方政府也制定了相应的法规、条例，做出一系列具体的规定，使批发市场的建设和运行有法可依。其次，开设批发市场要经过严格的审批程序，法律赋予中央和地方政府对中央批发市场和地方批发市场的审批权，从而避免了批发市场的重复建设和布局不合理等问题。最后，明确批发市场的性质是非营利性的公益组织，并对批发市场建设提供大量的资金支持。"公设"批发市场的资金全部由政府负担。中央政府建立了补助金制度为中央批发市场和地方"公设"批发市场的设施建设提供补贴[①]。

---

① 　邱清龙：《我国粮食批发市场与粮食市场体系建设研究》，郑州大学硕士论文，2007 年。

日本粮食批发市场呈现出多层次的结构，共分为三个级别的粮食批发市场。其中，一级拍卖市场最具垄断优势，是日本政府实施粮食领域宏观调控的直接且重要的载体，由少数具有垄断势力的批发商参与。从日本粮食批发市场的宏观价格调控机制看，政府主要指导一级拍卖市场的粮食价格进而调整市场的粮食价格。日本粮食拍卖市场发挥着三个作用。一是流通中介作用，即粮食通过拍卖市场的批发商进入粮食消费市场。二是价格指示作用。拍卖市场汇集了大量的粮食交易信息，其在掌握了较为充分的信息的基础上形成的拍卖价格，可以较为准确地反映当前市场的粮食供需状况，指导以后的粮食生产，为市场价格提供借鉴与指导。三是政府干预市场的重要平台。与货币流通领域的中央银行类似，拍卖市场为政府直接干预粮食市场提供了渠道，政府可以买入或卖出拍卖市场的粮食来调节供求关系，稳定粮价。

综上所述，日本粮食批发市场的发展经验是强化中央批发市场的功能，把国家宏观调控与发挥市场作用有机结合，在政府严格管理和大力扶持下，以中央市场模式为主体框架，实现政府的宏观调控目标。日本政府根据粮食市场变化情况，有时直接参与中央市场的买卖，并及时对中央市场的供求信息进行分析，以此作为改革的基点。日本批发市场具有明显的垂直性结构特点，多层次的梯形结构使得批发市场规模日渐壮大，在日本商业组织体系中占据着不可撼动的地位。对于粮食流通层面而言，三级批发市场的批发商和零售商发挥的作用更大，而一级批发市场上各批发商的垄断势力又对日本粮食流通产生巨大的影响。

（二）美国粮食批发市场体系

美国是当今世界上农业最为发达的国家，其农业技术创新能力强、农业现代化程度高、农业生产力发达，是世界上最大的农产品出口国。美国农业之所以如此发达，除了与其得天独厚的自然条件相关之外，更是与美国联邦政府的农业支持政策有着直接的关系。美国联邦政府在不同的历史时段，按照美国农业发展的实际情况，制定了一些有针对性的农业支持政策，从而极大地促进了其农业经济的快速发展。美国粮食批发市场起步于19世纪，依靠交通优势、区位优势以及自然资源优势而自发形成。

粮食中心批发市场是美国粮食现货市场的主体。根据美国粮食批发市场的结构体系，美国粮食现货市场可以分为中心批发市场、初级市场和零售市场三个层次。中心批发市场是现货市场的主体，一般位于交通发达城市，吸纳了全国各地的主产和特色粮食品种，交易规模大，市场影响力大，辐射面积广，参与交易者主要为粮食中间商、食品加工企业和部分规模较大的农场主。初级市场是粮食种植户与粮食中间商发生交易的市场，将分散在农户手中的粮食集中起来，是粮食进入市场流通的起点。由于交通日益发达，农场的实力不断增强，农场主合作组织的迅速发展以及市场信息传递及时，导致美国初级粮食市场经营困难、不断萎缩，在粮食流通体系中的重要性逐渐下降。零售市场是指由于美国居民的收入水平较高和饮食习惯等原因，粮食在食物消费量中所占的比重较低，粮食零售主要通过超市和连锁店进行。此外，美国政府还资助低收入者、流浪人群、学生等群体，提供消费券、免费食物等商品和服务。

粮食期货市场在现货市场的基础上发展，实现了期货和现货市场的有机结合。期货市场通过其价格发现、规避风险、提供交易渠道等机制为现货市场的交易主体提供了跨期交易的保障并指导现货价格的形成，进而达到市场调控价格的目的。农产品期货市场具有发现合理价格、回避价格风险、提供交易渠道三大功能。①众多的买者和卖者集中在一起，然后对同一种标准产品，根据自己的成本利润和掌握的信息，报出自己预期的价格，能够一致成交的，便是发现了合理的价格。期货市场发现的价格在国内、国际媒体上公布，成为国内、国际现货交易价格的重要参考坐标。②美国农场主在收获前提前卖出相应数量的农产品期货，锁定未来收获时的销售价格，收货后可以履行期货合约，按锁定的价格卖出粮食，回避价格风险，也可以到收货后买进相应的期货合约，同时在现货市场上卖出自己的粮食。用期货市场上的盈利来平衡现货市场上的亏损，也可以达到回避价格风险的目的，未来的购粮者可仿照美国农场中的反向运作，也可锁定未来的粮食购买者，回避价格风险。这些做法在期货交易中叫作套期保值。③农场主卖出粮食期货以后，就可以在粮食期货交易规则、制度的保障下，履约卖出粮食现货，这样就保障了未来的销路。同样，未来的购粮者预先买进粮食期货，也可以保障未来的粮食货源①。

美国粮食批发市场发展依靠现货批发市场发展粮食期货交易，实现粮食"期货+现货"市场的有机统一。①多数是在批发市场的基础上发展起来的。虽然经营期货交易，但多数也保留了现货批发交易的功能，如堪萨斯期货交易所和明尼阿波利斯粮食交易所。因此，这类市场是进行期货交易的客户进行现

---

① 邱清龙：《我国粮食批发市场与粮食市场体系建设研究》，郑州大学硕士论文，2007年。

货交易的首选。②期货和现货结合的交易模式。农产品期货市场都有期货换现货的交易，就是期货买卖双方履行相互买卖现货的合约，此类交易规模一般较大，是套期保值的一种较好选择。③基差交易。在期货市场还存在一种基差交易，它是指买者用期货市场价格来固定现货交易价格，从而将转售价格波动风险转移出去的一种套期保值策略。买者在与卖者签订合约时不确定固定价格，商定采用交易所的期货价格加上卖者的持仓费作为浮动价格，从而固定买入现货时的基差为持仓费。

（三）欧盟粮食批发市场

欧盟粮食批发市场起源于 18 世纪末，其最主要的发展特征是采取拍卖的形式，并且逐步由分散走向集中。由于欧盟各国家和地区仍然存在小规模的粮食生产经营市场，导致中心批发市场建设以及批发市场的价格出示等功能发挥受到制约，批发市场建设呈现出全国乃至更大区域的统一拍卖市场发展趋势及大宗粮食批发交易市场由周边向中心城市转移的趋势。此外，欧盟粮食批发市场的发展历史为我们提供了农业经营者发展合作组织和发展区域型、外向型的批发交易市场的经验。一是借助地域及产品优势。可以利用自然地理优势及交通便利优势，发展外向型批发市场，以出口为主。为促进外向型农业发展，在某些优势粮食主产区或边境交通便利城市，发展一批以出口为主的粮食批发市场，制定相关促进出口的政策，积极鼓励出口商在批发市场交易，同时允许国外的采购商到国内批发市场采购粮食商品。荷兰阿斯梅尔花卉拍卖市场即为这类经营模式。二是建立农业经营者自己的合作组织，充分发挥批发市场功能。粮食批发市场作为一种市场组织形式，需依赖本国特定的商品流通体制，甚至依赖整个生产、流通和消费特定体制而建立和发展。欧盟国家有关建立农民和小经营者自己的合作组织时，其在流通中扮演重要角色的做法值得借鉴。因为只有建立起拥有很大自主权、为农民服务的合作组织，才能够较好地解决农业生产和流通的矛盾，使分散的农民能作为一个整体，在市场上拥有自己的地位。同时，也使批发市场更加完善和发达，使批发市场更好地发挥集散功能和价格形成功能，其实这也是日本与美国等批发市场作用发挥的重要经验之一。

二、国外主要粮食批发市场发展的经验对我国粮食批发市场发展的借鉴意义

以日本、美国、欧盟为代表的发达经济体的粮食批发市场经过多年发展，

已经形成了一套非常成熟的建设模式。粮食批发市场的建设需要政府的大力支持，政府负责批发市场的规划、投资等工作，市场经营者提供仓储、运输、配送等物流服务，同时实行严格的市场监察，协助农业生产者销售粮食等，这些经验对发展我国农产品批发市场具有重要的借鉴作用。基于这些经验，通过结合我国的实际情况，不断改革创新我国的粮食批发市场体系，完善我国粮食批发制度，形成具有中国特色的粮食批发市场。

（一）深化粮食流通体制改革

积极推进"粮食商品化、经营市场化"的步伐，严格实行政企职责分开，政府不再干预企业的经营活动，以明晰产权为目标，使粮食企业真正成为"自主经营、自负盈亏"的市场化企业。构建两大市场，干预"上层"，活化"下层"。"上层"以一级市场（中央批发、期货等）为主，其交易特点是大型企业和规模交易，政府干预应在这一层次起作用。"下层"市场包括一、二级批发市场和集贸市场等，政府对这部分市场只进行法律规则管理，不进行行政干预，使其完全依据自由市场的规则进行交易。

（二）优先改革国有粮食批发市场

以分散经营为特点的农民个体缺乏经济理性，其单独进入粮食批发市场边际效益较低，因此为支持国有粮食批发市场转变经营机制，培育合格的市场主体，促进市场竞争，核心在于如何构建有效的组织机制以整合农民的粮食资源。但目前国有粮食企业直接代表政府作为市场主体的模式，在长远来看存在一定局限性。培育农村合作组织或经济联合体成为市场主体是比较理想的模式。创新组织，使产供销一体化，是把农民引向市场的最佳选择。国有粮食部门可利用自身优势把本地农民组织起来，用市场机制形成经济共同体，形成以批发市场为中心、骨干企业为龙头的粮食经营产业化体系。

（三）构建多层次现代粮食市场体系

整合现有市场资源，健全和完善多层次的具有中国特色的现代粮食市场体系。除健全现有的以城市为核心的销售地批发市场外，还要建立以生产地为主体的批发市场，以利于农民进入市场，同时要利用现有的商业零售渠道，将粮食产品迅速有效地扩散到市场之中，提高流通效率。

（四）加快粮食批发市场法律法规体系建设

合理规划和布局粮食批发市场，整合市场资源，同时加强市场监管，促进市场交易的公平、公开、公正机制的形成，加强批发市场管理规章制度建设。加强粮食市场监管，确保粮食市场管理有法可依、有法必依。研究制定批发市场准入制度，避免因市场过度竞争导致资源配置效率低下；强化对商品粮批发市场的粮食质量监测与管理，确保居民食用粮的消费安全。同时，要注重发挥粮食批发市场行业协会的监管与带头作用，加强从业人员素质教育与自律监督，引导市场交易向规范化迈进。研究借鉴国外粮食支持价格、目标价格的经验，改革现行最低收购价的管理办法，建立我国长效的价格保护机制。不干预市场价格的形成，在必要的条件下实行最低收购价政策，且最低收购价的制定不应依靠行政方式，而是需要考虑市场因素。制定当市场价格低于某一规定的价格时对农业经营者给予经济补偿的标准和方式，逐步建立政府、企业、农业经营者三方共同承担市场风险的格局，坚决纠正价格保护等同于价格干预的错误观念。

（五）加快粮食期货市场高质量发展

根据我国国情，稳步推进远期合同交易和期货交易的引入，充分发挥远期交易和期货交易分散风险、发现价格的功能，帮助粮食生产和经营主体降低市场风险，引导粮食现货市场价格的合理形成。应进一步增加粮食期货市场交易品种，建立健全粮食企业、用粮单位参与粮食期货交易相关制度，加强对粮食企事业单位进入期货市场监管。随着粮食期货市场的不断完善与发展，粮食期货价格最终会成为我国粮食交易的基准价。通过市场体系的完善和健全，逐步形成国家宏观调控市场。市场供求决定价格，价格进一步引导农业生产和流通的市场机制，这一市场机制的建立健全将会为我国粮食宏观调控提供良好的市场基础。

第五节 "双循环"下中国粮食批发市场的完善策略

随着"构建以国内大循环为主体、国内国际'双循环'相互促进的新发展格局"的提出，粮食批发市场在保障粮食流通安全、充分发挥我国市场优势和构建现代化粮食流通体系中发挥着极为重要的作用。

综合考虑当前我国粮食批发市场发展面临的机遇以及挑战，未来一段时期，我国粮食批发市场体系发展应当紧紧围绕降低流通成本、畅通流通渠道、保障粮食安全的核心目标，着力规划引导，强化政策扶持，提升市场综合服务功能，优化批发市场布局结构，建设统一、开放、竞争、有序的中国特色现代化粮食批发市场体系。

一、加强粮食批发市场建设的科学规划与合理布局

认真贯彻落实《全国粮食市场体系建设与发展"十二五"规划》，按照转变经济发展方式的要求，结合当地自然地理资源条件，加快推进粮食市场供给侧结构性改革、粮食批发市场结构优化和调整重组。采取兼并、重组等方式对重复建设、有场无市、继续经营困难的粮食批发市场进行整合；重点扶持功能发挥不充分，仍有较大改进发展空间的粮食批发市场，政策向这类批发市场倾斜；对"有市无场"的确实需要新建粮食批发市场的地区，确保进行充分调研和论证，避免重复建设、资源低效配置和无序竞争。

二、提升粮食批发市场整体服务功能

引导粮食批发市场不断创新交易方式，鼓励使用电子商务交易方式，降低交易成本和物流成本，确保交易统一公开，提高专业化经营管理水平，增强批发市场综合服务能力、交易吸引力和辐射能力。督促市场健全完善各项交易制度、保证金制度、交割结算制度等，以制度确保交易的公平、公正和透明，吸引客户进场交易。积极推动电子商务在粮食市场中的应用，探索电子商务在竞价交易、成品粮批发中的实现形式[①]。粮食批发市场应当在核心交易业务的基础上，通过提供各种粮食附加服务，更好地满足粮食交易参与者的深度需求。首先，提供信息收集、分析、发布服务。粮食市场的价格信息是信息类服务的核心，粮食批发市场体系拥有各种粮食品种交易价格的历史和即时数据，在此基础上通过应用先进的信息技术和分析手段对未来粮食价格的走势进行有效预测，通过无偿或者有偿的方式提供给各类粮食会员，为其制定粮食生产和经营决策提供帮助。远期可以开发不同粮食产品的商品价格指数为粮食交易参与者提供及时准确的信息，从而使其避免市场风险，能够科学地选择经营品种和确定交易时机以降低库存、节约生产成本等。其次，推动与期货市场的有效对

---

① 胡美姝、王晓华：《我国粮食批发市场建设现状、问题及对策建议》，《粮食科技与经济》，2018年第6期，第28-31页。

接。期货市场在本质上与其他金融市场一样，参与者是以机构或个人为主体的投资者和投机者，正是这些参与主体在期货市场上频繁地对合约不断买进、卖出，才使得其很好地发挥了价格发现的功能。虽然粮食期货品种交割的数量仅占该品种总交易量的5%左右，但是我国两大粮食期货商品交易所的交割库分布非常不均衡。因此可以依托部分大型粮食批发市场建立交割中心以代替商品期货交易所直接管理，代行监管和结算业务，同时通过下设的培训部门对粮食生产商、贸易商以及加工企业进行培训，加强其对粮食期货市场的认识，并积极地引导其参与套期保值。最后，提供金融服务。粮食产品的弱质性和低附加值是众多金融机构无法为粮食交易客户提供及时、便捷服务的主要原因。当前，可以通过供应链金融的模式，借助粮食供应链条上粮食批发市场作为核心组织的信用实力或单笔交易的自偿水平与货物流通价值，为上下游的各类机构提供全面的金融服务，缓解链条上资金流通不畅和分布不均衡的问题。例如，粮食B2B电商平台粮达网与多家银行打通供应链金融合作模式，可对其平台用户单笔业务直接融资，为近百家企业有效解决资金链周转难题。

三、提升粮食仓储物流现代化水平

仓储物流环节是粮食批发市场交易最终完成的重要支撑，当前应将粮食批发市场与粮食物流集散中心整合进行建设，从而实现铁路、水路和公路的有效衔接，实现各种交通运输方式的合理转化，降低粮食物流成本。配合粮食物流设施建设，结合物流、商流、资金流，逐步建立健全功能完善、交易方式先进、信息流通顺畅、诚信经营、管理优良的现代化粮食批发市场，不断降低粮食交易成本。首先，应当加强粮食批发市场的基础设施建设，在仓储建设环节要建设适应散粮大规模装卸的立筒仓、浅圆仓等中转性质的粮食仓库，在物流设施环节建设现代化的输送系统和设备，提高散粮的接卸能力。其次，依托粮食批发市场的良好的信用保障水平，大力开展粮食第三方物流，即通过契约把粮食供需双方连接在一起，实现利益共享。因为粮食第三方物流运营商在运作时从采购、质量、配送、交验、结算、付款等环节都有严格的约定和考核标准，同时相对其他粮食生产商和贸易商，其更专注于物流方面的技术和设施建设，通过规范化作业，可使整个粮食物流时间大大减少。有条件的大型粮食批发市场可以搭建粮食物流信息平台，即通过平台将粮食物流信息有效汇总，为广大客户提供从粮食流向、流量、运输价格走势信息到运输、仓储和配送等全程服务，还可以通过平台对物流的各个环节进行实时跟踪，进行有效控制，保证商流、物流和资金流的顺畅[1]。粮食物流信息平台的作用实质上就是集成多方物流方案和资源，为客户提供智能物流解决方案。另外，平台通过物流供应商评价体系、严格的准入机制及不动产抵押担保制度为客户的粮食商品及资金的安全提供了有力的保障。下一步还可以通过建设全国性粮食批发市场物流信息系统，通过功能集成战略、一体化战略、网络化战略和物流战略联盟，提升粮食物流管理的运作效率。

四、提升粮食电子商务发展途径

在现有粮食市场体系建设基础上，积极发挥国家粮食交易中心电子商务平台作用，积极稳妥推行粮食电子商务交易，增加电子交易市场覆盖面积，形成传统批发市场和电子商务交易方式密切结合的现代化的粮食流通新格局。政府应重点培育和建设已初具规模并具特色、市场功能较为完善且具有良好发展前景的大型粮食交易专业网站，逐步形成全国统一的粮食电子商务交易平台。特别要重视加强网络安全认证，建立网络安全防范体系，确保交易安全，避免网络诈骗。

大力发展电子商务，通过物联网、电子商务等新途径开展网上粮食交易，推进线上线下互动，吸收借鉴现有网上交易平台的经验，创新网络粮食交易新业态，开展精准营销，促进产销合作进入智能化的新时代。此外，粮食批发市场应当更加积极地搭建网上交易平台，开展远期交易、期货交易等各种创新交易模式。未来可以构建"互联网＋农业产业化"现代化农业发展的模式，即采用互联网将粮食产业链上下游连接起来，联结粮食生产者、用粮单位、粮食企业、批发市场经营者等各类组织，引导各经营主体实施传统线下直销店与新零售线上营销相结合的新型综合营销模式，不断拓展粮食产品的销售渠道，从而优化粮食供给侧结构，增强产业链相关机构和企业的利益和价值。发展粮食贸易购销对接业务，为采购商与供应商搭建合作沟通的平台，提供交易、物流、金融结算、信息资讯以及保障等服务，并以仓单管理平台为突破口打造粮油大宗贸易的公共服务平台，帮助客户有效减少交易环节，降低贸易成本，提高经济效益[2]；统一为客户提供信息、质检、交易、结算、运输等全程电子商务服

---

[1] 刘畅：《中国玉米流通问题研究》，首都经济贸易大学硕士论文，2012年。

[2] 刘紫薇、孙青霞、刘潞：《"互联网＋"背景下粮食电商扶贫发展研究》，《粮食科技与经济》，2019年第7期，第136-138页。

务，提供农粮产品价格预测、农粮产品信息发布、相关经纪人信息；在销售过程中，通过制定和实施符合现代物流要求的技术标准，对农粮产品在流通过程中的包装、搬运、库存等质量进行控制。

以"数字化基础建设"为主题，以互联网数字技术应用为创新点，按照"三链协同""五优联动"的理念，围绕"产、购、储、加、销"体系，优化供应链，整合物流链和金融服务[①]。通过创新商业模式，借助先进网络技术，打造全产业全链条的全数字化粮食市场生产和交易平台，实现全产业链上下游高效协同，优化和稳固供应链，为实现粮食产业高质量发展和更好地保障"双循环"新发展格局下粮食安全提供新动能，提升粮食批发市场的整体发展水平，使其批发职能在更高层次和更大规模上得到实现，从而满足经济社会发展的需要。

---

① 王伟华：《以数字化转型和产业互联网建设 推动粮食经济高质量发展》，《中国粮食经济》，2021年第1期，第53-55页。

第六章
"双循环"下中国粮食产业经济的创新策略

"洪范八政，食为政首。"在国家安全的组成部分中，粮食安全占据着重要地位。以习近平同志为核心的党中央提出了新的粮食安全观，即"谷物基本自给、口粮绝对安全"，指出要走中国特色粮食安全之路，始终要把粮食安全作为治国理政的头等大事。2020年新冠疫情席卷全球，国际形势的不确定性加剧，美国继续增加对中国高技术产业的打压。国民经济面临新的挑战，以要素成本为基础的比较优势逐渐消失，随着经济新形势的出现，在经济结构调整以及增长转换过程中出现了新的制约因素，关键核心技术所受到的制约强度加大，粮食产业改革发展难度加大。

2021年，我国粮食生产实现"十八连增"，粮食生产总产量达到6.83亿吨，在中国粮食生产历史上达到了一个新的高度。习近平总书记多次强调保障粮食安全是一个永恒的课题，这根弦在任何时候都不能松开。2020年7月，习近平总书记在吉林考察时更是再次强调，"我十分关心粮食生产和安全。要把保障粮食安全放在突出位置，毫不放松抓好粮食生产"[①]。可以看出，虽然目前我国在粮食数量上可基本保障供给安全，但习近平总书记和党中央仍十分关心粮食安全战略的长远实施，在确保粮食数量安全的基础上仍需进一步优化我国的粮食安全保障体系。

粮食安全除了实现在数量与质量方面的安全，更应实现在产业方面的安全。粮食生产数量方面，我国粮食数量库存充足，连续8年粮食总产出在6亿吨以上，人均粮食占有量也高于世界平均水平。但同时还应警惕我国粮食生产

---

① 李舫、李家鼎、刘少华：《吉林把保障粮食安全放在突出位置——筑牢农业根基 守护黑土粮仓》，http://society.people.com.cn/n1/2021/0507/c1008-32096182.html。

所面临的风险与挑战。从国内粮食生产来看，粮食生产面临着过度开采地下水、过度使用农药化肥、土壤肥力下降和开发边际土地等资源环境压力，存在着农民种粮积极性降低、种业科技创新能力弱、财政投入压力加大、农业国际竞争力不强等社会和经济方面的挑战；从国际粮食生产来看，对国内市场的影响存在诸多不确定性。

基于此，本章从理论角度分析我国粮食产业经济的发展现状与发展历程，并基于国内粮食经济的典型案例与国外粮食经济的相关粮食产业的发展对中国粮食产业经济发展的经验借鉴，进而提出"双循环"视角下，我国粮食产业经济发展的一些切实可行的建议，为促进粮食产业转型升级、保障国家粮食安全提供公共政策领域参考。

第一节 粮食产业经济的理论分析

近年，各地认真贯彻落实习近平总书记关于抓好粮食生产的重要指示精神，坚持产购储加销全产业链发展，统筹抓好"三链协同""五优联动"，将加快建设粮食产业高质量发展融入落实乡村振兴战略、粮食安全战略，在更高层次、更高水平上保障了国家粮食安全，但其中蕴含的运行机理亟须进一步完善。

一、理论基础

粮食产业是我国经济发展和社会稳定的重要支柱之一。粮食产业经济的理论主要从以价格理论为基础的产业组织理论、将生产各个环节联系到一起所形成的"微笑曲线"理论和以降低成本为目的的交易费用理论三方面来论述。

（一）产业组织理论

产业组织理论以价格理论为基础，在市场经济发展中，考察分析企业与企业之间的垄断和竞争、规模经济中存在的关系以及产生的矛盾。该理论的研究和探讨重心为产业资源配置效率在产业组织中受到怎样的影响，以及在形式产业组织的变迁下产业资源配置效率的变化，以此提供相应的理论依据和对策。在西方，产业组织理论存在三个学派。

哈佛学院创建了一个基于"结构—行为—绩效"的分析框架，即 SCP 分析范式①。它表明市场结构、活动和生产者行为之间存在因果关系，而这种关系是静态的，即市场结构直接或间接对厂商行为和经济运行绩效起决定性作用。

芝加哥学派强调价格理论在产业绩效分析中的适用性，认为价格理论应该用于研究产业组织和政府政策②。在研究市场结构与市场结果的过程中，芝加哥学派和哈佛学派得出了不同的结论，且它们的研究结论是相反的。哈佛学派认为市场运行中的主导力量是市场绩效，形成不同市场结构的原因是企业之间效率的不同。随着市场竞争激烈程度的增加，想要在市场不断发展进步、增加竞争力的企业，若不重视新技术的开发，忽视技术开发所带来的生产力的提高，不仅不会盈利，甚至会被淘汰；相反，企业市场规模不断扩大，市场高度集中，良好的市场格局将不断形成。

（二）"微笑曲线"理论

"微笑曲线"（smiling curve）理论是中国台湾宏碁集团创始人施振荣（1992）提出的，将生产的各个环节分为研发、制造和贸易三个主要部分，具有附加值各环节的变化取决于要素密集度的变化。从研发、生产、营销等各个环节显示业务附加值，在产业链发展的早期阶段，中间加工链条拥有的附加值水平较低，两侧的研发和营销阶段拥有的附加值水平较高，由此所形成的产业链曲线的轮廓更像是向上的"微笑嘴型曲线"。

粮食全产业链经营也是由多个价值环节组成，包括优质谷物生产中的研发、新产品的研发、仓储物流能力、农产品库存基础设施的现代化、初始食品加工、深加工连锁和渠道销售（图 6-1）。同时，农民种植企业推广的品种，通过农业综合服务，以及提供作物生产、仓储、物流等环节的全方位农业综合服务，获得更高的产量和更高的收购价格。在企业加工之初，企业的初加工即面粉加工附加值最低，随着粮食面粉、粮食制品、小麦收获等粮食企业的深加工程度，增加值成比例增加；在价值链的末端，品牌是增值业务的主要环节，对应的附加价值最高③。

① 张扬：《我国公路货物运输业市场绩效研究》，长安大学硕士论文，2015年。
② 刘海方：《黑龙江省森林食品产业发展战略研究》，东北农业大学硕士论文，2015年。
③ 于志强：《全球价值链下我国服装产业集群升级研究》，河北工业大学硕士论文，2015年。

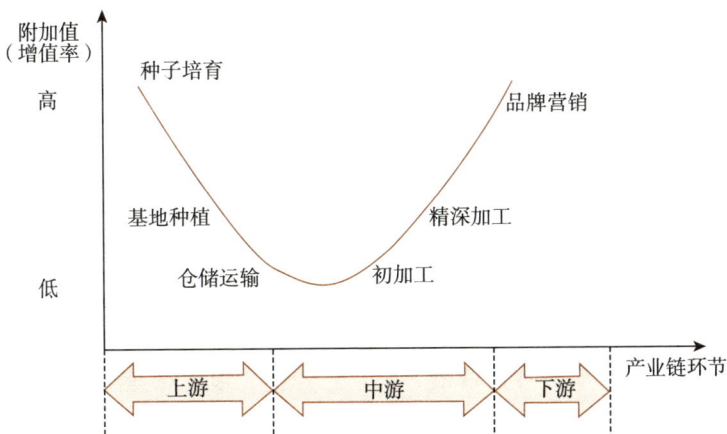

图 6-1 粮食产业价值链"微笑曲线"

（三）交易费用理论

1937 年，科斯首次在《企业的本质》一文中引入交易费用理论，认为企业和市场是两种可供选择的资源配置方式①。鉴于机会成本、不确定性和有限理性，当一个实体（交易）的内部组织价值低于公开市场价值时，公司间交易得到发展，并逐渐替代市场进行交易，取代市场交易的结果，且企业的存在取决于交易成本的高低。交易成本是指企业在交易过程中发生的一系列不可避免的成本，交易过程包括研究交易目标、签订合同、执行交易、谈判和监督交易等过程，成本包括研究、谈判、执行和监督等成本。企业降低交易成本的主要方式是并购重组吸纳市场，消除企业发展过程中所面临的不确定性风险，降低企业成本，提高企业经营效率。

在科斯之后，威廉姆森对交易成本理论进行了进一步发展和完善，认为纵向整合主要是由内部组织替代市场，主要是中间产品的市场失灵导致的。市场失灵的原因是静态市场的特定投资、不完全契约、战略失误风险、企业在信息处理中的规模效应以及在财产定义不完全的情况下企业适应系统的能力。为弥补科斯将交易成本的概念泛化的缺陷，威廉姆森将研究深入到交易本身，将资产的不确定性、汇率和特殊性作为交易描述的关键方面，并强调资产特殊性是

---

① 张俊烽：《市场环境，股权性质与债务资本成本研究：来自中国上市公司的经验证据》，中山大学硕士论文，2009 年。

过去组织研究中最重要和最容易被忽略的因素。

二、产业链的相关概念与特性

产业经济学是应用经济学领域的重要分支，以产业作为研究对象，探究产业内部各企业之间相互作用关系、产业自身的发展规律、产业与产业之间互动联系的规律以及产业在空间区域中的分布规律。产业经济理论包括产业组织理论、产业结构理论、产业关联理论、产业布局理论、产业发展理论几个方面。产业链是产业经济学中的一个概念，涵盖了产品生产或服务提供的全过程，通过上述描述，进而了解农业产业链、粮食产业链、粮食产业经济，为粮食安全体系的构建提供重要的理论支撑。

（一）产业链

产业链的概念对应于产业创造的价值链。它是通过聚集公司，在原材料与产品采购、产品制成、产品销售以及运输物流等过程中，把从事各种功能的行业联系起来，最终把产品送到消费者面前的一个过程。需要注意的是，产业链所聚集的公司生产的产品必须是相同或者相似的。价值、企业、供应、空间四个维度的链条构成了完整的产业链。围绕主业相互关联的产业形成产业链，它包括从原材料到最终消费品（一组相关行业）创造商品或服务过程的所有阶段。

（二）农业产业链

农业部门的价值链是指与农产品生产密切相关的产业群，包括生产研究、农业等上游部门，还包括田间农作物的种植、畜禽养殖等中间环节，以及后期农产品、原材料加工、储运、销售等工业部门。农业价值链反映了农业不同分支与其以外的相关部门之间的联系，即产业与产业之间所进行的投入与所实现的产出之间等内在联系，以及产业与产业之间供求存在的内在联系。从严格意义上讲，在农业产业链中存在着很多环节。例如，棉花加工不仅包含了从田间生产到初级加工，还有相连的纺织和制衣等许多后续产业，所以真正的全部由农业内部各行业所构成的产业链是很少的，而对于一条产业链，站在不同角度对之称谓也不一样。

（三）粮食产业链

粮食产业链是一个有机的、相互联系的动态链，连接着从田间和加工到附加产品的过程，对涉及粮食种植、生产、采购、加工和销售的组织范围进行分类，其中，还涉及各个组织的子部门，以及各个子部门诸如信息、物流、资金等资源的整合。粮食产业链包括上游环节，即种子、农资等生产资料的供应环节①；中游环节，即粮食的收购、分级、包装、加工、储藏；下游环节，即粮食产品的储运、批发和零售。"上游-中游-下游"这一完整的循环过程称为粮食产业链，同时也被形象地比喻为"田间-餐桌"过程。

在整个粮食产业链中，粮农和粮食收储企业、加工企业、销售或零售商、消费者等是直接的参与者和组成者，各个参与者与组织者之间的互相协助与合作形成了动态的粮食产业链。除此之外，还有科研机构、政府等部门的参与，虽然它们不是粮食产业链中的直接参与者，但是对整个产业链的运作和发展具有影响作用，可以在一定程度上加快粮食产业链的运作，起到促进和推动的功效。整个产业链中处于核心地位的是粮食企业，包括收储企业、加工企业，它们是规模最大、贡献和受益最多的参与者。

（四）粮食产业经济

粮食产业经济是指生产、加工和开发利用粮食及与之相关联的各类产业经济活动的总和，主要包括粮食种植业、加工业、仓储与物流业、科技与信息服务业、粮机装备制造业等门类的经济活动②。本书所提及的粮食产业经济发展主要以粮食加工转化为引擎，以体制机制创新、科技模式创新、经营模式创新为动力，推进产、购、储、加、销一体化，促进第一、二产业融合培育新兴产业，振兴产业发展新活力，形成完整链条的产业体系，实现粮食产业从价值链末端向高端升级的良好效益，为推进粮食供给侧结构性改革，促进经济发展，增加农民收入，构建更高标准、更优质、更高效、更可持续的粮食安全体系提供新动力及重要支撑。

三、中国粮食产业经济发展的现状与存在的问题

国内粮食生产从粮食产量、粮食种植面积、粮食单产三个方面来分析。从粮食产量来看，整体呈增长趋势，据国家统计局数据统计，我国粮食总产量从

---

① 彭艾武：《互联网＋制造业商业模式创新研究：以 Z 公司为例》，华北理工大学硕士论文，2017 年。

② 颜波、胡文国、周竹君、曾伟、姜明伦：《粮食产业经济发展战略研究（一）》，《中国粮食经济》，2017 年第 11 期，第 44-48 页。

2021 年的 61 222 万吨增长到 2021 年的 68 285 万吨，增幅超 11％；从粮食种植面积来看，整体呈缓慢上升的趋势，从 2012 年的 11 436.8 万公顷增长到 2021 年的 11 763.1 万公顷；从粮食单产来看，从 2021 年的 5 353.12 千克/公顷增长到 2021 年的 5 805 千克/公顷。通过以上数据，呈现出粮食企业发展现状，包括不断增长的粮食产业经济效益、不断增强的科研创新能力、不断完善发展的现代物流业。当然，透过现象看本质，在不断的发展中也出现了企业经营机制不健全，缺乏产业发展内生动力、粮食产能结构不平衡，绿色产品质量不高和各个粮食产业链环节的布局较为分散，产业集聚度较低等问题。

（一）我国粮食企业发展现状及成效

一是不断增长的粮食产业经济效益。国家粮食局统计显示，"十二五"期间，粮食工业 GDP 的年均增速具有较高的增长水平（10.8％），超过全国总产值的平均增速（7.8％）。2016 年粮食工业经济统计企业 1.8 万家（含粮油加工企业、粮油食品加工企业、饲料加工企业、粮油深加工企业、粮油机械企业）产值达 2 800 万元，同比增长了 13.3％；实现利润 1 300 亿元，同比增长了 68.7％。

二是不断增强的科研创新能力。随着科研创新带来效益的显现，粮食科研创新也越来越受到各级政府的重视，由此，科研创新方面的财政资金支持力度与投入力度逐渐增加。各级粮食相关部门和机构认真实施创新导向战略，一批公益性粮食产业专项科研项目成功落地，一批具有先进性和实用性的相关粮食科研技术得到了大力推广，粮食产业的可持续性发展更进一步。各个地区大力发展粮食科技，通过相关政策鼓励粮食科技创新。其中，湖北省在第一次全国粮食科技成果转化中，取得成果 93 项，合同总金额约 3 500 万元，同时安排粮食科技创新和成果加工应用专项资金，支持粮油加工、仓储、质量监测和粮食生产等项目 164 项。山西省成立了山西省食品基础标准研究中心以研究相关食品基础标准技术。江苏省建立了从科技成果产权单位到粮食企业的技术转移平台，并建立了江苏省水稻产业技术创新战略联盟，为实施粮食和农业技术奠定了基础。

三是不断完善发展的现代物流业。北京市沿"一环两港三线"优化物流节点布局，推动环京 4 小时粮食物流圈建设[①]。广东省东莞市依托大港口、引进

---

① 李婷婷：《北京市粮食产业疏解 将建环京 4 小时粮食物流圈》，https://3g.163.com/news/article/CDSF87R100018AOR.html。

大项目、培育大市场，建成珠三角区域最大的成品粮交易市场，发展粮油产业集聚区，园区年产值 220 亿元、贸易额 100 亿元，成为华南地区重要的粮油集散地①。现代物流业的建设和发展，在粮食产销上，有助于解决区域不平衡问题，推动粮食的产销区流动；在粮食需求上，有助于满足进口需求，拉动经济发展，促进粮食产业发展。

（二）我国粮食产业经济发展存在的问题

一是企业经营机制不健全，缺乏产业发展内生动力。首先，市场化采购和销售进展缓慢。对于实行收储政策的品种和地区，大部分粮食由于高收购价格进入了"粮库"，在企业市场化发展过程中，生产加工成本高、收购原粮难成为粮食加工企业发展过程中的两大阻碍，不利于粮食加工企业的经营发展。其次，收储公司高度依赖政策。目前，在我国粮食储备较高的企业中，一般性政策存粮的企业占比为 80％。大部分国有企业购销粮食的主要收入来源为政策性粮食保管费，并未改变原有的"粮食收储销"经营模式，在国际市场"高板价"和"最低价"的双重压力下，它们在市场上缺乏运营能力和盈利能力。最后，较低的创新力。研发经费占比方面，粮食行业研发投入在销售收入中所占比重远远低于发达国家的平均水平，其占比仅为 0.3％。粮食产业在基础研究方面较为薄弱，存在着较为滞后的创新平台建设，研究理论与实践结合不紧密，缺乏管理型与创新型人才，缺乏属于自己的核心技术装备，发展内生动力不足。

二是粮食产能结构不平衡，绿色产品质量不高。一方面，过剩的低端产品产能。粮食初级加工存在着产能严重过剩的问题，整个粮食初加工产业产能平均利用率仅为 46％，粮食深加工企业的数量占比不到 2％，粮食精深加工企业的缺乏不能满足消费者日益升级的消费需求，由此产生了现有粮食企业供给与消费者需求之间的矛盾，不利于粮食产业的发展。另一方面，绿色产品质量不高。政策性存粮很难反映商品和质量之间的价格差异。普通谷物的较高价格降低了谷物质量的价差。此外，库区混收混储严重影响了绿色高档粮食的发展。

三是粮食产业链各环节布局分散，产业集聚度较低。一方面，不平衡的生产流通发展结构。粮食工作依旧重视生产流通，粮食工作的重心没有发生根本

---

① 颜波、胡文国、周竹君、曾伟、姜明伦：《粮食产业经济发展战略研究（一）》，《中国粮食经济》，2017 年第 11 期，第 44-48 页。

性变化，在粮食工作投入中，粮食生产依旧占有很大的比例，深加工、物流等投入比例较少，产业发展不平衡。除此之外，粮食购销、仓储加工关系不密切，一二三产业关系不强，一体化程度不高，产业链不长。另一方面，产业集聚度较低。绝大多数小企业实力较弱，布局分散，集中度低，未能形成产业集群。几家龙头企业很难在企业集团中发挥作用。龙头企业与农户之间契约与订单关系松散，利益联系机制不紧密。

四、中国粮食企业全产业链战略探析——以中粮集团为例

我国粮食产业既面临全球供应链约束条件下非传统风险的冲击，又面临资源环境约束和供给侧结构性矛盾，维护国家粮食安全、保持我国农产品供需总体平衡将成为农业工作的重中之重。新时期，以推动粮食全产业链高质量发展为抓手，全方位夯实粮食安全根基，是贯彻落实大食物观的关键举措，是增强粮食产业核心竞争力的重大战略选择，是加快农业农村现代化的重要路径。本部分以中粮集团为例，通过介绍中粮集团全产业链的概况、发展思路和实施途径，了解中粮集团的产业链构架，能够为粮食产业经济的探索提供强有力的理论支撑。

（一）全产业链概况

中粮集团是集农牧业供应、仓储、物流、加工、销售于一体的综合产业链战略企业，是具有粮食生产特色的国有投资公司，其全产业链战略最终是将多个产业整合到空间链中实现一体化经营。中粮集团经过60多年发展在中国市场占据了重要的领导地位，其开展业务所涉及的国家与地区达140多个，以粮、油、糖、棉为核心业务，包括大米、小麦、玉米、油料、糖、棉花、生物能源以及食品、金融、房地产等行业①，在国际市场上具有较强的竞争力，为调控国家宏观经济与维护国家粮食和食品安全作出了重要贡献。

目前，中粮集团全产业链上游环节的专业化平台包括中粮国际、中粮粮谷、中粮油脂、中粮饲料、中粮糖业和中粮贸易②。以粮食、油、糖和棉花生产为主的农业涵盖了满足人口日常生产生活所需的主要作物和食用油，形成了

---

① 许创强：《新时代国有商业银行党建工作创新研究》，中央财经大学博士论文，2020年。
② 周敏：《中粮集团全产业链战略实施及其财务绩效分析》，江西财经大学硕士论文，2019年。

覆盖全国的种植、初加工、深加工、仓储、物流、销售的贸易格局；部分食品市场已对外开放，互联网网点已覆盖全球；在中游食品加工平台，企业生产加工多样化的产品，如茶叶、酒类、饮料、乳制品、肉制品和巧克力等；旗下有许多知名品牌，如"金帝""长城""五谷道场""蒙牛"等，不仅拥有多个品牌数量，而且各个品牌均为大规模生产的品牌，拥有较为广泛的业务范围，有一定的产品分销网络；下游城市服务平台，通过零售、酒店供应等稳定了上游的粮油食品加工贸易的销售渠道。

（二）发展思路

自提出全产业链活动的战略理念以来，中粮集团进行了多次并购、整合和扩张。总的来说，中粮集团遵循了三条思路，明确了整个生产链的核心是企业的不同产品。中粮集团通过这些发展思路，以资本扩张为手段，形成协同效应，逐步建立起完整的产业链。

一是建立以食品为基础的立体经济链。在战略转型的过程中，中粮集团逐步从一家粮油贸易公司发展成为完整的产业链公司。截至目前，中粮集团已在包括主要农作物在内的 8 个领域建立了完整的产业链。不过，在这些领域，中粮集团专注于产业链上游的开发，使其成为原材料的最大供应商。中粮集团在发展过程中，要延伸到产业链下游，包括品牌开发与营销、产品创新与研发、渠道拓展与管理等，成为粮食、石油和食品企业的综合性企业。中粮集团在水平开发和垂直开发中，都执行整个产业链的战略，拓展了产业链长度，加深了产业链深度。

二是以资本作为提高企业竞争力的手段。现代企业之间的竞争往往会通过资本交易最大限度地提高企业的盈利能力，从而带来长期竞争上的优势。资本扩张几乎是所有行业巨头进行竞争的一种重要方式。同样，中粮集团也需要通过资金投入和并购扩张打造完整的产业链模式。从全球布局概况可以发现，国际大型粮企通过并购扩张的方式，把产业链的各环节整合成一个完整的产业链。资本的竞争优势可以帮助企业在发展过程中，超越市场中其他公司产品或品牌的发展，进入更高水平的竞争。中粮集团应基于资本优势，加快全产业链战略变革，努力进入商业竞争新阶段。

三是进行协同发展，实现管控平台集约式发展。目前，整个产业链发展中上游发展处于较高水平，下游发展水平较低。上下游价值链之间的互动与协作是整个产业链战略实施需要解决的关键问题。按照中粮集团的产业模式，物质资源、人力资源、资金、信息等各产业链形成协同效应，给整个集团带来最好的效应，形成竞争优势。为实现这一战略目标，中粮集团需要协同合作，开拓进取，搭建中心工作平台以实现这一战略目标。整个中粮集团产业链必须与各种产业布局相衔接，必须与管理风格和组织架构相挂钩。这样，企业才能在协作发展过程中充分发挥协同作用，提高企业的整体竞争力。因此，随着产业链层次的加深，覆盖范围的扩大，企业合作管理的难度会加大。

（三）实施途径

中粮集团的整个行业链战略实施方法包括行业集团集成、集团组织体系集成、品牌创新、内部物流体系构建、电子商务平台创建、金融服务链支持等，是整个行业链战略的特定实施过程。

一是链接生产链条，构建综合性城市服务业。中粮集团可以跟踪和监控生产的所有生产环节，并引入更多生产线，以形成从原材料到销售的完整产业链，充分发挥资源产业链的优势，使更多的副产品走出国门，以最大限度地提高生产效率。当中粮集团执行整个产业链战略时，它首先强调要打开产业链上游与下游的连通性，然后将现有产业链向上游和下游扩展。

二是完善集团的组织结构，创建专业的业务平台。中粮集团的目标是通过设定最高设计水平，对集团组织架构进行完善，以适应全产业链战略的发展。2016年7月18日，中粮集团按计划建立了三级管理体系。三个层次的管理体系是：集团总部资本层、专业化公司资产层和生产单元执行层。第一层：集团总部资本层。其是集团投资母公司，总部设在中粮集团，是三层认证运营体系中的最高决策者。第二层：专业化公司资产层。其是优化生产部门分布的国有控股公司。第三层：生产单元执行层。作为整个授权运营系统的末端，每个业务模块的控股公司都是特定的生产执行者。

三是创建电子商务平台，打造B2B食品产业模式。B2B业务最重要的内容是企业可以与物流公司建立合作伙伴关系，有利于国内相关物流成本的降低和消费者行为权益的保障。这种商业模式可以在很大程度上降低劳动力成本和交易成本。

第二节　中国粮食产业经济的演变历程

我国粮食产业经济的演变主要可以分为以下四个时期：恢复发展，保证工业优先发展时期（1949—1978 年）；波动发展，长期短缺的困境改变时期（1979—2003 年）；跨越发展，数量安全已初步实现时期（2004—2012 年）；稳定发展，质量与结构不断提高时期（2013 年至今）。

一、恢复发展，保证工业优先发展时期（1949—1978 年）

1949 年，我国的粮食总产量仅有 1.13 亿吨，粮食单产为 1 029 千克/公顷，平均粮食占有量为 209 千克/人，世界平均水平远高于我国平均水平[①]。农业合作化运动后，由于农村土地临时流转，组织农民小规模生产，短期内，粮食生产快速恢复，粮食产量增加，第一轮增长迅速。1958 年，我国粮食生产实现"连续 9 次增长"，年均增长超过 6%。1963 年，我国粮食单产水平持续上升，且超过世界粮食单产的平均水平。1966 年，粮食生产量逐渐稳定在 2 亿吨左右。1978 年，粮食生产量超过 3 亿吨。1966—1978 年，历经 13 年的时间，我国粮食生产量从 2 亿吨跨越到了 3 亿吨。

本发展阶段，虽然我国粮食生产受到不完善的基层农业生产管理体制的制约，但通过对农业基础设施建设的依托，实现了粮食生产综合生产能力的提高，粮食产业得到不断发展和提高，使城市和工业部门成为优先发展和完善的部门。总体而言，粮食等基础农产品仍处于绝对紧缺状态，粮食供需仍处于紧平衡状态。

二、波动发展，长期短缺的困境改变时期（1979—2003 年）

自改革开放后，我国农业生产关系不断变化，家庭联产承包责任制的建立与实行，极大地激发了农民对粮食生产的热情。1989 年，我国粮食产量稳步上升到 4 亿吨的水平[②]。1979—1998 年，我国粮食生产虽然总体呈现向好的发展态势，产量没有明显下降，但周期性波动依然明显。近 20 年，粮食产量周期性波动不少于 6 次，主要表现为"几年增加、一年下降"趋势变化。

这一阶段，国家加大了对农业生产经营体制的改革与创新，计划经济时期建立的粮食"统购统销"政策逐步废除，建立以家族契约为基础、集权与分权相结合的两级管理体系，其中政策体系建立促进了粮食产量快速增长，增长速度为每年 1.5 个百分点。此阶段，制度的创新、政策的改进，化解了我国长期

---

①② 杜志雄：《70 年中国粮食发展的成效与经验》，《人民论坛》，2019 年第 32 期，第 16-19 页。

面临的粮食短缺困境，使得粮食生产从极度匮乏跨越到基本均衡，实现了中国粮食生产的一个历史性的跨越。

三、跨越发展，数量安全已初步实现时期（2004—2012 年）

进入 21 世纪以来，推进农村税费体制改革，建立健全农业补贴和保护政策（包括各项政策和补贴、最低保护价、委托市场采购等），再次通过税收和收费改革，切实增强了农民生产和种植粮食的积极性。2004 年以来，我国粮食产量实现连增；2007 年，粮食产量为 5 亿吨左右，又达到了粮食生产的一个新高度。基于此，2012 年粮食产量达到 6 亿吨左右，仅用 5 年时间就进入这一阶段的第二次跨越式发展。

这一阶段，通过对粮食市场的逐步开放，农业政策的制定和完善，明显增强了农民种粮积极性，提高且稳定了粮食的生产总量，确保市场需求增加。

四、稳定发展，质量与结构不断改善时期（2013 年至今）

党的十八大以来，以习近平同志为核心的党中央始终高度重视粮食安全问题，提出了国家粮食安全新战略，走出了一条中国特色粮食安全之路①。2013 年至今，我国粮食产量稳步增长，产量超过 6 亿吨，2015 年后超过 6.5 亿吨。2021 年，粮食总产量超过 6.8 亿吨，粮食单位面积产量为 5 805 千克/公顷，人均粮食产量 483 千克。粮食已基本实现自给，但在口粮绝对安全得到保障的情况下，粮食供需仍处于紧平衡状态。今天，关于粮食安全问题的研究，不仅是数量问题，而且是一个有关质量和结构的问题。由此，新时代保障粮食安全的新课题是由怎样"吃得饱"变为怎样不断地向"吃得好"转变。引导市场需求，促进粮食供应结构转型，不断应对粮食高质量发展的新需求，是发展粮食生产的重要方向之一。加快优质粮食产业经济发展、绿色高质量食品供应增长，发展中高端粮食产业，确保国家更高层次的食品安全保障。加快粮食产业转型升级，从以提质为中心，到 2025 年，基本建立现代粮食产业体系，保障国家粮食安全明显提升，绿色优质高端产品供给能力大幅增强，逐步形成引领发达国家的创新和产业竞争力。

---

① 顾仲阳、郁静娴、方圆：《我们把饭碗牢牢端在自己手中》，https://m.gmw.cn/baijia/2021-07/09/34982114.html。

因此，70 多年来，中国粮食生产经历了两次历史性转变，从绝对稀缺到基本供需平衡再到数量和质量并重，体现了中国粮食生产的发展成就。

第三节　中国粮食产业经济的典型模式

当前，中国粮食产业经济的典型模式主要包括政府-市场-龙头企业相互配合的"滨州模式"、前中后多主题食品产业链开发的如东县"全产业链模式"、利用品牌效应的"地域品牌创建"模式以及建立粮食产业示范园区的产业集聚模式。

一、"滨州模式"

滨州是山东省粮食主产区，2020 年该市粮食总产量达 37.02 万吨，占山东全省粮食产量的 7%[①]，拥有 58.68 万公顷的粮食播种面积，实现了每公顷6 310 千克的粮食单产。滨州市加快发展优质食品和粮油产业，并积极探索研究现代食品产业经济发展新路径，深化农业供给侧结构性改革，促进新老动力系统的转换创新，促进"滨州模式"形成。所谓"滨州模式"，是"政府引导、市场导向、龙头带动、科技支撑、融合循环、惠民安全"的一种粮食产业经济发展模式[②]。通过塑造产业开发优势，促进企业稳步发展，增强加工和转换能力，增强产品高端引领力，促进一二三产业整合，改善食品供应体系，逐步实现了全产业链发展，实现有效的结构调整及品牌振兴战略。

（一）政府引导：塑造产业发展优势

"滨州模式"是基于政府引导确定产业发展效益。地方政府制定了产业布局的总体规划，突出粮食产业基础地位，促进粮食产业的发展、变革和升级。一方面，技术支持量增加，基础设施投资量增加；另一方面，配套支持战略落地。实施补贴政策，包括直接粮食补贴和购买农业机械补贴。

（二）市场导向：推动企业稳步发展

"滨州模式"立足市场导向，把握市场发展主动权，提升自身在加工变革方面的能力，实现企业稳定发展。一是打造知名品牌作为提升产品市场竞争力

---

①② 钟昱：《"滨州模式"对我国粮食产业经济发展的借鉴与启示》，《粮油食品科技》，2020 年第 4 期，第 32-35，6 页。

的核心。滨州市奉行优质粮油战略，努力改善粮油加工工业化，促进热销产品成为国内知名品牌，有效增加知名品牌产量和市场份额。引导土地、财政、人事、技术等因素，联合粮油加工龙头企业，形成产业、生产能力、市场"三位一体"优势。二是创新营销模式，促进新营销模式与新销售模式的融合发展。运用"互联网＋"营销，建立"在线粮店"等粮食贸易新业态。三是紧跟市场需求，适时推动产业转型升级。建立最新的仓储和物流体系，推动谷物、食用油、食品加工企业的变革和升级。

（三）科技支撑：实现产品高端引领

"滨州模式"以科技创新为支撑，以循环一体化为基础，以高端产品带动引导、促进一二三产业融合发展。为了抓住市场的绝对高度，滨州市以科技创新作为工作中心，设立了科研专项基金，提高产品层次和质量，搭建科技创新平台，构建科技人才创新团队，改变科技进步与市场的关系。以提高原材料利用率、产品开发的持续性、能源再利用率为目标，提高上游和下游产品的匹配度，充分发挥加工引擎的作用，促进谷物产业的变革，以及一二三产业的整合和共赢开发。以提高原材料利用率、开发可持续产品、再利用能源为目标，提高上下游产品一致性，充分利用技术引擎，推动粮食产业转型、融合发展，加快实现粮食产业绿色高质量发展。

二、如东县"全产业链模式"

近几年，江苏省南通市如东县在国有企业控股的粮食购销企业发展上取得了成功，涵盖了种植、管理、收集、保管、加工、销售以及政府职能部门、农业等领域，发展了"服务企业、民间部门、社会组织"等多主题食品产业链开发模式，有效解决了农村地区生产和销售的问题。粮食产业链的发展效应，尤其是对于"促进农民增收，提高企业效率"的作用，是产业链前端"培育"各方素质的基础，是"产业链中端"产生的核心力量，使"产业链末端"扩大了市场规模。

（一）在产业链"前端"，培育优质基地

产业链的稳定程度依赖于基地条件的优劣程度。在这一点上，如东县掌握了"四个重点"。第一，"物种选择"。高度重视高质量稻谷品种的引进、试验、示范和适用，特别注重推进江苏省批准的有利品种和县试栽植示范，确保整个

生产链以优质粮源和基地生命力为基础。第二，"环境优先"。积极推进高质量稻米产销示范基地、有机稻米、富硒稻米等绿色环保基地建设，杜绝生产基地出现违禁投入品。第三，"优质督导"。为保障大米在生产过程中的质量安全，建立完善大米统一生产过程的监督控制机制。第四，"优价收购"。在自主联盟的基础上，及时签订订单，输出优质稻米品种，开展常规低成本采购，全面提高基地产品质量和生产水平。

（二）在产业链"中端"，打造核心动力

产业链的强大程度取决于核心力的充足程度。近几年，如东县综合构建了真正优秀的中间链接，在很大程度上促进了粮食产业链的发展。一是加强龙头企业的拉动效应。在国有粮食买卖企业层面上，按照"总公司＋子公司＋集货保管场所"的商业模式，进行资源整合，完善粮食产业整体布局。龙头企业在粮食产业化方面对"双百工程"进行更深层次的实施。"双百工程"，即"百强引领、百企升级"，能促进粮食产业集群的形成。二是加强项目引动效应。抓住国家对于粮食质量相关工程建设的机遇，增加粮食资金投入，促进检测和监测粮油质量中心建设。三是品牌推广。充分利用国家地理标志"如东大米"认证等资源优势，推动高端食品、油料品牌建设，促进粮食生产由"多量"转向"高质"，促进整个粮食产业链变得更好、更强。四是加强技术推进效应。积极进行技术改革，引入新技术，全方位提高粮食加工水平。融资方向一元化，在粮食加工企业进行技术升级创新，集约式发展食品深加工，有效提高食品链科技含量。

（三）在产业链"末端"，拓展广阔市场

产业链的活力取决于市场的流通度。如东县以构建"一圈一网一体系"为重点，聚力畅通粮食全产业链终端环节，构建粮食产业经济发展的完整闭环①。"一圈"，即"半小时放心粮油消费圈"。根据全省粮食大生产的分布特点，辐射范围的半径是"半小时内非机动车到达"，共有 50 多个城市为"安心粮仓"，推进软件建设，让如东县成为食品消费体系的成功典范。"一网"，即"线上线下"融合销售网络。"一体系"是指粮食流通市场的监督系统。

---

① 如东县人民政府：《县政府办公室关于印发如东县粮食全产业链建设实施方案的通知》，http://www.rudong.gov.cn/rdxrmzf/xzfbwj/content/791FED10CDCA3E7EE0533E0A59024362.html。

三、"地域品牌创建"模式

辽宁省盘锦市的盘锦米，因其具有的历史性与优质性在国际市场上获得了很高的评价。21世纪初，我国粮食年年丰收，盘锦米出现了生产过剩、国有种粮囤积收入低和销量低、"品牌"产品短缺等问题。由于盘锦大米在市场上的知名度越来越高，同时缺乏相关商标品牌的注册，缺少了法律保护，市场上出现了越来越多的质量差异较大的假冒盘锦大米，降低了盘锦大米的声誉及消费者对盘锦大米的信任度，不利于盘锦大米发展。只有建设起属于自己的商标品牌，才能在市场竞争中占有竞争优势，形成产业优势。由此，经申请，2002年，盘锦大米获得了原产地保护；2003年，成为国家地理标志产品；2004年，盘锦大米商标成功注册[①]。盘锦市10多年来一直致力于打造"盘锦米"品牌，聚焦稻米加工企业，打造涵盖种子、种植、加工、推广、营销的整个稻米产业链，引导产业发展。以品牌为导向，通过政府和企业的合作，共同打造了"盘锦米"的金字招牌，实现了企业的效率化和农户的效益化、带动了认养水稻订单的增加。据统计，截至2017年，全地区大米销售价格平均每斤3.16元，较2016年增加0.10元；实现利润1.7亿元，较2016年增长0.5亿元，增幅41.7%。

（一）宣传推介，提高盘锦大米市场知名度

考虑到盘锦市虽拥有较多数量的粮食企业，但这些企业大部分存在着小规模生产、生产过程集中度较低、企业品牌影响力低、缺乏市场运营经验、生产技术手段落后、企业利润率不高等问题。由此，为提高"盘锦大米"知名度，带动当地企业发展，盘锦市通过电视台、报刊、网站宣传推广"盘锦大米"品牌，逐渐增加对"盘锦大米"的投资，在过去10余年间，对"盘锦大米"的广告投资超过3 000万元。2013年、2014年，"盘锦大米"两次走出国门，亮相第78届、第79届柏林国际绿色周，创盘锦农产品走出国门之先例[②]。

（二）加大整合保护品牌力度，强化盘锦大米品牌的管理

"盘锦大米"的品牌建设与保护以及相关整合工作受到了盘锦市的高度

---

① 张泽浩：《五常大米品牌建设研究》，东北农业大学硕士论文，2016年。

② 中国食品报：《百年农耕　米香绵绵　曾经的"帅府专供"今天的"盘锦大米"》，https://www.sohu.com/a/215411661_99927860。

重视，盘锦市政府先后出台《盘锦市大米原产地域保护管理办法》《地理标志产品保护管理办法》《盘锦大米证明商标管理实施细则》《盘锦大米品牌整合管理办法》等文件，推动了盘锦大米的品牌建设与品牌整合相关工作的进一步顺利开展，促进了盘锦大米品牌的做大做强。从 2014 年开始，盘锦大米实施标准化品牌、标准化包装、标准化质量标准、标准化广告宣传，实现了品牌整合，形成了"拳头效应"，进一步提升了盘锦大米系列产品的市场竞争力。

（三）打通全产业链，拓宽盘锦大米质量提升路径

一方面，将"无公害盘锦大米农业标准化示范区"项目与"稻田螃蟹饲养"项目相结合，致力于绿色有机食品生产基地的构筑和生态学建设的推进。遵守相关质量体系规定，积极引导农民规范生产，实现对整个大米生产过程的监督。盘锦市得到国家认证的有机大米生产基地达 25 万亩、绿色大米生产基地达 30 万亩、无公害大米生产基地达 95 万亩[①]。另一方面，盘锦市形成生态农业的典型模式"稻田螃蟹饲养"，这是一种"用田而不占田，用水而不占水，一地双重使用，一季双重收获"的最佳生态农业栽植和繁殖模式。据测算，2018 年，盘锦市农民通过"稻田养蟹"，人均收入增加了3 000 多元。

四、产业集聚模式

近年，各省份依托粮食主产区，特别是特色粮油产区、重要粮食销售区和重要物流枢纽，积极支持建设一批粮食产业示范园区。自新中国成立以来，贵州省粮食产业发展经历集中营销停滞期、购销双元制发展困难期、改革过渡期等发展极为困难的阶段，还经历了粮食市场完全自由化后的快速发展阶段。在粮食市场完全自由化后，在粮油作物加工、园林建设、转型升级、优质合同、现代化建设等方面取得了长足的进步。分析贵州省粮食产业经济的发展现状，总结其发展取得的成效，对发展和提升粮食产业经济具有重大的现实意义。

（一）大力培育龙头企业，粮食产业发展动力不断增强

企业是粮食产业经济发展的主体，企业间的良性生产互动关系，在粮食产

---

① 农商研究院：《于衡：盘锦大米品牌建设政府工作回顾》，http://farmigo.net/412?fyjezw=fozkw2。

业经济发展过程中占据着重要地位。贵州省在制度体系、资源环境、资本投资等方面为加快主要企业开发创造了有利条件，培育了一批产品质量高、效益好的谷物和粮油品牌企业。第一，构建粮食产业主体培育政策体制。贵州省制定了一系列具体措施，贵州省政府下发了关于推动粮食企业发展的相关系列文件，加快企业变革升级，吸引投资，有力地推动了粮食产业的发展。第二，建立优良的企业家培训机制。企业家的灵魂是创新，贵州省与上海华东理工大学合作，成立"贵州省粮食局教育培训基地"，每年定期组织省内的主要谷物和粮油企业家去上海参加高级培训课程，该培训课程在提高企业家整体质量的战略决策和其他方面为企业家提供培训。第三，增加财政支持。遵循"扶优扶强，扶精扶特"的原则，对企业开发可能性和需求做出详细研究，明确科技创新和工业化的重点。

（二）创新产业发展模式，粮油特色品牌创建成果累累

由于物流基础设施逐渐完善，国内知名品牌粮油产品充斥贵州粮油市场，严重影响了全省粮油企业的发展。此后，贵州省粮油行业走上了正轨，进行了创新转型，找到了适合自身粮油发展的新模式，走上了具有贵州特色的粮油产品品牌发展道路。第一，全面实施"品牌升级"战略，充分利用"山地公园省"的地理、气候、环境等优势，树立贵州省优质粮油品牌整体形象，保持贵州粮食行业领先品牌，实现粮油企业核心竞争力的提升。第二，落实"贵州粮油好"措施，建立从田间到餐桌全产业链的培育评价机制，提出"六项基本要素"，即良好的种植、良好的品牌、良好的质量、良好的营销、良好的管理和良好的效率，满足新时代消费需求的提升。第三，充分发挥粮油特殊优势产业的比较优势，做优做强粮油特殊优势产业。促进重点县的粮油产业发展，利用重点县具有的独特优势与比较优势发展粮食产业，提升当地农民的收入水平，促进当地粮食产业发展速度的提升。

（三）粮食产业转型升级，正在形成新的经济增长点

第一，发展粮食产业会展经济。2014年以来，贵州省粮食和物资储备局先后在贵阳、遵义、凯里、都匀举办了四届粮油品质展。搭建粮油示范平台，展示贵州粮油产业发展的最新成果；搭建粮油交易平台，深化全省与全国主要省份和区域内粮食主产企业的产业合作。第二，推动粮油产品与互联网的交互融合快速发展。贵州省的粮油公司参与了由领先的电子商务公司创建的"黔粮出

山"平台。目前，在淘宝和京东等电子商务平台上，贵州省拥有 300 多家领先企业，通过电子商务渠道，销售的份额也逐渐增加。第三，加强食品产业、旅游休闲、农业专业知识等高等教育服务一体化发展。在遵义市湄潭县、凤冈县发展美丽乡村粮食观光产业；在黔西南布依族苗族自治州贞丰县打造"巷诺糯食小镇"，促进其旅游业的发展，推动"山水相依、产城相融、农旅相生、康养结合、景田相望"一二三产业融合发展。

五、社会化粮食产后服务模式

长沙市位于湖南省中东部、湘江下游，是中国四大稻米市场之一，在湖南省粮食产业中占有重要地位。目前，长沙市正经历着从传统食品向现代食品工业转型的核心阶段。在"大粮食、大产业、大物流、大市场"创新发展的引领下，长沙市粮食产业的跨境发展将会尽快实现。为推动长沙市粮食市场发展，实现粮食行业供给侧结构性改革的有效实施，更好地利用谷物循环作为生产和消费的指导，长沙市将根据国家和地方政府的工作，利用"我国粮油行动"发展食品工业经济，建立食品质量安全监管体系和粮食产后服务体系，促进粮食产业的健康快速发展。

（一）抓好"中国好粮油"示范企业、示范县建设

湖粮集团和浏阳市分别是中国国有粮油示范企业和国家级示范县，中央为支持其发展进行财政补助 3.2 亿元。长沙市政府制定并颁布"长沙油粮"实施计划，推进了以在米、面、茶、油等领域构筑高品质谷物和食品品牌为重点的品牌战略的实施，并向国家"中国好粮油"品牌局申请公司相关产品为粮油品牌。深入挖掘发展机遇，为湖粮集团和浏阳市的粮油产业的发展奠定了坚实的基础，有助于搭建以全市粮油龙头企业和重点品牌为主的高水平交流平台，同时，建立市场机制，完善粮油交易"物美价廉"相关机制，促进粮油流通，保障人民群众食物有效供给。

（二）完善粮食质量安全检验监测体系

按照长沙市建立全国食品安全示范区的要求和"组织网络、监测全覆盖、无监测盲区"的工作指示，强调主粮与主食主体责任，出台加强粮食质量检测的相关文件，进一步建立和完善以长沙粮油质检站为骨干的三级粮食质量检验监测体系，将其延伸至四个粮食产区、县市的粮食质量检测机构和龙头企业。

目前，长沙市质量监测站和浏阳市质检局参与了高质量粮油项目质量控制和安全体系建设，中央政府为支持该项目的建设分别增加了 300 万元和 200 万元的财政拨款，促进该项目成功落地。同时，借鉴武汉等地的先进水平和经验，已逐渐建立国家粮食质检、产粮大县生产质检部门、核心龙头企业质检中心三级质量控制系统。

（三）推进粮食产后服务中心建设

第一，进行实地调研、科学合理规划布局，制定出台相关政策推动粮食产后服务中心建设，如《关于推进长沙粮食产后服务中心建设指导意见》。第二，采取多种措施，以获取财政资金支持，加快粮食产后服务中心的建设。在宁乡市，中央财政拨款 400 万元以支持推动该县的国家"优质粮油工程"产后服务体系建设；在浏阳市，从中央财政支持其"中国好粮油"行动示范县建设的资金中抽取 160 万元用于推动该县的粮食产后服务中心建设，除此之外，粮食产后服务中心建设的资金来源还包括浏阳市财政拨款的粮食专项资金 180 万元，产后服务中心建设主体筹集资金 4 000 多万元，综合社会各方面力量筹集资金以促进粮食产后服务中心的成功构建。第三，加大建设工作进度管理力度，促进粮食产后服务中心建设项目的实施。2017 年，长沙市全市开始建设的粮食产后服务中心数量为 10 个，其中在当年年底完工的粮食产后服务中心有 6 个，其粮食产后服务中心的类型包含种粮合作社、民营龙头企业和国有企业等，其中有四个粮食产后服务中心提供粮食烘干服务，年烘干粮食 10 000 余吨，使附近粮农面临的"粮食烘干难""粮食储藏难""粮食生产难"等粮食产后问题得到有效解决，促进了当地粮食产业的发展，完善了粮食产业链。

第四节　国外主要国家粮食产业经济的评价借鉴

基于粮食商品的特殊性，粮食产业在任何一个国家都占据着十分重要的地位。实行市场经济制度的国家普遍重视通过粮食立法来解决本国的粮食问题。因此，本节主要通过探讨不同国家相关粮食产业政策，结合中国实际，借鉴和吸收这方面的国际经验，指出粮食产业经济发展的新路子。

一、美国粮食产业政策

美国粮食部门制定的粮食产业政策以及后续所形成的粮食产业政策体系均是为了应对长期粮食生产过剩问题，其相关粮食产业政策体系的形成有利于粮食生产过剩问题的解决。美国所制定的主要粮食政策通过以下内容来体现。

（一）休耕限产政策

自 1933 年以来，休耕限产政策就一直被美国政府所实施。休耕限产政策包含的基本内容如下：农户可与当地政府签订减产合同，通过生产面积的减少缓解生产过剩，在签订合同之后，农户可以通过政府奖励、补贴、无息贷款等方式获得相应的价格支持。随着时间的推移，休耕政策发生了改变，对于获得价格支持方式的农场主进行了区别划分，其划分线为 20％的休耕面积，处于该线及以下的农场主所享受的价格支持仅包括享受优惠贷款，而处于该线以上水平的农场主的面积增量才能享受多种价格支持方式。目前，其他粮食政策的制定需以休耕限产政策为基础。

（二）财政补贴政策

一是差额补贴政策。该政策的实施主要分为两个步骤。第一个步骤是目标价格的制定。目标价格的制定者是政府，目标价格需要满足的条件是该价格需要满足农场主收入至少能够达到社会平均工作水平。第二个步骤是补贴价格差额。补贴价格差额的条件是目标价格高于市场价格，进行补贴差额的主体是政府，补贴差额的大小是目标价格高于市场价格的部分。二是直接补贴政策。通过对休耕停产政策的进一步演进与完善形成了直接补贴政策，即以休耕停产政策为基底，按照一定的生产补贴标准直接对粮食生产者进行贴补。美国正式开始实施直接补贴政策的时间是 1996 年，该政策是在 WTO "绿箱"框架下实施的。三是综合性补贴政策。与直接补贴政策相同的是，2002—2007 年出台的《农场安全与农村投资法》等综合性补贴政策也是在 WTO "黄箱"框架下开始实施的。综合性补贴政策与直接补贴政策不同的是，综合性补贴政策的补贴数量和种类增加了，补贴种类从之前的一种生产性补贴增加为三种综合性生产补贴，包括直接固定支付、大豆等油料作物补贴的增加、相当于差额补贴的反周期补贴。

（三）农业保险政策

政策鼓励农场主参加农业保险。一方面，为促使农场主自愿参加农业保险，政府设置农业保险补贴，将对参加农业保险的农场主进行保险方面的补贴，如政府补贴50％～80％的农业保险资金给参与农业保险的农场主，以促进更多的农场主参加农业保险。另一方面，政府向农场主提供优惠保险服务的方式为：通过联邦作物保险公司对商业保险公司的再保险，鼓励经营包括粮食生产在内的社会商业保险公司从事农业保险。

（四）耕地保育政策

耕地保育政策，即保护土壤的相关政策，其制定目的是防止休耕状态下的土地被撂荒，以防土地资源闲置。如1985年美国政府为了防止农场主撂荒土地，维护土地生产能力，政府与农场主签订相关土地合同，约定农场主在土地休耕期间不得闲置土地，应当利用休耕土地进行绿肥生产，遵守该项要求的农户将会获得经济补偿。2007年，在美国农业法中，美国计划五年内，对休耕土地、保护湿地、保持农田水土、农业环境建设计划等相关的农业资源保护项目进行投资，投资金额达220亿美元。

二、日本粮食产业政策

日本是一个岛国，各种资源较为匮乏，在亚洲是典型的粮食供给与需求较为紧张的国家。日本的粮食供给当中，只有大米的自给率处于较高水平，其他粮食供给率均处于较低水平，依赖于从其他国家进口。在这种现实的粮食供求情况下，日本制定的粮食产业政策以及所形成的一系列粮食产业政策体系，可以为我国提供一些经验和参考，以解决目前我国粮食产业政策中存在的问题，并根据我国的实际情况进行政策设计并进行政策演进。

（一）基础设施补贴政策

政府的基础建设投资分为两方面内容。一方面是水利工程方面。对于主要的大型水利工程的建设，其建设资金来源为政府的直接投资；对于小型水利工程，则由政府补贴、农户修建，其中政府不是补贴工程修建的全部成本，而是只补贴修建成本的80％～90％，但对于农户自行承担部分的成本，政府可提供无息贷款。另一方面是生产性基础设施。该设施主要包括种植温室、塑料大棚、试验田等，以上生产性基础设施的建设，政府均会给予资金补贴，以鼓励农户进行粮食生产。日本为了推动粮食生产，确保粮食安全，2005 年以来，对于农田改良、粮食品种改良、基础设施建设与改善的补贴力度逐渐加大，改善粮食生产条件，奠定机械化生产的基础。

（二）耕地资源补贴政策

耕地资源补贴政策主要包括四部分内容，分别是农田扩并政策、耕地改良补贴政策、休耕补贴政策、绿色生产补贴政策。首先，农田扩并政策。政府对于扩大农田生产、合并农田生产的农户给予相应的资金补贴。其次，耕地改良补贴政策，政府对于耕地质量改良进行财政补贴，在 1993—2002 年，对土地改良计划的补贴金额约为 41 万亿日元，加大了土地改良的力度，有利于土地资源的提高，促进粮食生产。再次，休耕补贴政策。对土地休耕的农户进行资金补贴，以促进土地与粮食生产情况的改善。如 2001 年之后，日本所采取的休耕政策的土地休耕的划分标准按照水稻的品种类型与生产地进行，其目的是淘汰未销售出去的、销售过剩的水稻品种。最后，绿色生产补贴政策。对进行绿色生产的农户进行财政补贴，其目的是鼓励农户在进行农业生产时停止化肥、农药的使用，转向采用绿色有机肥、农家土肥、生物防治方式、物理防治方式等科学绿色的生产方式进行粮食生产，提高粮食质量，确保粮食安全。如 2004 年，日本对采用绿色方式生产的粮食生产补贴资金预算为 325.7 亿日元[①]。

（三）生产性补贴政策

生产性补贴政策包含三方面的内容，分别是生产结构调整补贴政策、机械设备补贴政策、制度性贷款补贴政策。第一，生产结构调整补贴政策。该政策通过补贴的方式来改变粮食的生产结构。由于日本大米生产产量较多，大米需求量小于供给量，导致产生了大米过剩的问题。因此，为了解决大米过剩问题，政府进行粮食补贴，以使生产水稻的农户对田地进行改造，转向种植其他粮食作物。如生产水稻的农户改为生产大豆等其他粮食作物，政府对于农户的平均补贴金额约为 3.7 万日元/亩。第二，机械设备补贴政策。对农户购买的用于与粮食生产相关的机械给予一定的补贴。如日本政府补贴给农户的用于购买粮食生产机械的资金，平均为购买粮食生产机械成本的 50%。第三，制度性贷款补贴政策。政府对农户的用于粮食生产的相关贷款给予利息补贴，其补贴

---

① 尹义坤：《中国粮食产业政策研究》，东北农业大学博士论文，2010 年。

的方式主要有两种，分别是直接对利息进行补贴与直接支付利息。

（四）收入性补贴政策

收入性补贴政策是日本政府在 1994 年开始实施的，这之后对于农户的补贴由生产性补贴变为收入性补贴。但收入性补贴不是一成不变的，日本政府在 2000 年对收入性补贴进行了改革完善，进一步明确了补贴的对象范围，补贴对象范围规定为一些居住在山区与半山区的农户，且其生产成本较高，政府补贴金额为非平原地区的农户的种粮成本高于平原地区粮食生产部分的金额。同时为降低农户粮食生产的成本，推广新技术，采用资金补贴的方式奖励那些采用新技术的农户，以促进粮食生产的机械化与科技化，促进粮食的高效生产。四年间，日本政府有 700 亿日元的支出资金用于该项粮食生产补贴。在 2007 年，日本政府对于粮食补贴的政策又进行了进一步的完善，该补贴政策的补贴精确到了农户所种植的粮食作物，不同种类的粮食作物拥有不同金额与标准的补贴。除此之外，增加了对具有经营性农户的粮食补贴，其补贴为经营性的补贴且补贴是稳定的，不会随着各种因素的不同而发生变化。

三、对中国的经验借鉴

从美国、日本等发达国家的主要政策和经验来看，发达国家对于粮食生产以及粮食产业链上的一系列生产的财政资金支出较大，更重要的是，粮食产业政策体系内的相关政策联系非常紧密，政策补贴内容更加精细，补贴标准较为精确，具有较强的可操作性和明显的政策效应；美国、日本等发达国家为了促进农户生产粮食的积极性，所制定的粮食产业政策首要且关键的目标是保障农户进行粮食生产的收入水平，其中政府直接财政补贴的相关政策均与价格政策紧密相关，保障农户的粮食生产成本与收入，激励农户进行粮食生产，确保粮食产量；除此之外，发达国家在与其他国家进行粮食贸易和应用国际贸易规则方面具有丰富的经验，在更加隐秘的直接支付政策中逐步增加限制性程度较高的生产补贴和价格支持政策，加大对科技研发、资源保护方面的补贴，以促进科技的研发与资源的保护。对发达国家的这些先进的粮食生产政策的借鉴，将有利于我国粮食生产的提质增效，有利于我国粮食产业的进一步转型升级。

（一）产业化是粮食产业的发展方向

建立完整的全产业链思想，实现种子育种、种植、收购、储存、加工、销售等有机环节的衔接，实行一体化集约化流程，既可以降低市场交易成本，也可以降低农民的市场风险。走品种-品质-品牌之路是产业转型和现代化的成功之路。产业园区的发展可以促进高质量元素的聚集，节约土地，降低物流成本，提高工作效率。这能有效提高地区竞争力。

（二）完善制度是粮食产业发展的保障

政府对于农业的支持、农民的保护，不是通过市场上的直接定价或一味地追求粮食高产，而是结合粮食价格保护、优惠贷款、土地休耕补贴、农业绿色生产补贴等多种措施，促进粮食高质高量的生产，从而促进粮食市场供给与消费者需求的动态平衡。有效配置市场资源，建立有效的生产调控机制，完善粮食定价机制，完善粮食收储制度，是维护粮食市场秩序、维护市场健康运行、促进我国粮食产业经济发展的必要前提。在粮食生产上，要注重对民营企业与国有企业的政策一致，不能厚此薄彼，对民营企业和国有企业一视同仁，促进粮食生产企业的公平竞争，以推动粮食企业的发展，促进粮食产业的发展。除此之外，要突破粮食生产瓶颈，对各检测部门进行资源整合，推动第三方粮食质量检测机构的建设，保证粮食质量监督。

（三）科技创新是粮食产业发展的不竭动力

美国和日本等发达国家对粮油产品进行深加工，已经开发的粮油深加工产品数不胜数，所进行的粮油深加工使得粮食产品的附加价值增加，与之前相比附加值增加了数十倍，这说明粮油产品价值高，应当注重对于粮油产品的开发，充分加大资源利用力度，依靠科技创新。粮食产业的发展不能依靠买原粮、卖原粮。随着大众消费的多样化，对品质、功能、品牌等要求的提升，开发粮油和深加工产品来满足消费者的需求是顺理成章的事情。粮食产业发展必须顺应当今发展形势。

第五节 "双循环"下中国粮食产业经济的创新策略

构建"双循环"格局要求粮食产业经济发展路径有相应的调整转变。随着新发展阶段的到来，在粮食产业发展过程中会出现新的挑战，粮食产业需要积极探索，提高自主创新能力、提升自身竞争力、增强国内大循环能力。

一、以国内大市场为主要导向重构粮食产业链

从国内经济大循环出发，推动粮食产业链重新整合，畅通区域产业和市场的内在联系，带动产业结构转型升级，实现供给与需求的良性互动。粮食产业转型升级的新路径要适应畅通国内大循环的新趋势、新要求，依靠深化改革开放促进产业链有效、持续运转，依靠技术进步提升产业链的现代化水平，不断提高产业链、供应链的稳定性和竞争力。

促进中国粮食产业经济发展升级的一条重要途径，是立足于国内大市场需求和区域要素禀赋优势，增加世界粮食市场竞争力，提升竞争优势。我国粮食经济的快速发展主要通过提升自身市场竞争力来实现，只有在发展过程中不断提升自身竞争力，才能在世界粮食市场的竞争中处于领先地位，在世界粮食市场中具有话语权。提高粮食生产质量，前提条件是采用精耕细作的粮食生产方式。在粮食生产环节结束后，后续粮食生产的重心要转向对粮食的深加工，经过深加工所形成的粮食产品具有较高附加值。伴随着经济的进步发展，消费者的消费水平得到了提升，相应的消费需求也发生了变化。消费者的消费需求升级，对于消费品的需求不仅只注重质量，还注重产品包装、品牌等，即注重高端产品的消费，由此带动了高端的粮食加工产品的市场需求。

在粮食产品生产、加工、设计、售卖等一系列的过程中，不仅要注重粮食产品的质量，粮食产品的包装、食用方式、便携度等均应考虑在内，如特色包装、杂粮生产、小袋多量等。在市场层面，还应该考虑在中国形成粮食产品品牌，让世界真正尝到"中国味道"。在推动粮食产业发展的过程中，要注重市场的作用。粮食企业发展是由市场决定的，在推动粮食产业的发展方式中，主要依靠品牌效应来推动，鼓励企业之间相互合作，使企业之间的竞争呈现出一种良性竞争的状态，通过企业的良性竞争使得整个粮食产业发展越来越好，最终实现整个产业链竞争力的提升。除此之外，增加粮食产品的宣传力度，通过新闻媒体、短视频平台、微信公众号等增加粮食产品的影响力，鼓励企业参加国际会议以及相关新闻发布会等，增加与其他国家相关企业的合作，提升我国粮食企业在国际上的影响力。

同时，随着乡村振兴战略的全面实施、城乡发展战略的持续深入推进，在对产业链进行重构的过程中，粮食产业转型升级，为参与国内大循环创造了有

利条件。为了适应新发展阶段，构建新发展格局，粮食产业的发展需要与国家发展战略的调整转变衔接起来，更多地以开发国内大市场需求、发挥区域比较优势为导向来推进产业链的调整升级，相关粮食企业要更多地围绕这个方向推进技术研发、产品设计、市场营销等方面的发展和升级。

二、积极营造有利于自主创新的良好产业生态环境

粮食产业经济创新的首要目标是改善相关要素、产业结构、资源环境及三者之间的相互关系、相互组合，正确看待处理发展速度、发展效率和生产结构之间的关系，形成一种新的发展模式。在该模式下，三者之间的关系为彼此的条件，彼此之间是一种促进关系。三者之间的融合不是简简单单地融合，而是一种处于和谐状态的融合。在推进自主创新的研究上，相关研究主要从国家、市场和企业三个方面展开。国家层面要加强战略科学规划，加大基础科研投资，优化科研布局，注重原创性和前沿性的创新，完善基础性技术供给体系，为企业的开发应用准备理论基础。市场层面要强调创新的协调互补，鼓励创新企业间错位竞争，通过市场机制交易创新成果，提高资源的利用效率，避免重复开发造成的资源浪费。企业层面的创新应该以补全供应链、解决"卡脖子"问题、发展核心技术为导向，利用技术创新实现制造环节附加值的提高，使微笑曲线产生逆转，重新塑造产业发展模式，扫清企业发展过程中遇到的种种阻碍，促进企业进一步发展。国家、市场和企业对自主创新的不同作用是客观存在的，合理区分和定位三个层面在推进创新中的主要作用，运用中国的制度优势应对外部势力的遏制打压，集中国家各方面的力量加快攻破产业发展过程中所存在的关键核心技术问题，将有利于促进发展中对创新资源的有效配置。一个同样重要的问题是如何协调好三者之间的关系，培育形成一个引导、支持和保护自主创新的良好产业生态环境。在加快构建新发展格局的初期阶段，在国家层面妥善推进自主创新具有战略意义，但要着力发挥好企业推动自主创新的作用，以粮食和龙头企业为主导，优化要素组合，形成新动能和新的生产功能，实现全要素效率的有效提升，促进粮食产业以提高效率、连贯性和有效性方式发展。

三、依托"一带一路"倡议提升国际循环水平

中国粮食产业在扩大开放中参与全球价值链分工，不断提升对先进技术的学习模仿能力、对"两个市场、两种资源"的综合利用能力。"一带一路"倡

议是中国提高开放水平的重要突破口，通过与共建"一带一路"国家或地区的深入合作，有利于优化国内不同地区的资源配置，推动国内大循环和促进"双循环"，拓展粮食产业经济发展路径。要把构建新发展格局与坚持推进"一带一路"建设结合起来，在支持共建"一带一路"国家发展经济的过程中，推动中国粮食产业中技术和资本的有效配置，提高国内资金和技术利用效率，为粮食产业的技术创新和技术进步拓展新空间。抓住"一带一路"建设中出现的各种机遇，在推进共建"一带一路"国家相关基础设施建设的过程中，充分发挥粮企作用，促进其产品的销售，增加在其他国家的销售份额，提升国内循环与国际循环相互促进的水平，达到既能促进当地经济发展、稳定国内粮源，也能逐步提高我国粮食国际贸易话语权和影响力的目的。同时，借助 RCEP 等区域经济一体化协定进一步扩大中国对外开放，更加全面深入地加强双边及多边产业经济合作，通过技术转移和知识外溢效应加快中国粮食产业转型发展。更要树立和强化"开放"理念，积极参与对外开放，积极落实"一带一路"倡议。我国粮食主管部门可与相关国家建立部门高层定期互访机制和沟通协调机制，加强在粮食仓储物流、供需信息、加工贸易等方面交流与合作，积极推动相关协议落实，形成互利共赢的良好局面。此外，应加强和国内相关部门的联系沟通协商，取得对外经济贸易的最佳效果。应进一步发挥我国粮食生产和消费大国的优势，积极履行国际义务，加强粮食流通领域的国际合作。

四、以国内国际"双循环"优化粮食产业对外经贸布局

对外农业投资应以服务国内市场、满足国内需求为导向。通过对国内市场与国际市场的合理有效利用，进口适量产品，以满足国内消费者对于相关产品的需求。支持中粮国际等大型粮食企业"走出去"，加强与包括乌克兰和阿根廷在内的粮油出口大国粮食企业合作，建立规模化国际加工、仓储、物流基地，掌握一定量的海外粮源，并能在需要时运回国内，扩大我国进口粮油来源渠道。同时，积极推动中国粮食企业开展粮油直接贸易，摆脱对国际大粮商的依赖。一是品种选择方面。充分考虑各类产品的替代性、互补性，强化可预测性，优先投向大豆等油脂油料、饲用谷物、食糖、肉、奶粉等国内存在产需缺口的农产品品种。在这个过程中，农产品是否"回运"，主要取决于市场效益。当然，无论最终是否"回运"，都可以提升全球农产品产量与贸易规模，也可以促进中国粮食安全，并为世界粮食安全作出贡献。服务国内市场和拓展全球

贸易并不矛盾，企业全球经营规模和能力的提升，可以为更好服务国内市场需求提供更大的缓冲。二是国别选择方面。可以优先考虑贸易规模相对较大、出口导向型的国家，以进一步增加全球可贸易量。当前，国际经贸形势较为复杂，中国企业应积极融入全球农业供应链，加大对产业链上下游的投入，致力于建立稳定通畅的国际农产品供应链；坚持与其他国家的农产品贸易，坚定信念，采取负责任的经贸合作方式，加深与其他国家的农产品贸易程度与农产品投资程度；增加市场分析研究能力与判断能力，在市场中掌握主动权，在供给国内农产品方面，善于利用低价优质的相关资源进行农产品补充；要发挥好行业协会作用，建立良性的竞争与合作机制，实现互利共赢目标。三是政府层面。可借鉴美国农业部及相关机构做法，加大信息等方面的公共服务，特别是重点国别的农业政策、农产品市场和产业信息与研究报告。此外，可以充分调动国内各类科研单位、各类咨询机构的积极性，提供类似的公共服务。总之，粮食产业经济发展应该将企业可持续发展融入国家社会经济发展大局、世界人民和平与发展大局中，脚踏实地做好海外农业投资，讲好"中国安全就是全球安全，全球安全就是中国安全"的共同发展故事。

第七章
"双循环"下中国粮食贸易的拓展策略

粮食贸易是调节国内粮食供求关系、维护本国农民利益、满足居民多元化消费需求以及确保本国粮食安全的重要手段。在国际经济循环中，基于平等互利的原则，利用国际粮食市场，积极扩大对外经济联系，对于发展我国的粮食经济以及促进我国粮食市场发育具有不可忽视的作用，同时也是我国社会主义市场经济发展的客观要求。中国是世界上最大的粮食消费国，且随着经济的快速发展，居民生活水平不断提高，人均粮食消费呈现增长趋势，但耕地、淡水、气候等自然条件约束以及种粮机会成本提高等因素，制约了粮食生产能力的持续提升，致使国内粮食面临供求失衡的严峻挑战。因此，在确保谷物基本自给、口粮绝对安全的前提下，需要统筹利用好"两个市场、两种资源"，适当增加进口，调节国内粮食数量和品种平衡，确保国内粮食安全。当前一些发达国家不断推进粮食金融化、能源化和武器化，造成国际粮食市场波动风险加大，而新冠疫情、自然灾害等不确定因素的增加，更是加剧了国际国内粮食市场的波动，中国粮食安全面临严峻挑战。如何在"双循环"格局下为全球粮食安全注入中国动力的同时，保障国内粮食安全，是亟待解决的重要问题。本章在对粮食贸易的理论进行分析的基础上，回顾了我国粮食贸易的演变历程，介绍了我国粮食贸易的典型案例，探讨了国外粮食贸易策略和商业模式的主要经验，提出了"双循环"格局下我国粮食贸易的拓展策略。

第一节　粮食贸易的理论分析

国际贸易是指不同国家或地区之间进行商品和服务交换的活动，是人类社会生产力与专业化发展到一定水平才产生的经济活动。国际贸易发展到一定程度后，通过经济学家对国际贸易的不断总结和研讨，逐步形成了国际贸易理论。粮食国际贸易是一国（地区）对别的国家（地区）进行的粮食交易活动，是国际贸易的重要组成部分，其理论分析以国际贸易理论的发展为基础。国际贸易理论发展大致经历了古典国际贸易理论、新古典国际贸易理论和新贸易理论三个阶段。

一、古典国际贸易理论

古典国际贸易理论是利用生产技术的差异，分析并解释国际贸易的起因与影响，在以劳动作为唯一生产要素的古典生产函数中，劳动生产率的差异就替代了生产技术的差异。此时，劳动生产率也就成了国际贸易的重要起因，包括绝对优势理论和相对优势理论两个方面。

（一）重商主义观点

重商主义是国际贸易理论的先驱，其主要观点是：唯一的财富形式是金银等贵金属。经济活动的主要目的是获取金银，获取金银的主要渠道是国际贸易；净出口越多，净流入金银就越多，国家就越富强。因此，政府应大力支持出口，限制进口。国家应加强干预国际贸易活动，发展出口产业，保护国内产业，保证对外贸易顺差，积极发展航运、渔业、保险、旅游等，利用关税等政策奖励出口。重商主义还认为，由于在一个时点上的金银总量是固定的，所以在一国获利的同时，总有国家是受损的。应当说，重商主义的一些主张有不少合理成分，对后来的贸易理论和政策有很大影响，至今仍体现在不少国家的贸易政策之中，如限制进口、鼓励出口的政策。但重商主义认为货币等同于真实财富，并把国家贸易视为"零和游戏"的观念显然是错误的。

（二）绝对优势理论

18世纪中叶，英国经济学家亚当·斯密提出了绝对优势理论。他认为，分工能够提高劳动生产率，促进国民财富增加。生产成本的绝对优势是分工的原则，生产自己最有优势的产品，用于相互交换，对双方都是有利的。国际分工的基础是不同国家先天的自然禀赋和后天的有利条件不同，这些因素造成了各国之间生产同种产品成本的不同，当各国按照各自的有利条件分工，能够使各种生产要素得到有效充分的利用，增加世界财富。在国际分工基础之上可以开展国际贸易，当各国之间生产技术存在绝对差别时，各国通过集中生产并出口其具有绝对优势的产品，进口不具有绝对优势的产品，可以增加贸易各国的利益。亚当·斯密批评了重商主义关于国际贸易只对单方面有利的看法，论证了贸易互利性原理，在一定程度上解释了贸易产生的原因。但其绝对优势理论存在较大局限性，对于许多现实国际贸易问题无法解释。

（三）"比较优势"理论

19世纪初，大卫·李嘉图的比较优势理论是亚当·斯密的绝对优势理论观点的继承和发展。该理论认为，国际贸易的基础是各国生产技术的相对差别及其产生的相对成本的差别，各国应集中生产并出口具有比较优势的产品，进口具有比较劣势的产品，从而增加贸易各国的利益。李嘉图运用比较成本的概念所构建的比较优势理论，解决了当一个国家或地区所有产品有绝对优势或者绝对劣势时，是否应参加国际分工与国际贸易的问题。国际贸易的存在并不限于生产成本的绝对差别，即使一个国家或地区生产两种商品的成本均比另一个国家高，只要两种商品生产成本不同，两个国家仍然可以发展贸易。处于优势的国家可集中生产优势较大的商品，而处于劣势的国家可集中生产劣势较小的产品，通过国际贸易，双方都可从中获得好处，增加国民财富。比较优势理论比绝对优势理论更全面地论证了分工与贸易的基础，解释了优势国家与劣势国家之间贸易的原因。

比较优势是国际贸易的基础理论和进行国际贸易的基本原则，无论是古典国际贸易理论还是新国际贸易理论，都是围绕着比较优势进行研究的。但比较优势理论也存在一定缺陷和不足，如：主要从静态的角度对一国的产业结构进行分析，忽视了技术进步的影响和潜在优势的发展，以及比较优势的转化；其理论前提条件的假设与现实情况存在较大差距；另外，理论分析中没有充分考虑生产的发展水平、规模经济的变化、产品的差异及贸易政策、营销策略等因素对国际贸易的影响。

二、新古典国际贸易理论

20世纪初，经济学家们提出了新古典国际贸易理论。埃利·赫克歇尔提出要素禀赋论之后，他的学生伯尔蒂尔·俄林对生产要素禀赋理论（H-O理论）进行了进一步完善。这一理论同古典贸易模型的假设条件不同，在赫克歇尔-俄林的模型中，生产规模报酬保持不变，而生产要素不只包括劳动。

赫克歇尔、俄林指出，决定产品生产成本最重要的因素为各国不同的生产要素禀赋和生产中投入的要素比重，即投入的劳动、土地和资本等生产要素及其比例不同所造成的生产成本不同。由于各国生产要素禀赋的丰裕程度各不相同，产品的比较优势凸显。比如有的国家劳动力比较充裕，劳动力价格比较低，在生产劳动密集型产品上具有比较优势；有的国家资本比较丰裕，资本价格比较低，在生产资本密集型产品上具有比较优势。在假定各国生产同一产品的技术水平相等的前提下，有的商品需要投入的劳动较多，有的商品需要投入的资本较多。因此，各国应该集中生产和出口充分利用本国充裕生产要素的产品，进口需要使用其稀缺生产要素的产品。赫克歇尔和俄林强调了资源禀赋和生产要素不同比例对比较优势的影响，进一步研究了区域贸易和国际贸易产生的原因，认为不同国家的生产要素相对价格的差异形成了商品价格的相对差异，因而使用本国丰富而价格较低要素生产的商品成为其出口产品；相反，需要本国较少而价格较高要素生产的商品可以从其他国家进口。另外，由于生产要素的不完全可分性，商品的小规模生产往往不是经济的，而专业化、规模化的商品生产会产生内部规模经济与外部规模经济，进而促进形成区域贸易和国际贸易。俄林还分析了贸易中生产要素的差异问题，由于国际贸易中生产要素的流动受到比较多的限制，进一步加大了各国商品生产的成本差异。但资本流动和商品的流动可相互代替，进而促进各生产要素价格均等化。20 世纪 40 年代以后，保罗·萨缪尔森和罗勃津斯基等对 H-O 理论进行了进一步的拓展和完善。要素禀赋理论完善了比较优势理论，构成了国际贸易的基本理论。

三、新贸易理论

20 世纪 50 年代，里昂惕夫研究美国 1947 年进出口商品要素结构时发现：美国出口的商品中，包含较少的资本和较多的劳动，而进口的商品中包含较多的资本和较少的劳动。这一结论同要素禀赋理论出现矛盾。里昂惕夫的研究对国际经济学界震动很大。随着科技的进步和经济的发展，国际贸易规模越来越大，国际贸易的地区结构和商品结构均发生了较大变化，于是经济学家们提出了一些新的理论。其主要代表性的理论如下。

（一）新生产要素理论

其代表理论有凡涅克的自然资源理论、基辛等的人力资本理论、格鲁伯等的研究与开发理论以及信息要素理论，这些理论仍然使用生产要素禀赋差异来论述国际贸易的传统方法，但进一步丰富了原有生产要素的内涵，扩展了其表示范围，认为生产要素不仅包括土地、劳动和资本，还包括自然资源、技术、人力资本、研究与开发等。

（二）相似偏好理论

世界贸易主要在要素禀赋相似的发达国家之间产生，且相似产品的双向贸易或产业内贸易呈现持续增长趋势。林德提出的相似偏好理论首次从需求的角度探寻国际贸易的原因，解释了这一现象。他认为，对初级产品国际贸易而言，要素禀赋是很重要的，但对工业制成品而言，要素禀赋并不重要，国内需求才是影响工业制成品国际贸易的重要因素，生产规模因需求扩大而扩大，从而能够有能力参与国际竞争。为了减少风险，企业会在与国内有相同需求结构的国家拓展业务。因此，林德认为，制成品贸易是以贸易双方存在的相似需求为基础的，即两国的偏好相似的程度决定了两国的贸易流向和流量大小，当两国收入水平越接近，需求结构越相似，两国之间的贸易量就越大。

（三）产品生命周期理论

雷蒙德·弗农（Raymond Vemon）提出了产品生命周期（product life cycle）理论。他认为，产品要经历形成、成长、成熟、衰退等与人的生命一样的周期，即产品需要经历开发、引进、成长、成熟、衰退的不同阶段。产品的技术发展一般经历三个阶段：新产品阶段、成熟阶段和标准化阶段。但在不同国家中，产品周期和技术发展阶段是各不相同的，即同一产品在不同国家市场上的竞争地位是有差异的，其决定了国际贸易与投资的变化。

在产品生产技术发展的不同阶段，产品生产所需要的生产要素是不同的。在第一阶段，技术处于创新过程，需要的主要资源是先进的科学知识、大量的研究经费、创新机制和超前的战略眼光，少数发达国家具有这些稀缺资源，拥有新产品生产的巨大优势。进入第二阶段，技术成熟后，开始大规模生产，需要的是机器设备和先进的劳动技术，产品从知识密集型转变为资本密集型或技能密集型。这时，国外厂商由于资本和熟练工人比较丰富，开始模仿这些新产品，大量制造，不仅供本国消费，还能够大量出口。同时，创新国为进一步降低成本，开始向生产成本较低的国家投资，再将生产出来的产品运回到本国销售。到第三个阶段，产品技术接近生命末期，生产技术被广泛应用，生产过程也标准化了，技术和资本的需求大大降低，劳动力成为决定产品比较优势的重要因素，发展中国家在生产这种产品时便具有较强的优势，有可能成为出口国，而原来产品发明国则有可能成为进口国。

（四）规模收益变动与贸易

在不完全竞争产业中，产业内贸易产生主要受规模经济和产品差异影响。在各国技术和资源条件基本相同的条件下，规模经济的存在，能够使大规模生产的国家在商品成本与价格上具有竞争力，向生产同类产品但规模较小的国家出口。另外，商品在质量、性能和规格等方面存在的差异，能够满足不同层次和偏好的消费者，从而促进差异产品的产业内贸易，增加两国的福利。

内部规模经济与国际贸易。规模经济和不完全竞争与国际贸易存在密切联系。内部规模经济主要是指企业由于生产规模的扩大和产量提高，降低了单位产品的平均成本。因此，大企业往往比小企业更加具有成本优势，容易形成一定程度的垄断。保罗·克鲁格曼对规模经济和不完全竞争条件下的国际贸易进行了比较全面的分析，认为：垄断竞争企业一方面可通过扩大国际贸易，增加消费市场、扩大生产取得规模经济，降低生产成本和商品价格；另一方面，消费者对某种商品消费量会减少，消费种类会增加，以此提高福利。扩大市场、实现规模经济，能够降低成本，获得较高利润，这是企业出口的一个重要原因，是除技术和资源之外又一个国际贸易产生的重要成因。该理论比较好地解释了发达国家之间的贸易和行业内贸易的重要原因。

外部规模经济与国际贸易。外部规模经济是指由于行业内企业数量的增加所引起的产业规模扩大形成的规模经济。当整个产业产量增加时，企业的生产成本也会相应降低，这是由于企业相对集中，在原料供应、信息收集、产品销售等方面成本会明显降低，通常出现在同质产品行业中。从短期看，对企业有好处，会因成本下降增加利润；但从长期看，由于竞争加剧，价格下降会使利润降低。对于消费者来说，一般价格下降会带来消费和福利的增加。外部规模经济是国际贸易理论中新贸易理论的核心要素，其较好地阐释了特定产业在特定国家集中，并成为该国的出口主力的内在逻辑。同时，在外部规模经济影响下，比较优势也可通过产业集聚、技术创新等动态因素发展和变化。在全球价值链中，外部规模经济促进了跨国生产活动的分工，各国基于自身产业集聚优势参与到国际分工中，形成了复杂的全球供应链结构。

（五）不完全竞争与贸易

国际贸易中完全竞争性的市场是不存在的，或存在寡头垄断，或存在垄断竞争，或是卡特尔和国际商品协定。经济学家经过研究发现，在寡头垄断条件下，政府对国际贸易的干预，如对进口产品征收关税或实行出口补贴，能够提高国内的福利水平。其前提条件是对方不实施贸易报复。现实中更多的是垄断竞争的市场结构。在这种条件下，国际贸易能够使企业专业化生产差异化商品，获得一定的垄断和较高的价格，还能够获得规模经济的收益。

（六）贸易保护与贸易政策

在不完全竞争和规模经济条件下，一国政府可以通过关税、出口补贴和进口保护等奖励出口限制进口措施，对现在的或潜在的战略性产业进行支持和保护，促进这些产业和相关产业的发展，提高国际竞争优势，最终增加本国福利。同时，贸易保护可以增加产出和收入平衡国际收支。另外，基于要素禀赋理论的贸易，对于较为稀缺的生产要素产业，政府有必要加以保护。

支持贸易保护的"次优"理论是支持某些进口竞争产业理论的变种。贸易保护对国家是有益的，其主要理论包括：①幼稚产业理论、衰落产业理论和调整性援助，有利于挽救衰落产业，使其免受进口冲击。当这些产业中的生产要素不能被重新利用时，劳动者会失去收入，对社会也是一种损失。②发展中国家政府（公共收入）理论。贫困国家通过关税措施可以增加财政收入。对于贫困的国家来说，由于经济不发达，财政收入较少，进口关税成为一项重要的财政收入来源。因此，许多不发达国家的关税收入占政府收入的比重较高。③非经济目标。④贸易保护中的政治。经济与政治是难以分开的，将贸易中的经济与政治因素综合起来分析，才能完整理解贸易政策的制定过程和结果。在贸易活动中存在许多重要因素，如贸易保护中受益者获得的利益大小和受益规模大小，贸易保护的受害人损失的大小和受害集团的规模，选择反对或支持贸易保护的个人原因，政治行为的类型和成本等。

但总的来说，发挥比较优势是进行粮食国际贸易的基本原则。各国的相对优势和贸易格局取决于生产要素禀赋的不同，尽管第二次世界大战以后国际贸易环境发生了较大变化，技术进步和规模生产等因素对国际贸易的影响越来越大，但粮食作为最传统的国际贸易产品，与工业品相比，受技术进步等因素影响较小，受自然禀赋影响依然较大。自然禀赋差异仍是决定比较优势的主要因素和进行国际贸易的主要原因，因此发挥比较优势仍是指导我国粮食国际贸易的基本原则。

第二节 中国粮食贸易的演变历程

从 1949 年起，我国为维持国内粮食供需稳定，一直从粮食生产和贸易两个方面确保国家粮食安全。从经济角度看，农业具有弱质性，也具有较强的外部性，而粮食除具有这些特征之外，还具有战略性和风险性等特征，在国民经济稳定和发展中起到基础性作用。因此，我国政府一直非常重视粮食的发展和安全，在生产和贸易两方面都积极地给予支持和保护，但与发达国家相比，我国粮食发展水平仍有较大上升空间，中长期粮食安全形势仍不容乐观。总的来看，自新中国成立以来，我国在粮食进出口贸易的演变历程大体上经历了以下四个阶段。

一、辅助性调剂阶段（1949—1978 年）

1949—1978 年，粮食对外贸易作为我国调剂国内物资余缺的一种辅助性经济手段，其政策的基本特征表现为鼓励出口、限制进口，具体措施主要包括进口配额、进出口许可证等非关税措施。可进一步将其划分为两个阶段，包括粮食净出口换汇阶段（1949—1960 年）和粮食净进口填补消费缺口阶段（1961—1978 年）[①]。

（一）粮食净出口换汇阶段（1949—1960 年）

新中国成立初期，我国粮食贸易以出口为主，进口为辅。该时期我国粮食生产处于迅速发展阶段，工业化处于刚起步阶段，工作重心为将财富由农业领域转移至城市、工业领域，即采取"以农补工"战略。当时需要进口的物资较多，但可供出口的产品并不多，粮食担当了"大任"。在当时经济条件下，依靠粮食等农产品换取外汇以购买工业发展所需的工业原材料和机器设备，是促进工业发展的一个别无选择的途径。因此在该时期，粮食进出口完全按照国家的政策管理，直接操作机构是中国粮油食品进出口总公司。其基本运作机制是：对粮食进出口业务实行严格的计划管理，进行统一经营。粮食进出口规模和种类均按照国家计划委员会下达的指令性计划进行，实行计划收购出口粮食和计划调拨销售进口粮食，由国家财政统负其盈亏。1950—1960 年，我国平均

---

① 刘美秀、杨艳红：《我国粮食对外贸易政策变迁与粮食进出口贸易的发展》，《农业经济问题》，2013 年第 7 期，第 84-88 页。

每年出口粮食 228.1 万吨，每年进口粮食只有 8.35 万吨，出口的粮食品种主要是大米和大豆。随着粮食生产不断发展，粮食出口也逐步增加，1950 年出口粮食 122.58 万吨，1955 年达到 223.34 万吨，1959 年则增加到 415.75 万吨。

（二）粮食净进口填补消费缺口阶段（1961—1978 年）

1958 年经济上出现冒进主义，"大跃进"运动开始，内忧外患交织在一起，经济出现严重下滑。1959 年、1960 年经历了自然灾害之后，国内粮食等食品供不足需，但在粮食供应紧张的情况下，仍保持了较大规模的粮食出口。1959 年粮食出口 415.75 万吨，1960 年出口 272.04 万吨。其中，1959 年比 1958 年增加 127.41 万吨，是 1950 年以来增加最多的一年。这无疑加剧了粮食供应短缺，加重了农村饥荒程度。1961 年，中央政府认识到粮食问题的严重性，决定开始大规模进口粮食，缓解国内粮食供应紧张局面。从此之后，中国粮食进出口格局仍是有进有出，但以进为主，由粮食净出口国成为粮食净进口国。基于当时国内和国外粮食市场状况，国家采取以大米出口支持小麦进口的策略。从 1966 年到 1976 年，平均每年进口粮食 501.47 万吨，出口粮食 277.17 万吨[①]。在这一时期，特别是"文化大革命"后期，加大了"以出养进"的力度。20 世纪 60 年代中后期，国际市场上 1 吨大米可换 1.5 吨小麦，因此，为维护和增强粮食贸易利益，1966 年我国通过出口 100 万吨大米，换回了 300 万吨小麦，是当年小麦进口总量的 60%。1974 年通过出口大米 150 万吨，换回了 300 万吨小麦，取得了良好的经济效益。

二、贸易改革试点阶段，粮食贸易以净进口为主（1979—1991 年）

改革开放以来，我国粮食进出口贸易政策亦进入改革试点阶段，制定的粮食贸易政策主要以生产导向性为主。虽然粮食作为具有经济属性和政治属性的特殊商品，在 1991 年之前其进口关税税率一直较高，但在这段时期，我国粮食年产量稳步提升，从 3 亿吨增加到 4 亿吨，对外贸易总量亦呈现逐步增加趋势，且以进口贸易为主。1978 年，我国粮食产量达到 3.05 亿吨，全国粮食人均年产 319 千克，出口总量 188 万吨，进口总量 883 万吨。受限于当时的农业发展水平，我国粮食人均产量水平维持在较低的水平，我国政府一直实行粮食自给政策，贸易量也较小。但我国积极全面推进关于农村的各项改革措施，极

---

① 姜长青：《文革后期中国的粮食进出口初探》，《古今农业》，2014 年第 3 期，第 14 页。

大地激发了广大农民的生产积极性，在 1984 年，我国粮食产量就达到 4.07 亿吨，全国粮食人均产量为 393 千克，仅仅用六年的时间就实现了粮食增产 1 亿吨的目标。虽然我国粮食生产总量和人均粮食产量均呈现上升趋势，但粮食出口量较少，进口量较多，粮食贸易以净进口为主。除 1984 年我国进口粮食 300 万吨之外，余下年份的粮食进口量一直维持在 100 万吨上下。改革开放后，从我国粮食净进口来看，除 1985 年和 1986 年之外，出口粮食总量为 900 余万吨，进口粮食在 700 万吨左右。其他年份里，尽管我国每年为调剂品种余缺仍需出口 600 万～900 万吨粮食，但净进口量依然保持在每年 800 万～1 000 万吨的水平。

三、贸易改革深化阶段，粮食贸易为进出口交互阶段（1992—2001 年）

中国在 1992 年确立了以市场经济为导向的改革方向，深化了农产品流通和价格体制的改革。另外，中国为顺利加入 WTO，政府已经开始运用世界贸易规则解决中国粮食贸易问题。在贸易改革深化阶段，我国多次主动调低农产品进口关税税率，并于 1997 年开始对粮食进口实行关税配额管理。在城市粮食零售价格提高的基础上，我国于 1992 年实行购销统一政策。1993 年，粮食经营以及粮食购销价格开始被放开，党和政府还计划在下一年实行稳定产量、放开价格管制的粮食收购政策。1994 年，在粮食定购制度被重新启动的同时，粮食定购价格在 1993 年的保护价格基础上提高了 40%，得到了大幅度提高。在 1996 年，粮食定购价又一次被提高了 42%。从 1995 年开始，我国粮食供需情况发生了根本性转变，粮食市场也迎来了巨大变化。在粮食市场价格低于国家订购价格时，国家便会制定粮食保护价，并通过各地政府增加粮食储备的措施来保护农民的种粮收益。1997 年，夏粮又一次大丰收，我国粮食开始出现严重的供给大于需求的情况，受此影响，粮食市场价格下降。在农民种粮收益遭到冲击的情况下，党和政府召开全国粮食购销工作会议，制定了全国统一的保护价。在发挥国内市场调节的基础上，党和政府还利用国际贸易手段，缓解国内粮食大量过剩的困境。为减少国外优势农业对国内本土企业的冲击，我国适时采取了高门槛的进口关税、复杂的非关税措施及国营贸易公司专营的一系列贸易保护措施，从而限制国外粮食及粮食制品进口。

总之，20 世纪 90 年代我国粮食进出口互有博弈，波动较大，对外贸易的积极性显著提高,出口规模迅猛扩大,进口规模相对稳定,呈现出进出结合、余缺调剂的贸易格局。这一阶段,我国粮食总产量稳定,但还存在结构性矛盾问题,具体表现在稻谷减产、玉米增产,由此也导致我国粮食的出口贸易异常突出。受持续深化外贸体制改革的影响,各个地方政府开展对外贸易的积极性不断提高,在进口规模保持相对稳定的情况下,我国粮食出口规模发生了较大变化,出口规模扩大到每年千万吨级别。1993 年,我国粮食继续保持增产,我国粮食进出口总量平衡,由此还有将近 800 万吨的净出口量。我国的贸易差额在其他年份一直维持在 100 万～200 万吨,但在这一阶段,每年的进出口贸易规模可达 2 000 万～2 500 万吨。

四、进入国际贸易体系阶段,粮食进口与净进口规模不断扩大(2002 年至今)

加入 WTO 以后,国际贸易规则在一定程度上限制了当前我国现有的相关农业政策,比如在农产品关税、出口竞争、关税配额、国有贸易等问题上需要遵照《中国加入世界贸易组织法律文件》的相关规定和承诺调整现有的措施。作出的具体承诺如下:①对粮食出口不实行出口补贴。②对粮食进口实行关税配额制度。如对小麦、玉米和大米三大主粮规定了配额数量以及配额内外的关税税率;对大豆和大麦等进口实行自由贸易,设置的进口关税税率较低,为 3%。③我国承诺对粮食的"黄箱"补贴幅度不超过 8.5%。进入国际贸易体系阶段,粮食进口与净进口规模不断扩大,进一步可划分为两个阶段,包括融入国际贸易体系过渡阶段(2002—2004 年)和全面融入国际贸易体系阶段(2005年至今)[①]。

(一)融入国际贸易体系过渡阶段(2002—2004 年)

由于中国是发展中国家,依照《乌拉圭回合农业协议》的相关规定,在加入 WTO 谈判中争取到了一定的过渡期,同时由于特殊保障条款,我国对一些主要农产品的进口可以享受"关税配额管理"的优惠待遇,如小麦、玉米、大米、棉花、豆油等。

在融入国际贸易体系过渡阶段,我国粮食净进口规模呈现扩大趋势。2002年我国大米进口关税配额是 266 万吨,2004 年大米关税配额为 532 万吨,粳米

---

① 孙宝民:《基于国内粮食安全的中国粮食进出口战略研究》,武汉理工大学博士论文,2012 年。

和籼米均各占一半。2004 年，中国大米出口量较 2003 年减少 170.7 万吨，下降幅度达到 65.53％，进口量较 2003 年增加 49.9 万吨，增长幅度为 194.16％；中国小麦出口量较 2003 年减少 142.5 万吨，下降幅度达到 85.81％，进口量较 2003 年增加 681.1 万吨，增长幅度为 1 524.71％；中国玉米出口量较 2003 年减少 1 407.7 万吨，下降幅度达到 56.68％，进口量较 2003 年增加 0.1 万吨，增长幅度为 50％；中国大豆出口量较 2003 年有所增加，增长幅度为 25.47％，进口量较 2003 年减少 51.1 万吨，但下降幅度仅为 2.46％，大豆净进口量为 1 989.54 万吨。

（二）全面融入国际贸易体系阶段（2005 年至今）

2005 年 3 月 5 日，在第十届全国人民代表大会第三次会议中，时任国务院总理温家宝宣布，从 2006 年开始，对于所有的农业相关税种实行免收政策。同年 12 月 29 日，在十届全国人大常务委员会第十九次会议上，大会决议废除农业税相关规定的文件《农业税条例》，同时，大会决议该条例文件废除的日期为 2006 年 1 月 1 日。自此以后，农业税完成了它的历史使命，退出了中国的税收历史舞台。除此之外，该条例的废除、农业税种的取消，标志着中国结束了 2 000 多年来国家连续对农民与土地独立征税的规定，象征着中国结束了农村支援城市建设发展、农业生产发展支持工业生产发展的阶段，开始了工业对农业发展进行反哺、促进农业发展、城市支持农村建设发展、促进农村建设的新阶段。这是一种历史性的转变，具有划时代的意义，在历史上是一个伟大的决定。在国际粮食市场持续处于不稳定发展的状态背景下，2006 年 12 月 18 日，国家发展改革委分别下发了两个通知，即在国务院未批准"十一五"发展乙醇汽油专项规划前，所有地区燃料乙醇项目一律须报国家审批；紧急叫停核准和备案玉米加工项目，对在建和拟建项目进行全面清理。粮价的持续不断上升会导致市场出现较为严重的通货膨胀，其涉及范围较为全面。为避免出现全社会的通货膨胀，充分保证国内市场粮食产品的供应，保障人民生活安全，应当在粮食出口方面进行严格控制，加大粮食出口的控制力度。如 2008 年，我国第一个中长期粮食安全规划《国家粮食安全中长期规划纲要（2008—2020 年）》中体现了我国应对全球粮食危机的相关政策做法，此纲要的主要内容为在可能发生全球粮食危机的状况下，为保证国家粮食安全我国所采取的方法，即调整相关战略，提出提高粮食生产能力、利用各种除粮食以外的资源、增加粮油国际合作力度、完善粮食储备与加工体系等主要措施。同时，为保证国家粮食安全，完善相关保障体系，将粮食安全的饭碗牢牢端在自己手上，2014 年中央 1 号文件《关于全面深化农村改革加快推进农业现代化的若干意见》指出，实施以我为主、立足国内、确保产能、适度进口、科技支撑的国家粮食安全战略[①]。

受 2007—2008 年全球金融危机和粮食危机影响，世界经济复苏缓慢、原油价格下行、生物能源发展减速、世界粮食供需关系逐渐宽松，国际粮食市场波动趋缓，粮食价格进入下行周期。另外，种粮的劳动力、水土资源、生态、农资等成本呈现不断上升的趋势，粮食生产成本处于快速上升阶段，种粮利润压缩，且种粮的机会成本不断增加，农民种粮积极性显著降低。为了维持和提高农民从事农业生产的积极性，保证农民获得一定的种粮收益，国内对主要农产品的政策性收购价格不断提高[②]。但随着入世过渡期的结束，国内政策的支持和实施受国际规则约束，中国对于"黄箱"支持的政策空间越来越小，争端与诉讼压力持续增加。2016 年 9 月，美国向 WTO 争端解决机构诉讼中国对稻谷、小麦、玉米生产者所提供的政策支持超出入世承诺。2019 年 2 月底，WTO 专家组裁定，认定中国对小麦、粳稻、籼稻的补贴措施违反其入世承诺。国内粮食支持与保护政策亟须进一步改革，使之在适应国际规则的同时，缩小国内外粮食的价差驱动所带来的超量进口，保障中国粮食安全。

全面融入国际贸易体系阶段，中国粮食进口额因国内外价差驱动迅猛增加，而出口额总体趋势走低，进出口差额逐年拉大，大规模的粮食进口已经成为我国粮食市场供应的重要组成部分。此外，自 2005 年中国实行浮动汇率制度以来，人民币汇率迈入快速升值阶段。人民币汇率升值进一步削弱了中国粮食的国际竞争力，加剧了中国粮食出口减少、进口增加的趋势。在该阶段，为保障国内粮食市场的有效供给，我国粮食进口规模逐步扩大。2018 年，受中美贸易摩擦影响，中国大豆进口总量下降，进口美国大豆数量减半。2020 年，我国小麦进口量达到 837.6 万吨，出口量仅为 18.1 万吨，净进口量同比增长 158.11%；大米进口量为 294.3 万吨，出口量为 230.5 万吨；玉米进口量为 1 129.6 万吨，出口量仅为 0.33 万吨，净进口量同比增长 136.89%；大豆进口量创纪录达到 10 032.7 万吨，同比增加 1 181.4 万吨，增幅为 13.3%，出口量为 8 万吨。

---

① 新华网：《2014 年中央一号文件公布 以改革推进农业现代化》，http://www.scio.gov.cn/m/xwfbh/xwbfbh/wqfbh/2014/2014n01y22r/xgbd30292/Document/1360820/1360820.htm。

② 朱晶、李天祥、林大燕：《开放进程中的中国农产品贸易：发展历程、问题挑战与政策选择》，《农业经济问题》，2018 年第 12 期，第 19-32 页。

第三节 中国粮食贸易的典型案例

在"双循环"新发展格局下，为确保我国粮食安全，利用粮食贸易的形式，融入国际大循环，形成了以国际贸易为主、全球供应链逐步成熟的新局面。国内粮食贸易的数字化体系日渐成熟，中粮集团——大数据农业有限公司是当前粮食贸易行业和数字化结合的新时代产物，这一发展趋势是形成全球价值链推进国际贸易新格局的必然之路。

一、中粮集团——大数据农业有限公司

中粮集团正在构建一个以数据为中心的 IT 治理架构，围绕着"数据"做了三方面的工作，主要包括基础后台系统、创新前台工具和塑造中台能力。

（一）基础后台系统

基础后台系统作为比较传统的业务，主要负责记录数据。中粮集团自 2015 年 6 月开始建设和推广整体 ERP 系统，旨在进一步梳理各种贸易业务模式，制定统一的大宗粮油业务模板并规范客户管理、品类管理、科目管理等基础数据。至 2016 年年底，中粮集团基本完成了 ERP 系统的全业务覆盖，实现业务管理全面数字化。

（二）创新前台工具

创新前台工具主要有两个抓手，一个是物联网平台，另一个是粮圈儿 App 等创新业务，主要通过带动内外部用户"参与（engagement）"产生数据。

在物联网方面，重点是数字化粮库项目。粮库管理是粮食贸易链条中的重点和难点。数字化粮库，即借助数字化手段对粮食的入库、储存、调拨、出库、盘点等环节实现全面的自动化管理。目前，中粮贸易研发的一批智能终端已应用到一线仓库管理上。数字化粮库自 2016 年立项，截至目前已经完成了近 100 个粮库的系统部署工作。如今，大数据农业有限公司正在继续丰富总部控制和统计分析功能，使各粮库、区域公司和中粮集团总部真正融为一体。

在创新性业务方面，中粮集团推出了粮圈儿 App 服务平台，其直接面向 C 端（农民）。中粮集团旨在充分利用龙头企业在市场、物流和规模方面的优势，改变传统的粮食贸易中间商角色，将小农户和大市场连接起来，打通粮食线上、线下全产业链。

（三）塑造中台能力

塑造中台能力主要负责打通前台和后台的数据，最终成就智能（intelligence）商业。中粮集团数据中台的数据分析模式最大的特点为基于一些业务逻辑来更好地支撑各个业务系统功能的使用、以后所有系统之间数据的调用，即通过数据中台来集中和分发数据，这样的控制保证了更为准确的数据使用来源和更清晰的系统逻辑来源。另外，数据中台统一调用的数据均是动态数据，且与业务实时关联。在数据中台建成以后，数据中台和业务系统二者之间的数据调整实现了实时同步，大大便利了业务分析。目前，中粮集团全套信息化系统在前端、后端都有完整的接口，这些接口将详细的货物信息提供给供应商以及客户；中间又有完整的物流计划安排以及服务采购系统，已经能够支撑整个物流过程的跟踪、处理、记录。在经营层面，中粮集团基于多年的数据以及一些分析模型，尝试采取一种更科学的、更准确的方式预测粮食行情，使决策层制定的经营决策更加符合粮食市场，并与全球主要粮商联合成立 Covantis S. A. 提供农业区块链解决方案，推进国际贸易数字化。

二、中国化工收购先正达集团

2017 年，中国化工完成对先正达集团的收购，全球农化行业新格局形成，美国、欧盟和中国"三足鼎立"。对先正达集团的收购填补了我国专利农药和种子领域的空白，有利于提高我国农业竞争力、保障粮食安全。

2020 年 6 月 18 日，先正达集团成立。先正达集团由先正达、安道麦和中化农业事业部正式组建而成，是全球第一大植保公司和第三大种子公司，具备全球领先的专利和非专利农药研发实力，以及世界一流的种业生物技术及育种技术。作为先正达集团全球四大业务单元之一，先正达集团中国拥有行业内最广泛的产品与服务，涵盖了从植保产品、原药供应到作物育种、作物营养等环节，以及 MAP 现代农业技术服务和智慧农业服务平台，在中国市场位居植保行业第一、化肥行业第一、种业第二。

（一）植保业务：研发创新能力强，保持全球第一地位

先正达在农化领域的传承超过 250 年，拥有丰富的研、产、销资源。2020年先正达集团在全球植物保护产品行业市场占有率排名第一，占据 24% 的市场份额。公司植保产品线丰富，产品涵盖杀菌剂、杀虫剂、除草剂、种衣剂、生

物激活剂，服务包括大田作物综合方案（如"稻之道"综合作物解决方案）、"早益多"早期杂草治理方案、种子和植物幼苗保护方案、观赏性植物健康解决方案等，包括病害虫害治理、生物激活、综合问题解决。除植保产品生产、销售及服务提供外，少量业务为售卖原材料、中间体、原药。另外，先正达集团在植保领域具有领先全球的研发能力，是世界领先的创新性专有作物保护产品提供商，具备全球先进的专利产品研发能力。设有瑞士 Stein、英国 Jealott's Hill、印度 Goa 和比利时 Ghent 等 30 多个研发中心，超过 3 000 名研发人员，拥有涵盖数百万筛选化合物的资料库，以及全球一流的新化合物创制能力和制剂复配能力。除作物营养的养分高效利用技术（磷高效与螯合微量元素）与微生物肥料技术（复合菌剂、菌剂发酵）外，公司核心技术均通过自主研发获得，拥有化学设计与合成、生物刺激素研发平台等 10 项核心技术和技术资产，大田作物防病用杀菌剂、针对多种作物的杀虫剂等 21 项在研项目以及数百种原药的全球最广泛的非专利产品组合，共计 18 项研究成果获奖。

（二）种子业务：转基因技术领先，有望在中国加速落地

根据 Kynetec 统计数据，2020 年，先正达集团在全球种子行业市场占有率排名第三，仅次于拜耳、科迪华；根据全国农业技术推广服务中心和灼识咨询统计数据，2020 年先正达集团（含荃银高科）在中国种子行业市场占有率排名第二，仅次于隆平高科。

先正达集团销售的种子产品可以分为大田作物种子、蔬菜种子和花卉种子，其中大田作物种子包括玉米、大豆、水稻、油籽、大麦和小麦等种子。先正达集团还与其他公司和学术机构建立了合作关系，以进一步挖掘优异种质和性状。截至 2020 年，先正达集团已经在 400 余条产品线中累计开发 6 000 余种具有自主知识产权的种子产品，处于行业领先水平，是业内拥有最丰富的种子产品组合的公司。

在种子业务方面，先正达集团拥有尖端的生物技术和精准的育种技术。通过对基因编辑、基因组学和数字技术等技术能力的灵活运用，先正达集团有效提升了研发效率，建立了世界领先的种质和性状平台，在国际主流的生物技术品种与性状中占据很大份额。

（三）作物营养业务：国内市场占有率排名第一

先正达集团的作物营养业务主要依托先正达集团中国开展，通过中化化肥

经营运作，产品主要包括基础肥、复合肥、特种肥、饲钙及合成氨、硫黄在内的其他产品。其中，特种肥是先正达集团作物营养业务近年重点培育的产品，先正达集团推出大量元素水溶肥、有机功能水溶肥、中微量元素肥、土壤调理剂等符合现代农业发展趋势的高端产品。先正达集团作物营养产品业务在国内处于领先地位，2020年在中国作物营养产品行业市场占有率排名第一。

公司作物营养业务的研发总部为中化农业临沂研发中心，主要从事作物营养产品的研发、作物营养与农业种植技术的整合、土壤和农作物的检测、农作物营养产品的小规模试验以及合作与示范等工作。该中心成立于2015年年底，拥有由50多位研发人员组成的专业研发团队，专业的作物营养研发实验室，先进的作物营养、土壤和作物测试室，用于测试作物营养产品肥力的人造气候室、玻璃温室，以及微、小型田间试验区和作物营养产品生产中小型实验区。该中心是具有作物营养技术及产品开发、生产和验证的全过程研发能力的研发中心，作为"国家作物营养减量增效科技创新联盟"的产学研基地，打通了基础技术到工业转化的最后环节。作物营养研发中心在研发过程中实行"七步法"，包括需求分析或提炼指标、产品初步设计、技术攻关、产品试制、田间试验、推广示范、优化完善七个步骤。

（四）先正达现代农业服务业务：前景广阔，促进各大业务协同

先正达集团的现代农业服务主要包括农服业务、农产业务及数字农业服务。农服业务以产品加服务的形式直接为规模农户提供综合解决方案；农产业务以订单农业作为主要模式，为下游农产品及流通企业提供优质农产品，并进行一定程度的销售；数字农业服务与线下业务相结合，为线下服务中心导航，面向规模农户、合作企业及政府部门，提供先进的数字化农业技术服务。现代农业服务打造了中国领先的以农户为中心的创新农业服务平台，汇集一流的产品与服务，集成大数据资源，助力中国农业的转型升级与蓬勃发展。

公司数字农业平台技术得到进一步改善，并在全球市场上处于领先地位。公司创造性地打造了立足于中国的现代农业技术服务平台，该平台通过线上、线下相结合的模式服务广大农户和合作伙伴，2018—2020年，公司收入增长超过5倍；同时，公司自主研发包括遥感技术、精准气象、病虫害预警、精准种植模型等数字农业技术，有效地控制了种植风险，提高了种植收益。此外，公司在全球各个主要地区均有领先的数字农业平台。2018—2020年，先正达集团已探索出了新的现代农业技术服务平台（MAP），该平台已在庞大的中国农业市场投入使

用；MAP 原本是中化集团的研发项目，在中国化工集团与中化集团合并以后，先正达集团重点推进 MAP 的发展；此外，公司计划将该平台推广到全球市场，造福广大农户，提升食品质量，提高消费者的生活质量。截至 2020 年 12 月 31 日，先正达集团先后在全国范围内建成运营 325 个 MAP 技术服务中心，服务耕地面积超过 1 162 万亩。其中，MAP 技术服务中心提供多种产品和服务，包括植保、作物营养、土壤改善和收割机械等；同时，农户也可使用先进的现代农业设备来进行规模种植，以帮助种植者采用精确耕作和土地管理技术，种植者也可远程监控作物生长过程，并获得相关专家的建议。此外，先正达集团与下游食品相关企业进行合作，自主营销品质谷物和新鲜农产品，并直接出售给消费者。公司还积极投资基础设施的建设，研发质量控制、数字跟踪和追踪的技术，并积极推广 MAPbeside 品牌的营销和品牌投资，有效降低相关企业的生产成本和增加农户收入，并能够提供品质谷物（表 7 - 1）。

表 7 - 1　先正达集团现代农业服务业务类型表

类型	具体业务
农服业务	向规模农户提供包括农业投入品和农业服务在内的综合解决方案
农产业务	以订单农业作为主要模式，根据下游农产品加工企业及零售渠道对品质农产品的订单需求，向农户提供品质农产品订单及配套种植技术解决方案，实现订单交付
数字农业服务	与线下业务相结合，面向规模农户、合作企业及政府部门，提供先进的数字化农业技术服务

第四节　国外粮食贸易策略和商业模式的借鉴

研究国外典型国家的贸易策略，为我国制定合理的粮食贸易策略提供了宝贵的经验，确保在立足国内粮食安全生产的前提下，兼顾国际粮食贸易，有利于保障我国粮食安全。本部分以日本、美国为例，探究了国外粮食贸易的相关策略；以邦吉、ADM 为例，研究了跨国粮商的贸易模式，为国内以农产品加工为核心的全产业链的经营提供经验借鉴。

一、国家粮食贸易策略——以日本、美国为例

国际粮食的供求基本保持平衡，但地区结构分布的不平衡仍然存在。笔者

通过分别剖析日本和美国两个国家的粮食贸易策略，研究该国粮食在生产中的竞争力，以及合适粮食贸易的相关策略。

（一）日本的粮食贸易策略

日本经济发达，人口较多，但农业资源相对不足，是农业消费大国、农产品和粮食进口大国。其务农人口由 1964 年的 454 万人下降到 2012 年的 251 万人，务农人口平均年龄 66 岁。大米是日本人的主食，年人均消费 57.8 千克[①]。日本非常重视大米生产和大米消费，将其上升到国家安全战略层面，并融入民族文化建设之中。因此，日本大米生产占粮食生产比重一直很高，日本人的食物自给率很低，但大米自给率一直保持很高的水平。2013 年日本大米自给率为 94%，但其他粮食均需要进口。日本的粮食贸易策略主要包括以下四个方面[②]。

一是对大米进口数量管制严格，并保持一定的敏感性。日本大米生产成本不断攀升，并且大大高于世界其他大米主产国生产成本，在国际市场上不具备竞争力。因此，国际贸易政策的核心在于如何防止国际市场大米的冲击，使国内大米价格保持在较高水平上，以有效保护种粮农民的利益，保持持续稳定的稻谷生产。1994 年至今，日本以新《粮食法》为指导，每年根据不同用途稻米的需求量，设定稻米生产目标。从近几年情况看，日本国内计划稻米产量每年大约在 800 万吨。同时，日本严格限制大米进口。经过和 WTO 交涉，日本每年通过最低准入制度（minimum access，简称 MA），以国家贸易形式进口大米约 77 万吨（MA 米），超标进口稻米要征收 405 日元/千克的高额关税。

二是对小麦、玉米和大豆的进口实施鼓励，并放宽准入。第二次世界大战后，美国对日本实行小麦推广战略，促进了日本小麦进口量的增加。由于 85% 左右的小麦供应来自进口，为保障小麦供给的稳定与安全，日本主要通过国家贸易形式进口小麦。日本政府对小麦进口商的审查十分严格，通常进口商采取 SBS（买卖同时契约）形式与政府签订协议，以获取进口小麦的资格。除了大米和小麦，日本对玉米、大豆以及其他食物基本采取完全放开的进口策略。另外，粮食进口一直是日本保障国内粮食供应的重要途径。日本通过与主要粮食出口国建立稳定的贸易伙伴关系和紧密的信息交换机制维持粮食进口稳定。具

---

① 张云：《日本的农业保护与东亚地区主义》，天津人民出版社，2011 年。
② 王新华：《国外典型国家的粮食贸易策略及经验借鉴》，《粮食科技与经济》，2015 年第 4 期，第 8-10，13 页。

体来看，日本在维护与主要粮食出口国的合作关系的同时，对替代粮食出口国的各类农业信息，如农作物栽培情况、农作物品种以及品种特征、食品安全性问题、粮食仓储、运输、内外粮食供给等也给予极大关注，建立了农林水产省牵头、相关机构合作的情报收集、分析、共享机制。同时，充分利用各种新闻媒体打通政府与群众传播渠道，及时向社会发布全面的国内外粮食供需动向。

三是通过提高粮食储备量来应对世界粮食市场波动对国内粮食供给的影响。为保障稳定的粮食供应，在考虑国内外粮食歉收以及粮食出口国运输条件恶化等问题的基础上，日本在坚持适度储备、高效利用原则的基础上，制定了针对作为主食的大米，以及高度依赖进口的小麦、大豆、饲料谷物的储备制度。其中，大米保持 100 万吨左右的常年储备量，食用小麦保持全年需求 2、3 个月的储备量，食品用大豆保持全年需求 1 个月的储备量，饲料谷物保持全年需求约 2 个月的储备量。

四是通过推动本土粮商"国际化"保障粮食进口贸易的稳定供给。在 2008 年金融危机和粮食危机后，为解决粮食进口来源地集中问题，防止粮食供给受制于人，作为全球粮食进口大国的日本，大力实施多元贸易主体开拓海外农产品市场战略，鼓励贸易主体多元化与进口地多元化，支持本土粮商"走出去"开拓海外种植基地，开展粮食贸易，强化上下游产业链控制。在日本政府的大力支持下，三井物产在巴西购买了 10 万公顷农田，三菱商社收购了巴西粮食收购公司 20% 的股份。2015 年，日本五大商社在南美地区的粮食收购量达到 2 200 万吨，占到 3/4 的日本全年粮食进口总量。这些"大粮商"在保障日本粮食稳定供给的同时，还为中国等国家供应粮食，逐步成为世界有影响力的大粮商。日本的海外农业战略的实施，为本国粮食进口渠道的稳定提供了保障，并推动本国粮商迅速成长为具有国际影响力的跨国粮商。从某种意义来看，日本虽然是粮食产不足需的粮食小国，但是通过粮食贸易途径已成长为粮食大国。

（二）美国的粮食贸易策略

美国是世界上最大的粮食生产国和出口国，产量约占世界粮食产量的 1/5，出口量约占世界出口总量的 1/3。美国的粮食生产自然条件非常好，耕地资源丰富，土质肥沃，粮食生产机械化及现代化水平很高，生产效率也极高，粮食科研投入大，侧重于降低生产成本及提高单产，使得主要粮食作物玉米、小麦、大豆、水稻等在国际粮食市场保持良好的竞争力。美国每年生产的小麦约一半用来出口、稻谷约 40％用来出口，大概 40％的粮食转为粮食储备。美国极为重视粮食出口市场的开拓和出口政策的研究与调整，以此巩固有利于美国的国际粮食贸易规则，掌握主要商品市场粮食定价权，占据粮食贸易制高点。美国的粮食贸易策略主要包括以下四个方面。

一是极为重视粮食信息。美国是农业与粮食信息大国，是世界粮食市场的定价中心。美国农业部信息的发布，直接影响着世界粮价的走向。美国政府也是通过掌握全球粮食生产与贸易等各种信息，为本国粮食生产者和出口商服务，并在一定程度上影响着世界粮食价格，为本国粮商提供取得暴利的机会。由于美国粮食商品率高，出口比重很大，国内外粮食市场均非常重要。因此，美国政府很重视粮食等农产品信息的采集和服务，其以政府为主体，构建了庞大的信息系统，及时采集、整理、分析和发布全球的相关信息，为美国农业和粮食发展发挥了巨大作用，获取了巨大的经济利益。美国农业部所属的农业统计局（NASS）、农场服务局（FAS）、海外农业局（FSA）、农业市场服务局（AMS）和世界农业展望局（WAOB）等分别承担相应的信息收集、分析和发布工作。美国政府提供的农业与粮食方面的信息包含 120 多个国家、60 多个品种，包括了主要粮食等农产品的生产、消费、进出口、库存、价格变化等重要内容。美国农业部一年的财政预算超过 1 000 亿美元，约有 10 万名工作人员[①]。每月中旬，发布世界农产品月度供需报告，对世界小麦、玉米、大豆等主要粮食产量、出口量、库存等作出统计和预测。每年 3 月，开始进行种植意向调查，约有 8.4 万个农场接受调查。5—12 月，每个月均进行单产调查。此外，还利用卫星遥感技术统计粮食种植面积，预测单产水平。美国农业部对粮食统计持续了 150 年，并逐步确立了其权威统计的地位，对世界粮食市场影响很大。由于美国信息服务于本国粮食生产者和粮食经营者，数据发布存在一定的倾向性，其数据中的人为因素在一定程度上是存在的。世界其他地区的粮商由于对其数据盲从，也因此吃了不少苦头。我国粮食企业对此教训极为深刻，特别是油脂加工企业，多次饱尝其信息误导的苦头。

二是较为完善的国内支持体系。①直接补贴政策。不考虑粮食产量与价格因素，直接对粮食生产者给予补贴的政策，实际上是直接增加生产者收入的政策。这项政策从 2002 年开始实施，至 2012 年结束。②反周期补贴。当市场价

① 胡军华：《美国农业部是如何影响全球农业的》，《粮油市场报》，2013 年 7 月 6 日。

格低于政府确定的目标价格时，政府会补贴价格低的部分；当市场价格高于目标价格时，则不予补贴，旨在降低市场价格波动的影响，稳定粮食生产者收入。美国 2008 年出台的法案，给生产者规定了反周期补贴的上限，分别为 4万美元和 5 万美元。美国在 2008—2012 年执行期间，其生产者补贴预算为720 亿～740 亿美元。同直接补贴政策一样，根据美国新的法案，2012 年之后，不再实行这项政策措施。③销售贷款支持政策。政府在目标价格之下，还确定了一个保护性价格。当市场价格低于这一价格时，生产者按照政府确定的价格偿还贷款，单位贷款额与保护价格之间的差额由政府给予补贴。当市场价格高于保护价格时，生产者则还本付息。2006—2010 年，美国销售贷款支持政策平均每年支出 34 亿美元，2008 年支出最少，为 5 亿美元，最高年份 2006 年支出了 103 亿美元①。④保险补贴政策。这是美国实行时间较长的一项补贴政策。为了鼓励生产者参加保险，降低自然灾害带来的生产风险，保证农户取得稳定的经营收入，政府对加入农业保险的生产者提供保费补贴。这项政策受到生产者的普遍欢迎。近年，粮食等大宗农作物投保率超过了 80％，参保的面积达到2.5 亿英亩以上。2011 年，美国农作物保险费用补贴为 73.6 亿美元，保费补贴率平均保持在 62％②。另外，美国政府为了防止水土流失，保持农业生态环境，在土地易受侵蚀的地区实施了休耕政策，对于实行休耕的生产者给予一定补贴。

三是比较完善的质量保障体系。质量保障体系的建立与完善，是美国粮食在国际市场上具有竞争力的重要保证。美国粮食国家标准由联邦谷物检验局（FGIS）负责制定，内容包括粮食的主要理化指标，如粮食的分类、等级、容重、杂质、破损粒等，主要粮食品种均有国家标准。联邦谷物检验局直接负责粮食出口的检验工作，联邦政府和授权的六个州的检验室负责对所有出口粮食提供强制的检测和称重，并有相应的监察员对检验工作进行监督，保证检验工作准确、真实和公正。《美国谷物标准法案》（USGSA）规定，所有出口的粮食均需经官方检验和检重，所有出口的玉米必须对黄曲霉毒素指标进行检验。为了保证粮食质量，美国政府要求，农场如对粮食作物施用农药，应向当地农业部门申报施用农药的名称、用量和时间。政府有关部门还会到农场或市场对

---

① 牛盾：《国际农业研究报告 2013》，中国农业出版社，2013 年。
② 夏益国：《美国联邦农作物保险：制度演进与运行机制》，《农业经济问题》，2013 年第 6 期，第104-108 页。

粮食进行抽检，对有关卫生指标进行监测。

四是出口支持政策。《出口信贷担保政策》（*export credit guarantee pro-grams*）是美国粮食等农产品出口中一项重要的政策措施，为买方提供信贷资金，目的是促进美国粮食等农产品出口。具体由美国农业部的商品信贷公司承担，由商品信贷公司向出口商提供三年的信贷资金。《出口市场开发计划》（*export credit guarantee programs*）的目的是通过技术援助、市场开发等手段促进美国粮食等农产品出口。补贴对象是非营利性农业组织和贸易商。该开发计划还对进出口协会提供支持，以稳定和拓展美国粮食等农产品的国际市场①。另外，美国还保留粮食援助这一传统的政策，粮食援助分为紧急援助和非紧急援助。紧急援助主要是在地震、战争、洪灾等突发事件时作出的粮食援助。非紧急援助主要是解决贫困国家的饥饿问题和粮食安全问题，每年有相对稳定的受援国和援助数量②。

二、跨国粮商的贸易模式——以邦吉、ADM 为例

跨国粮商是掌握全球粮食运销的跨国公司，即美国 ADM、美国邦吉、美国嘉吉、法国路易达孚四家公司。其中，邦吉存在的时间最久，它构建了"农资＋农场＋终端"的产业闭环商业模式，而 ADM 则打造了以农产品加工为核心的产业链闭环模式。本部分主要以邦吉、ADM 为例，分析跨国粮商的贸易模式。

（一）邦吉：构建"农资＋农场＋终端"产业闭环商业模式

作为历史最悠久的世界粮商，邦吉经过近 200 年的探索，主要业务涵盖化肥、农业、食品业、糖业和生物能源五方面，目前邦吉是巴西最大的谷物出口商，美国第二大大豆产品出口商、第三大粮食出口商、第三大大豆加工商、最大油料作物加工商，为全球四大粮商之一，经营着从田间到餐桌，农资、供应、加工、销售一体化的产业链。其商业模式主要包括以下三个方面。

一是农资方面。依托化肥产业链，打造多元农资平台。邦吉以巴西为中心开展化肥业务，生产各种肥料、饲料、营养剂、添加剂，向农民提供化肥、种

---

① 吕晓英，李先德：《美国农业政策支持水平及改革走向》，《农业经济问题》，2014 年第 2 期，第102-109 页。

② 陈阵：《美国农业补贴政策研究》，经济科学出版社，2013 年。

子、农药、农用器械,并向农户推广农业现代科技方法,提供农业生产技术支持。具体为:从传统农资来看,邦吉的农资供应包括化肥、农药和种子,主要与化肥业务相联系,通过设在巴西的化肥厂生产混合氮磷钾肥料、混合营养剂、液态肥料、农作物营养剂、矿物质添加剂和动物饲料添加剂,为农户提供三大农资,在提高化肥厂运营效率的同时提高农作物种植效率。另外,邦吉还帮助农民精确评估土壤和农作物的各项指标,为农民提供最合适的化肥和农药,最大限度地提高肥料利用率。邦吉化肥是从原料到销售的全产业链,原料部门负责原料加工和中间销售,零售部门负责最终分销和推广,上下游协同合作,提供多种农资。此外,邦吉化肥工厂建在主要消费区,利用区位优势,降低运营成本,其氮磷钾肥在巴西占有29%的市场份额。从无形农资来看,邦吉为客户提供农资增值服务。例如,邦吉宣传农艺学,向农民推广和普及农作物栽培、育种、土壤管理、病虫害管理、农产品初加工和储存等知识。邦吉向农民提供技术支持和信息服务,帮助农民提高种植效率和产量。

二是农场方面。掌控南美资源,创设共赢模式。邦吉基于在南美洲的发展优势,经营大规模农场,种植粮食、小麦等初级农产品,控制农产品原料,保障农产品的可持续发展。邦吉在南美洲尤其是巴西的塞拉多经营大规模农场,拥有或管理近500万亩土地,向近6万户农民提供综合性的农业服务。邦吉农场将农业服务与金融服务相结合,同时依托化肥业务和物流网络,创造出一种与农民互利共赢的经营模式。具体表现为:在农产品种植初期,邦吉将其生产的化肥、农药等物资提供给农户,既满足农户对农资的需求,又使化肥有稳定的销售渠道;同时,也是以农资供应取代直接贷款,将农场经营与金融服务相结合,降低不良贷款的风险,提高资源利用效率。在收获时节,邦吉要求农户以所收获的农产品偿还农资货款,实现原料收购。另外,邦吉利用同一交通工具运送农资和原料,减少运输次数,降低运输成本,也能减少资金占用,降低原材料成本。邦吉正是通过这种合作互惠的农场经营模式,同时扮演供应商和客户角色,掌控南美洲丰富的农业资源,在与同行业企业的竞争中处于优势地位。

三是终端环节。物流营销,双翼齐飞。邦吉积极构建物流网络,在主要城市兴建港口。邦吉拥有各类交通工具,货车每年运输次数达到90万次,发货次数超过17万次,各大洲港口的水运数以百计。邦吉通过物流网络将农资、初级农产品、品牌食品、油类制品、糖类制品等销往世界各地,将产业链延伸到"餐桌";同时,成立全球营销部门,使农产品、油类产品、糖类产品、品牌食品以较低成本销往世界各地，成功实现"从农场到终端"的发展愿景。1998 年邦吉成立全球营销部门，将产品与消费者相联系。该部门负责邦吉在世界各地的农产品贸易及不同产品在各大洲的分销，以促进食品业、农业和农产品贸易在全球范围内的整合，更好地发挥协同效应。邦吉通过在 17 个国家设立的 20 多个营销办事处拉近与消费者的距离，以需求细分市场，进行个性化营销，增加边际利润率。除了产品销售和物流辅助外，邦吉的全球营销部门还负责风险管理以及一部分与贸易相关的金融服务。

（二）ADM：打造以农产品加工为核心的产业链闭环模式

ADM 为全球四大粮商之一，是全球最大的油籽、玉米、小麦、可可和其他农产品加工企业，也是蛋白粉、植物油、玉米甜味剂、面粉、生物柴油、乙醇和其他高附加值食品和饲料添加剂的主要制造商。ADM 作为全球农产品加工企业龙头，其"以农产品加工为核心的兼具收储、物流、贸易的全产业链闭环"模式是核心。ADM 公司将自己定位成农户和全球消费者之间的连接者，位于产业链的采购、存储、加工和销售环节。公司首先在加工环节建立核心能力，以收储、物流和贸易作支撑，给追求低成本战略的加工业务以支持，其设施和布局取决于加工业务的布局，最终建立起竞争优势，达到对整条产业链的整体控制。其特点包括以下四个方面。

一是农产品初加工与深加工有效结合。以原料为驱动的初加工业务的利润率较低，因此企业更要有效控制农产品初级加工的成本。ADM 通过实现"收储→运输→加工→转化→配送→市场销售"一体化控制成本，避免了原料和农产品在转手运输途中的差价。此外，ADM 不断开发新市场，扩大生产规模，其市场占有率不断提高，获得了市场话语权。公司初加工业务以原料为驱动，具有惊人的加工能力。截至 2018 年，ADM 拥有约 4 万名员工，为近 200 个国家的客户提供服务，拥有约 450 个作物采购地点、330 多个食品和饲料原料生产车间、62 个创新中心和世界首屈一指的运输网络。以客户需求为驱动的深加工业务主要是帮助食品和消费品生产厂商应对市场需求、法律规定和生产技术的快速变化，为其提供完整的解决方案。这样一方面可以巩固公司与下游厂商的长期合作关系，另一方面能够很快对市场做出反应，研发和推广新产品。另外，农产品价格具有很强的周期性，提供综合服务需要雄厚的财力，因此客户往往倾向于选择能够提供综合性价值服务的少数几家大型企业合作，而选择包括农产品、运输以及金融在内的一揽子服务能够获得更低的采购价格和更便捷的服务。ADM 正是以这些需求为驱动来进行产品的深加工。此外，客户还能通过联合开发得到 ADM 的专业研发团队的支持，获得工程师和技术人员的培训机会。

二是遍布全球的收储网点大大降低了季节性和区域性环境波动因素带来的影响。ADM 的产业链起始于收储业务，主要是直接从农场中收购玉米、油籽、小麦和可可等原材料。该业务模式是典型的垂直整合，容易受上游原材料波动影响。为降低这种影响，公司建立了 470 多个粮食采购地点，280 多个加工厂和全球运输网络，分布在除南极洲外的六大洲 140 多个国家。这样，ADM 就可以从世界各地进行采购，不依赖于任何供应商，分散了季节和区域性波动风险影响，真正意义上提高了公司的核心能力。

三是全球运输网络将作物、产品和需求联系在一起，并帮助客户管理交货和库存。ADM 自 1967 年组建船队进入运输业以来，不断拓展其运输网络。2015 年，ADM 在全球拥有 2 500 艘驳船、27 400 节铁路车皮、600 辆卡车、1 300 辆拖车和 52 艘远洋船舶。强大的全球化运输能力是 ADM 一个非常重要的竞争优势，能够将产品供给与客户需求紧密联结起来，利用 ADM 自身全球网络运输能够帮助客户管理交货和库存等，大大提高了公司加工业务的规模化运营的效率，降低了成本。

四是贸易业务。ADM 主要通过公司旗下的德国托福国际集团开展贸易业务，通过贸易业务建立信息中心，进而将供应商和客户建立紧密联系，确保低价采购，并建立利益联盟。

第五节　"双循环"下中国粮食贸易的拓展策略

新冠疫情的暴发一方面引发了粮食"保守主义"思潮的抬头，另一方面也促使粮食主要贸易国谋求更加稳定可靠的粮食国际贸易途径。面对当前国际国内复杂形势，保障中国粮食安全，既需要立足国内并畅通国内循环，又需要积极利用国际市场并借助国际循环所带来的竞争压力和倒逼压力，建立更高层次、更高质量的粮食流通安全保障体系。

一、扩大粮食对外投资力度

为了保障我国的粮食安全和全球粮食产业链的快速发展，解决农业"走出去"中存在的农产品话语权不足等问题,要加大对跨国粮企的政策支持力度。

(一)开拓我国与其他国家的农业合作

对于境外农业资源不同区域的不同特点,我国可以"因情施策",提升全球农业资源配置力及使用效率,拓宽优质、稳定、安全的粮食供应渠道[1]。总体而言,对于东盟、中亚等近邻,充分利用共建"丝绸之路经济带"和"21世纪海上丝绸之路"的"一带一路"倡议,以及中国在减灾防灾、市场供求方面的技术和信息优势,同时抓住亚洲基础设施投资银行设立的发展契机,开展广泛深入的合作,挖掘双边贸易潜力,建设长期互惠互利的农业发展合作关系。通过基础设施和金融支持的带动,加强与其他国家的粮食贸易合作,形成长期稳定的贸易合作关系,保障粮食贸易良性发展[2]。针对不发达国家和欠发达国家,可以适当与多边组织和公益机构进行合作,比如,协同世界银行、世界粮食计划署、农业发展基金等多边机构和公益机构合作开展援助,扩大投资对国家形象的正面影响。对于拉丁美洲和非洲等国,由于其农业生产条件较差,财政投资少,耕地开发不足,满足自身需求尚存在困难,所以我国政府可以发挥我国农业领域较强的研发和竞争优势,提供资金、技术和人才支持。比如,通过与有农业发展潜力的共建"一带一路"国家签订农业技术合作项目、建立现代农业示范基地、派遣农业专家、开展农业职业教育和技术培训等多种方式,开展农业技术援助与合作,帮助其提升农业科技水平、改善农田水利设施和提高农业综合生产能力,这样可以在满足当地粮食总需求、增加农民收入的同时,增加世界粮食市场的总供给,在整体上平抑世界粮价。既有利于减小中国在粮食需求上的压力,也有利于保障全球粮食市场的稳定[3]。

(二)加大对跨国粮企的政策支持力度

商务部、农业农村部等相关部委及其下属机构应密切跟踪东道国政策和法律变化,大力加强海外农业投资信息收集、评估与分享工作,定期制定并发布《海外农业投资指南》等指导文件,强化海外农业投资服务、培训与风险预警,

---

① 朱亚勤、徐明、宋雨星、张龙豹、刘文:《中国农业对外合作百强企业的发展情况及策略分析》,《世界农业》,2020年第1期,第26-29页。

② 贺平:《功能主义视角下的东盟粮食安全信息系统:日本的实践与启示》,《复旦国际关系评论》,2015年第2期,第147-159页。

③ 佟光霁、周伦政:《"双循环"背景下我国粮食安全:现状、挑战及保障路径》,《学术交流》,2021年第1期,第97-108,191-192页。

增强企业对国际政治经济形势、所在国政局变化与政治走向等方面的了解和把握。推动海外农业的发展基金的建设，对企业海外市场开拓实施补贴、贴息和紧急援助。同时，逐步建立绩效导向的包括贷款、税收、保险、补贴、进口配额等方面的海外农业投资支持体系，鼓励企业采取公平、包容和共赢的投资模式，不断开拓发展市场，强化境外重点区域的空间布局，提升我国在国际大宗农产品产业链条中的话语权。研究出台其他扶持政策与支持措施，切实解决农业"走出去"中存在的农产品返销难、话语权不足等各种问题。促进企业在实现盈利的同时实现企业的社会责任，最终建立"以企业为主导，政府引导"双边双赢的投资模式①。

二、维护全球粮食市场稳定

近年，全球粮食产量和消费量逐年攀升，但受自然灾害、地缘政治博弈等影响，全球粮食价格波动频繁，为维护全球粮食市场稳定，一方面要完善全球粮食市场信息监测体系，另一方面要优化涉粮外贸企业全产业链布局。

（一）完善全球粮食市场信息监测体系

完善全球粮食市场信息监测体系是确保粮食宏观调控决策科学性、有效性的基础建设。多年来，全球粮价波动与市场激烈博弈，深刻反映了全球粮食市场信息竞争的复杂性和严峻性。要对中国以及主要农产品生产国与消费国的农产品生产、消费、库存、进出口贸易、价格、质量安全等信息加强系统分析监测，为粮食调控决策及企业、公众提供及时、准确、权威的公共信息服务②。通过同步建立农产品进口监测与产业损害预警系统及快速反应机制，完善农产品贸易损害补偿机制与补偿办法，及时帮助受到损害的产业、地区和农民调整生产结构，提升国内农业产业的国际竞争能力和抗风险能力③。

（二）深化涉粮外贸企业全产业链布局

深化涉粮外贸企业全产业链布局，打造稳定的国际粮源供应链，保障中国

① 朱坤林：《"一带一路"倡议下农业资源利用及对外合作战略研究》，湖南师范大学出版社，2018年。

② 程国强、朱满德：《中国粮食宏观调控的现实状态与政策框架》，《改革》，2013年第1期，第18-34页。

③ 朱晶、李天祥、臧星月：《高水平开放下我国粮食安全的非传统挑战及政策转型》，《农业经济问题》，2021年第1期，第27-40页。

和全球粮食安全。一是支持中国跨国农业经营企业"走出去"，积极引导企业在当地投资，鼓励粮食企业发挥自身优势，深化与共建"一带一路"国家和地区的粮食生产、加工合作，努力打造产、供、储、运、加、销一体化的农产品产业链，并通过外引内联建设外向性和内向性并重的全产业链粮食产业企业集群。二是培育全产业链跨国粮食集团。扶持一批具有核心竞争力和行业带动力的国际粮食龙头企业。支持企业开展战略合作与重组，通过多种形式参与国际农产品产业链建设和控制，增强对全球市场重要农产品、关键环节的掌控能力。积极推动和重点扶持其与金融资本深度对接；由政府牵头，组织具有一定实力的粮食企业组建产业联盟或股份公司。在上游生产资源整合和下游流通资源整合方面发挥资本实力、人才实力、运营实力和资源整合能力优势①。三是以多链融合为支撑，顺应科技化、数字化发展趋势，支持企业打造高效粮食供应链，推动全球粮食供应链高质量发展，并通过数字化将国内粮食物流、加工、分销网络与全球供应链系统进行高效对接，强化对国外粮食、资源、物流、仓储及关键环节和运输节点的投资与布局，形成对国际农产品产业链和供应链的控制权与话语权，确保外部粮源买得起、买得到、运得来，促进粮食在更高层次上实现供需平衡②。

三、提高国际粮食市场话语权

为应对全球市场价格波动，提高我国的国际粮食市场话语权不容忽视。"双循环"条件下，我国粮食贸易要在国际粮食市场上积极参与规则制定、发展期货市场，可以有效应对全球市场的波动和冲击，规避国际市场风险。

（一）参与国际农产品贸易规则制定

当前世界贸易体制处于重构时期，为应对全球粮食安全问题，中国应基于当前国内的现实条件，在既有的国际贸易规则体系允许的范围内，联合广大发展中国家求同存异、共同协作，通过"筑高墙""强筋骨"等多种方式来促进中国农产品贸易发展，提高国际市场话语权。首先，今后中国国内政策的制定需要越来越多地考虑与国际规则接轨。其次，中国需要积极主动地开展区域和

---

① 李治：《"双循环"下我国粮食产业的机遇与挑战》，《西北农林科技大学学报（社会科学版）》，2021年第4期，第97-104页。

② 朱晶、臧星月、李天祥：《新发展格局下中国粮食安全风险及其防范》，《中国农村经济》，2021年第9期，第2-21页。

双边贸易谈判，并积极参与国际农产品贸易规则、农业标准等国际讨论和制定，尽可能为中国争取最有利的农产品贸易制度。最后，基于当前我国农产品进口不断增长的发展趋势，我国在贸易领域关注的重点也应拓展到促进建立更加公平合理的国际贸易规则、建立地区和国家间协作机制等议题，特别是坚决限制发达国家滥用国内支持政策扭曲农业贸易，努力构建公平、公正、透明、合理的世界粮食贸易体制和秩序①。

（二）推进农产品期货市场高质量发展

随着全球市场价格波动越来越频繁，国际市场风险日益增大，对国内的传导和影响越来越具有不确定性。因此，我国应抓紧推进农产品期货市场改革，以国内巨大的市场需求和农产品贸易大国的影响力为依托，在更高起点上建设具有全球影响力的大宗商品交易中心，不断完善商品期货交易品种，充分发展衍生品市场，促进市场品种创新、工具创新、业务创新，提升定价效率和公信力，营造公平、公开、公正的期货市场环境，构建竞争有序的市场交易体系，提升农产品期货市场运行的稳定性，逐渐摆脱对国际商品市场价格的被动跟随。同时，加强对期货市场的监管和对跨境资本流入农产品期货市场的监控，防止市场过度投机，有效应对全球市场的波动和冲击，规避国际市场风险，提高国际粮食市场影响力和话语权。

四、健全全球粮食治理体系

在开放经济条件下，为了健全全球粮食治理体系，我国既要升级国内农业支持保护政策体系，以鼓励优质优价、提高农业综合效益和竞争力，又要积极参与全球粮食安全协同治理，保障农业的可持续发展。

（一）升级国内农业支持保护政策体系

加入 WTO 以来，我国农业支持保护体系受到国际规则制约，在当前国内国际"双循环"深度融合背景下，关起门来对国内农业政策进行"调结构、转方式"的难度越来越大。因此，升级国内农业支持保护政策体系时，需要充分考虑其与国际规则的适配性，并充分利用好 WTO 所允许的粮食支持空间，从而在"双循环"背景下化解国际市场对国内市场的压力。一是要用足用好

---

① 朱晶、李天祥、林大燕：《开放进程中的中国农产品贸易：发展历程、问题挑战与政策选择》，《农业经济问题》，2018 年第 12 期，第 19-32 页。

WTO所允许的"黄箱"支持空间。尤其是非特定产品的"黄箱"补贴，不断完善其补贴创新机制，并充分开发利用好这一部分补贴空间。二是应积极推动农业支持保护政策由"黄"转"绿"。通过加大对一般服务支持的投入力度来支持农业发展，如农田整理、农业基础设施建设以及相关技术研发推广等。三是在WTO规则允许范围内，积极探索创新补贴方式，持续推进主要粮食作物完全成本保险和种植收入保险的"扩面、增品、提标"，推动农业保险从"保基本、保成本"向"保价格、保收入"升级。四是在实施农业支持保护政策的过程中，要提高其精准性和指向性，增强政策的弹性和灵活性，同时可参考美国的半脱钩化的补贴方式等积极探索新的补贴类型和补贴手段，推动农业补贴与消费需求相适配，鼓励优质优价、提高农业综合效益和竞争力。

（二）积极参与全球粮食安全协同治理

新冠疫情期间及后疫情时代，国际粮食市场和贸易不确定性风险加剧。在抗击新冠疫情过程中，中国展现了大国担当，未来我国仍需秉持人类命运共同体理念，积极参与全球粮食安全协同治理，推动建立稳定的粮食生产、贸易环境和粮食安全环境，为全球粮食安全贡献"中国方案""中国智慧"和"中国力量"。第一，弘扬多边主义和共商、共建、共享的全球治理观，深度参与全球农业贸易与投资规则谈判，积极主动承担国际责任，推进全球和区域粮食储备体系建设、反对粮食禁运与出口限制等行动计划，积极参与全球粮食安全制度变革；第二，促进FAO、世界粮食计划署等国际组织和机构发挥全球农业合作等方面重要的协调作用，增进各国在农业贸易和粮食安全方面的政治互信，推动稳定良好新秩序的建立和国际粮食安全合作新平台的搭建[①]；第三，以FAO等多边粮食合作机制为基础、积极融入粮食资源丰富国家的粮食生产合作中，提升东道主国的粮食生产能力并共同维护国际粮食安全，形成更加公平稳定、可持续的全球粮食安全治理体系，更好地共同维护全球粮食市场稳定、助力全球农业食物系统转型、粮食安全与营养保障以及农业可持续发展[②]。

---

① 朱晶、臧星月、李天祥：《新发展格局下中国粮食安全风险及其防范》，《中国农村经济》，2021年第9期，第2-21页。

② 李治：《"双循环"下我国粮食产业的机遇与挑战》，《西北农林科技大学学报（社会科学版）》，2021年第4期，第97-104页。

参考文献

白美清，2019. 我国粮食流通体制改革开放历程的初步回顾与探索［J］. 中国粮食经济
（12）：7-10.

百度网，2021. 科技创新能力跃升　为经济高质量发展注入强动能［EB/OL］. https://baijia-hao. baidu. com/s?id=1707684766500380110&wfr=spider&for=pc.

蔡丹纯，吴晓兰，2009. 以市场化为取向　追求效率　兼顾公平：用渐进主义分析 1998 年
国家粮食流通体制改革［J］. 中国集体经济（6）：50-51.

陈会玲，祁华清，王新华，2016. 印度粮食储备管理制度改革及其对中国的借鉴［J］. 世界
农业（2）：4-11.

陈祥云，李荣耀，赵劲松，2020. 我国粮食安全政策：演进轨迹、内在逻辑与战略取向
［J］. 经济学家（10）：117-128.

陈秧分，王介勇，张凤荣，等，2021. 全球化与粮食安全新格局［J］. 自然资源学报（6）：
1362-1380.

陈甬军，晏宗新，2021. “双循环”新发展格局的经济学理论基础与实践创新［J］. 厦门大
学学报（哲学社会科学版）（6）：37 47.

陈阵，2013. 美国农业补贴政策研究［M］. 北京：经济科学出版社.

程国强，朱满德，2013. 中国粮食宏观调控的现实状态与政策框架［J］. 改革（1）：18-34.

崔宁波，2022. 构建国家粮食安全新发展格局［J］. 人民论坛（1）：26-29.

邓小平，2001. 邓小平文选（第 3 卷）［M］. 北京：人民出版社.

邓远建，汤彪，屈志光，2022. 农业经济“双循环”新发展格局的内在逻辑与实现路径
［J］. 西北农林科技大学学报（社会科学版）（1）：106-114.

狄强，2018. 基于效率与安全相协调的我国粮食批发市场建设创新研究［J］. 农村经济（2）：
22-27.

丁泉，2010. 基于粮食产业链的我国粮食企业纵向一体化研究［D］. 北京：北京工商大学.

丁声俊，2016. 对振兴粮食产业经济的探讨［J］. 中国粮食经济（11）：32-36.

丁声俊，2021. 对大变局下构建粮食“双循环”新格局的思考［J］. 中州学刊（1）：39-45.

杜志雄，2019.70 年中国粮食发展的成效与经验［J］. 人民论坛（32）：16-19.

杜志雄，2023. 全方位夯实粮食安全根基［J］. 红旗文稿（2）：29-32.

杜志雄，高鸣，韩磊，2021. 供给侧进口端变化对中国粮食安全的影响研究［J］. 中国农村
    经济（4）：15-30.

范建刚，2007. 对消费量测算前提下的粮食储备规模分析［J］. 软科学（1）：29-32.

高洪洋，胡小平，2021. 我国政府粮食储备区域布局：现状、影响及优化路径［J］. 华中农
    业大学学报（社会科学版）（6）：27-34.

高鸣，魏佳朔，2021. 后小康时代保障粮食安全的形势任务、战略选择及 2035 年远景谋划
    ［J］. 南京农业大学学报（社会科学版）（5）：30-44.

高强，万兴彬，彭超，2021. 日本粮食储备制度发展历程、政策框架及启示［J］. 世界农业
    （3）：4-13.

葛扬，尹紫翔，2021. 我国构建"双循环"新发展格局的理论分析［J］. 经济问题（4）：
    1-6.

顾仲阳，郁静娴，方圆，2021. 我们把饭碗牢牢端在自己手中［EB/OL］. https：//m. gmw.
    cn/baijia/2021-07/09/34982114. html.

光明日报客户端，2019. 中央储备粮科技储粮覆盖率提升至 98％建成全球粮食仓储行业最大
    物联网［EB/OL］. https：//politics. gmw. cn/2019-01/19/content _ 32378658. htm.

广州市人民政府门户网，2017. 广州市人民政府办公厅关于印发实施广州市粮食流通业发展
    第十三个五年规划（2016—2020 年）的通知［EB/OL］. http：//fgw. gz. gov. cn/fzgg/fzgh/
    content/post _ 2334251. html.

郭克莎，田潇潇，2021. 加快构建新发展格局与制造业转型升级路径［J］. 中国工业经济
    （11）：44-58.

国家粮食储备局体改法规司课题组，1997. 日本韩国粮食立法的研究及借鉴［J］. 中国粮食
    经济（8）：1-24，31.

国家粮食课题组，2003. 中国粮食批发市场发展研究报告［M］. 北京：经济管理出版社.

国家统计局，2021. 中华人民共和国 2020 年国民经济和社会发展统计公报［EB/OL］. http：//
    www. gov. cn/xinwen/2021-02/28/Content _ 5589283. htm.

国务院，2010. 国务院关于进一步深化粮食流通体制改革的决定［EB/OL］. http：//www.
    gov. cn/zhengce/content/2010-11/17/content _ 3190. htm.

国务院，2019. 国务院办公厅关于部分粮食品种退出保护价收购范围有关问题的通知
    ［EB/OL］. https：//www. hainan. gov. cn/data/zfgb/2019/10/5979/.

韩晶，孙雅雯，2018. 借助"一带一路"倡议构建中国主导的"双环流全球价值链"战略研
    究［J］. 理论学刊（4）：33-39.

何亚莉，杨肃昌，2021. "双循环"场景下农业产业链韧性锻铸研究［J］. 农业经济问题

（10）：78-89.

贺平，2015. 功能主义视角下的东盟粮食安全信息系统：日本的实践与启示 [J]. 复旦国际关系评论（2）：147-159.

胡军华，2013. 美国农业部是如何影响全球农业的 [N]. 粮油市场报，2013-07-06.

胡美姝，王晓华，2018. 我国粮食批发市场建设现状、问题及对策建议 [J]. 粮食科技与经济（6）：28-31.

胡小平，范传棋，高洪洋，2018. 改革开放 40 年中国粮食价格调控的回顾与展望 [J]. 四川师范大学学报（社会科学版）（6）：23-29.

花俊国，郑钊，张俊华，2020. 国际因素对国内粮食价格的冲击效应 [J]. 世界农业（9）：81-93.

华经情报网，2021.2015—2020 年中国粮食进口数量、进口金额及进口均价统计；2015—2020 年中国粮食出口数量、出口金额及出口均价统计 [EB/OL]. http://huaon.com.

黄青青，2019. 中国粮食收购价格支持政策对粮食安全的影响研究 [D]. 南昌：江西财经大学.

黄先明，王奇，肖挺，2021. 疫情冲击下的粮食贸易政策不确定性与全球治理 [J]. 国际贸易（6）：47-55.

贾凡，2020. 农业供给侧结构性改革背景下粮食生产安全问题研究 [D]. 长春：吉林大学.

贾晋，2012. 我国粮食储备的合理规模、布局与宏观调控 [J]. 重庆社会科学（2）：82-94.

贾晋，2012. 中国粮食储备体系：历史演进、制度困境与政策优化 [J]. 广西社会科学（9）：97-102.

姜长青，2014. 文革后期中国的粮食进出口初探 [J]. 古今农业（3）：10-16.

蒋和平，尧珏，蒋黎，2020. 新时期我国粮食安全保障的发展思路与政策建议 [J]. 经济学家（1）：110-118.

匡远配，张容，2022. "双循环"新发展格局下农业农村高质量发展的现实困境与出路 [J]. 世界农业（1）：5-14.

兰录平，2013. 从粮食购销政策演变看我国粮食购销市场化 [J]. 农业经济（1）：114-116.

李舫，李家鼎，刘少华，2021. 吉林把保障粮食安全放在突出位置：筑牢农业根基，守护黑土粮仓 [EB/OL]. http://society. people. com. cn/n1/2021/0507/c1008-32096182. html.

李桂，2019. 供给侧结构性改革背景下我国粮食储备规模研究 [D]. 湘潭：湖南科技大学.

李华林，2021. 利用"双循环"提升粮食保障能力 [N]. 经济日报，2021-03-05.

李京福，2016. 发达国家粮食储备管理制度的经验 [J]. 世界农业（1）：84-87.

李俊茹，石自忠，胡向东，2021. 地缘政治风险对中国粮食价格的影响 [J]. 华中农业大学学报（社会科学版）（6）：15-26.

李婷婷，2017. 北京市粮食产业疏解　将建环京 4 小时粮食物流圈 [EB/OL]. https：//3g.

163. com/news/article/CDSF87R100018AOR. html.

李伟，2020. 关于打造"齐鲁粮油"公共品牌引领山东粮油产业高质量发展的路径研究
　　[J]. 中国粮食经济（3）：13-14.

李雪，刘乃郁，张姝，2022. 价格支持、政策调整及粮食市场波动 [J]. 中国农业资源与区
　　划：1-14.

李震，昌忠泽，戴伟，2021. "双循环"相互促进：理论逻辑、战略重点与政策取向 [J].
　　上海经济研究（4）：16-27.

李治，2021. "双循环"下我国粮食产业的机遇与挑战 [J]. 西北农林科技大学学报（社会
　　科学版）（4）：97-104.

李忠杰，2020. 历史交汇点上再出发 [J]. 中华魂（12）：4-8.

刘畅，2012. 中国玉米流通问题研究 [D]. 北京：首都经济贸易大学.

刘海方，2015. 黑龙江省森林食品产业发展战略研究 [D]. 哈尔滨：东北农业大学.

刘慧，2022. 稳粮价需扛住双重成本压力 [N]. 经济日报，2022-05-19.

刘金山，2002. 市场协调农业产业链：一种探索 [J]. 上海经济研究（3）：32-36.

刘美秀，杨艳红，2013. 我国粮食对外贸易政策变迁与粮食进出口贸易的发展 [J]. 农业经
　　济问题（7）：84-88.

刘婷，曹宝明，2019. 我国粮食价格政策调控有效性与改革思路 [J]. 农村经济（3）：
　　46-54.

刘雪青，2020. 我国粮食流通业发展的回顾与展望 [J]. 黑龙江粮食（6）：52-54.

刘颖，许为，樊刚，2010. 中国粮食安全储备最优规模研究 [J]. 农业技术经济（11）：
　　83-89.

刘泽莹，韩一军，2020. 乡村振兴战略下粮食供给面临的困境与出路 [J]. 西北农林科技大
　　学学报（社会科学版）（2）：10-18.

刘紫薇，孙青霞，刘潞，2019. "互联网＋"背景下粮食电商扶贫发展研究 [J]. 粮食科技
　　与经济（7）：136-138.

陆福兴，2021. "双循环"下国家粮食安全的新认识 [EB/OL]. http：//www. minge. gov. cn/
　　gb/n1/2021/0326/c437171-32061654. html.

罗重谱，2021. 全球粮食安全形势与我国中长期粮食安全保障策略 [J]. 经济纵横（11）：
　　97-102.

吕捷，王雨濛，2019. 当前国际粮食经济形势与中国粮食安全 [J]. 中共中央党校（国家行
　　政学院）学报（4）：131-136.

吕晓英，李先德，2014. 美国农业政策支持水平及改革走向 [J]. 农业经济问题（2）：
　　102-109.

马九杰，张传宗，2002. 中国粮食储备规模模拟优化与政策分析 [J]. 管理世界（9）：

95-105.

毛佳，朱述斌，2021. 新中国成立以来粮食安全财政政策的演进及其当代启示 [J]. 江西财经大学学报（4）：114-124.

倪洪兴，于孔燕，吕向东，2016. 中国农业贸易开放新观察 [J]. 江苏农村经济（3）：4-6.

牛盾，2013. 国际农业研究报告 2013 [M]. 北京：中国农业出版社.

农商研究院，2016. 于衡：盘锦大米品牌建设政府工作回顾 [EB/OL]. http：//farmigo. net/412?fyjezw＝fozkw2.

农视网，2021. 我国粮食应急加工企业日加工能力可满足全国 14 亿人 2 天的需要！[EB/OL]. https：//baijiahao. baidu. com/s?id=1720314259885579324&.wfr＝spider&.for＝pc.

农业农村部新闻办公室，2020.2019 年全国耕地质量等级情况公报 [EB/OL]. http：//www. moa. gov. cn/xw/zwdt/202005/t20200512＿6343750. htm.

裴沛，孙金岭，2021. 新形势下中国粮食价格与粮食安全研究 [J]. 价格月刊（2）：1-6.

彭艾武，2017. 互联网＋制造业商业模式创新研究：以 Z 公司为例 [D]. 唐山：华北理工大学.

普冀喆，吕新业，钟钰，2019. 产需张弛视角下粮食政策演进逻辑及未来取向 [J]. 改革（重庆）（4）：103-114.

普冀喆，郑风田，崔海兴，2018. 粮食最优储备规模研究进展及启示 [J]. 华中农业大学学报（社会科学版）（5）：67-75.

普喆，郑风田，2020. 粮食储备规模优化研究：基于库存消费比视角 [J]. 农村经济（7）：78-85.

齐贵权，2020. 粮食价格走势与稳定粮价 [J]. 中国金融（12）：80-81.

钱津，2021. "十四五"时期现代农业发展中的粮食市场建设 [J]. 区域经济评论（3）：130-135.

钱煜昊，罗乐添，2021. 粮食安全、逆全球化与"走出去"战略：中国粮食产业的全球化布局策略研究 [J]. 农村经济（8）：7-17.

邱清龙，2007. 我国粮食批发市场与粮食市场体系建设研究 [D]. 郑州：郑州大学.

曲艺，2021. 中国粮食安全面临的新挑战及应对措施 [J]. 技术经济与管理研究（11）：107-111.

人民日报，2020. 关注粮食安全：全国主要农作物良种覆盖率达 96％ [EB/OL]. https：//finance. sina. com. cn/china/2020-08-19/doc-iivhvpwy1781614. shtml.

人民日报，2020. 我国用水效率明显提升农田灌溉水有效利用系数达到 0. 559 [EB/OL]. https：//www. sxcntv. com/redian/2020/0917/400011560. html.

人民日报，2021. 农业科技进步贡献率超 60％：农业农村现代化迈上新台阶 [EB/OL]. http：//www. gov. cn/xinwen/2021-01/07/content＿5577626. htm.

如东县人民政府，2015. 县政府办公室关于印发如东县粮食全产业链建设实施方案的通知 ［EB/OL］. http：//www. rudong. gov. cn/rdxrmzf/xzfbwj/content/791FED10CDCA3E7EE05-33E0A59024362. html.

尚强民，2018. 改革开放 40 年与保障国家粮食安全 ［J］. 中国粮食经济（12）：22-26.

沈欣，2010. 粮食物流园区规划与建设研究 ［D］. 哈尔滨：东北农业大学.

苏秀林，1958. 谈谈目前我国的粮食政策 ［M］. 北京：工人出版社.

隋丽莉，2020. 新世纪以来我国粮食价格政策成效、问题与改革方向 ［J］. 经济纵横（3）：119-128.

隋丽莉，顾莉丽，2020. 新世纪以来我国粮食价格政策成效、问题与改革方向 ［J］. 经济纵横（3）：119-128.

孙宝民，2012. 基于国内粮食安全的中国粮食进出口战略研究 ［D］. 武汉：武汉理工大学.

孙晓，孙家庆，丁瑶，2021. "双循环"战略下保障我国国际粮食供应链安全的思考 ［J］. 农业经济（11）：130-131.

唐正芒，2011. 历程与经验：中国共产党对当代中国粮食工作的领导论析：写在中国共产党成立 90 周年 ［J］. 湘潭大学学报（哲学社会科学版）（3）：12-16.

唐正芒，2016. 中国共产党领导新中国粮食工作史论（1949—2009）［M］. 湘潭：湘潭大学出版社.

佟光霁，周伦政，2021. "双循环"背景下我国粮食安全：现状、挑战及保障路径 ［J］. 学术交流（1）：97-108，191-192.

托马斯•A•普格尔，2014.《国际贸易》中文版 ［M］. 赵曙东，沈艳枝，译. 北京：中国人民大学出版社.

万景春，2017. "滨州模式"引领粮食产业开启循环经济模式 ［J］中国国情国力（10）：72-74.

王滨，2019. 滨州：中国粮食产业发展创新高地 ［J］. 黑龙江粮食（6）：34-37.

王超，2018. "批发市场＋互联网"背景下我国传统农产品批发市场转型策略 ［J］. 商业经济研究（21）：110-112.

王东，王远卓，2021. 货币超发、粮食金融化与粮食进口国粮食安全风险 ［J］. 保险研究（7）：3-22.

王钢，赵霞，2021. 中国粮食安全"双循环"新发展格局的现实逻辑与实现路径研究 ［J］. 新疆社会科学（5）：36-45.

王瑾，2020. 我国粮食最低收购价格政策改革与思考 ［J］. 农业经济（10）：118-119.

王敬锋，2020. "互联网＋农业"背景下绿色粮食产业发展路径研究 ［J］. 粮食科技与经济（1）：25-27.

王淇，2016. 知识产权集中管理改革的法制方向研究 ［J］. 科技促进发展（3）：290-296.

王双正，2008. 粮食流通体制改革 30 年：回顾与反思 [J]. 财贸经济 (11)：111-124.

王思怡，2021. 我国粮食最低收购价政策效应及优化研究 [D]. 成都：四川大学.

王廷勇，2020. 中国粮食进口格局的现状、成因及策略建议 [J]. 对外经贸实务 (9)：47-50.

王伟华，2018. 立足大粮食发展大产业在保障国家粮食安全中体现大省担当 [J]. 中国经贸导刊 (28)：58-60.

王伟华，2021. 以数字化转型和产业互联网建设　推动粮食经济高质量发展 [J]. 中国粮食经济 (1)：53-55.

王新华，2015. 国外典型国家的粮食贸易策略及经验借鉴 [J]. 粮食科技与经济 (4)：8-10，13.

王逊，2013. 产业链视角下我国粮食企业发展战略研究 [D]. 武汉：武汉轻工大学.

王雅丽，2021. 中国粮食价格支持政策调整与改革对策研究：基于农业供给侧结构性改革背景 [J]. 价格月刊 (11)：29-35.

王一飞，2018. 粮食价格政策对中国粮食安全的影响研究 [D]. 北京：北京交通大学.

王赟，钟钰，2020. 中国粮食价格支持的政策优化与未来走向：基于美国指控中国粮食价格支持过度的分析 [J]. 中国农业资源与区划 (1)：122-128.

魏玉君，叶中华，2019. 美国粮食安全保障政策变迁：启示与借鉴 [J]. 世界农业 (3)：50-55，115.

吴昊，2020. 我国政府粮食储备的分级问题研究 [D]. 成都：西南财经大学.

吴娟，王雅鹏，2011. 我国粮食储备调控体系的现状与完善对策 [J]. 农业现代化研究 (6)：661-665.

吴玲霞，2020. 贸易战和新冠疫情背景下中国稳定粮食价格策略研究 [J]. 价格月刊 (8)：20-23.

吴雪，2020. 中国粮食目标价格制度改革面临的困难及对策研究 [J]. 价格月刊 (8)：1-5.

夏益国，2013. 美国联邦农作物保险：制度演进与运行机制 [J]. 农业经济问题 (6)：104-108.

夏仲明，2008. 三十年粮改的回顾与思考 [J]. 粮食问题研究 (4)：44-48.

新华社，2021. 中华人民共和国国民经济和社会发展第十四个五年规划和 2035 年远景目标纲要 [EB/OL]. http://www.xinhuanet.com/2021-03/13/c_1127205564.htm.

新华网，2014. 2014 年中央一号文件公布　以改革推进农业现代化 [EB/OL]. http://www.scio.gov.cn/m/xwfbh/xwbfbh/wqfbh/2014/2014n01y22r/xgbd30292/Document/1360820/1360820.htm.

新华网，2020. 中共中央政治局常委会召开会议　习近平主持 [EB/OL]. https://baijiahao.baidu.com/s?id=16666654478179362188&wfr=spider&for=pc.

徐小童，2021. 中国粮食价格波动影响因素及对策研究 ［D］. 淄博：山东理工大学.

许创强，2020. 新时代国有商业银行党建工作创新研究 ［D］. 北京：中央财经大学.

许生，张霞，2021. 改革财税体制　促进经济高质量发展 ［J］. 财政科学（12）：5-18.

颜波，陈玉中，2009. 粮食流通体制改革 30 年 ［J］. 中国粮食经济（3）：18-25.

颜波，胡文国，周竹君，等，2017. 粮食产业经济发展战略研究（一）［J］. 中国粮食经济
　（11）：44-48.

央视网，2021. 中国储备粮规模稳定粮食完好仓容超 6.5 亿吨达世界较先进水平 ［EB/OL］.
　http://www. chinanews. com/gn/2021/04-02/9446557. shtml.

杨改，2008. 我国农业物流组织研究 ［D］. 重庆：重庆交通大学.

杨煌，2020. 伟大历史交汇点上的新蓝图 ［J］. 中华魂（12）：9-11.

杨军，2016. 我国农产品批发市场转型升级的目标和路径 ［J］. 经济纵横（11）：121-124.

杨柳，1994. 中国郑州粮食批发市场简介 ［J］. 农村·农业·农民（2）：5.

杨明，陈池波，钱鹏，等，2020. "双循环"背景下中国粮食安全：新内涵、挑战与路径
　［J］. 国际经济合作（6）：103-114.

杨晓东，2017. 危机后世界粮食贸易发展及其对中国粮食安全的影响 ［J］. 内蒙古社会科学
　（汉文版）（3）：120-124.

杨芷晴，孔东民，2020. 我国农业补贴政策变迁、效应评估与制度优化 ［J］. 改革（10）：
　114-127.

杨祖义，瞿商，2005. 浅析粮食购销政策的三次变化 ［J］. 粮食问题研究（2）：13-18.

叶盛，2019. 粮食金融化与粮食价格：影响关系与传导路径 ［D］. 重庆：西南大学.

佚名，2019. 山东滨州："三链协同"品牌引领推动粮食产业高质量发展 ［J］. 中国粮食经济
　（8）：25-28.

易钢，1998. 毛泽东、邓小平对中国传统重农思想的新发展 ［J］. 毛泽东思想研究（6）：
　69-73.

尹义坤，2010. 中国粮食产业政策研究 ［D］. 哈尔滨：东北农业大学.

尹崟，衣保中，2020. "十四五"时期中国粮食安全发展的创新驱动体系建设 ［J］. 现代经
　济探讨（10）：38-45.

于志强，2015. 全球价值链下我国服装产业集群升级研究 ［D］. 天津：河北工业大学.

喻志军，2021. 我国粮食安全、农民收益与粮食价格政策的关系分析 ［J］. 商业经济研究
　（10）：185-188.

詹姆斯·吉尔伯，2012. 国际经济学（第 5 版）［M］. 赵世勇，译. 上海：格致出版社.

湛礼珠，2021. 政府计划到市场调节：粮食价格政策演变及启示 ［J］. 价格月刊（12）：
　10-17.

张琛，孔祥智，2021. "双循环"新发展格局与中国粮食安全 ［J］. 湖北大学学报（哲学社

会科学版）（5）：160-167.

张亨明，章皓月，朱庆生，2021."双循环"新发展格局下我国粮食安全隐忧及其消解方略
　　[J]. 改革（9）：134-144.

张宏明，张长城，符如梁，等，2011. 加快推进粮油加工产业园区建设的思考 [J]. 粮食科
　　技与经济（1）：39-40，53.

张俊烽，2009. 市场环境，股权性质与债务资本成本研究：来自中国上市公司的经验证据
　　[D]. 广州：中山大学.

张秀青，2021."双循环"新发展格局下的粮食产业强国建设思路 [J]. 价格理论与实践
　　（1）：40-45.

张扬，2015. 我国公路货物运输业市场绩效研究 [D]. 西安：长安大学.

张云，2011. 日本的农业保护与东亚地区主义 [M]. 天津：天津人民出版社.

张泽浩，2016. 五常大米品牌建设研究 [D]. 哈尔滨：东北农业大学.

张哲晰，高鸣，穆月英，2021."双循环"格局下中国粮食安全路径与展望 [J]. 世界农业
　　（7）：4-10，118.

张中文，2011. 现代粮食物流协同体系及机制建设研究 [D]. 长沙：湖南农业大学.

赵德余，2016.1966—1976 年间我国粮食统购统销政策的制定及其效益 [J]. 华南农业大学
　　学报（社会科学版）（2）：1-11.

郑风田，普蕖喆，2016. 我国粮食储备主体结构及其优化研究 [J]. 价格理论与实践（9）：
　　18-22.

郑风田，普蕖喆，2019. 反思政策性粮食储备体系：目标分解与制度重构 [J]. 中州学刊
　　（11）：42-48.

郑旭芸，庄丽娟，2022. 进口规模扩大可以增强国际粮食价格传导效应吗？[J]. 华中农业大
　　学学报（社会科学版）（1）：126-139.

中国共产党新闻，2023. 陈云：不唯上、不唯书、只唯实，交换、比较、反复 [EB/OL].
　　http://cpc. people. com. cn/GB/34136/2543702. html.

中国青年网，2020. 农业农村部：2020 年全国农作物耕种收机械化率高达 71% [EB/OL].
　　https://www. sohu. com/a/438424317_119038.

中国食品报，2018. 百年农耕　米香绵绵　曾经的"帅府专供"　今天的"盘锦大米"
　　[EB/OL]. https://www. sohu. com/a/215411661_99927860.

中国新闻网，2022."大国'粮'策"习言道："始终绷紧粮食安全这根弦" [EB/OL]. ht-
　　tps://www. chinanews. com. cn/gn/2022/06-15/9780101. shtml.

中华人民共和国国务院新闻办公室，2019.《中国的粮食安全》白皮书（全文） [EB/OL].
　　http://www. scio. gov. cn/zfbps/32832/Document/1666192/1666192. htm.

中华人民共和国国务院新闻办公室，2022. 国家发展改革委举行 4 月新闻发布会

［EB/OL］. http://www. scio. gov. cn/xwfbh/gbwxwfbh/xwfbh/fzggw/Document/1723252/1723252. htm.

中华人民共和国中央人民政府网，2004. 国务院关于进一步深化粮食流通体制改革的意见［EB/OL］. http：www. gov. cn/gongbao/content/2004/content＿62827. htm.

中华人民共和国中央人民政府网，2008. 国务院关于完善粮食流通体制改革措施的意见［EB/OL］. http：www. gov. cn/zhengce/content/2008-03/28/content＿3590. htm.

中华人民共和国中央人民政府网，2014. 李克强主持召开国务院常务会议（2014 年 11 月 15日）［EB/OL］. http：www. gov. cn/guowuyuan/2014-11/15/content＿2779313. htm.

钟昱，2020. "滨州模式"对我国粮食产业经济发展的借鉴与启示［J］. 粮油食品科技（4）：32-35，6.

周郸宁，2017. 粮食产业经济发展的"滨州模式"［N］. 粮油市场报，2017-09-16.

周静，2020. 我国粮食补贴：政策演进、体系构成及优化路径［J］. 西北农林科技大学学报（社会科学版）（6）：88-93.

周敏，2019. 中粮集团全产业链战略实施及其财务绩效分析［D］. 南昌：江西财经大学.

周杨，邵喜武，2019. 改革开放 40 年中国粮食价格支持政策的演变及优化分析［J］. 华中农业大学学报（社会科学版）（4）：15-24.

朱聪，曲春红，王永春，等，2022. 新一轮国际粮食价格上涨：原因及对中国市场的影响［J］. 中国农业资源与区划（3）：126-139.

朱鸿鸣，2020. "双循环"新发展格局的内在结构与误区廓清［J］. 东北财经大学学报（6）：3-11.

朱晶，李天祥，林大燕，2018. 开放进程中的中国农产品贸易：发展历程、问题挑战与政策选择［J］. 农业经济问题（12）：19-32.

朱晶，李天祥，臧星月，2021. 高水平开放下我国粮食安全的非传统挑战及政策转型［J］. 农业经济问题（1）：27-40.

朱晶，臧星月，李天祥，2021. 新发展格局下中国粮食安全风险及其防范［J］. 中国农村经济（9）：2-21.

朱敬之，1958. 我国的粮食政策和市镇粮食供应工作［M］. 北京：财政经济出版社.

朱坤林，2018. "一带一路"倡议下农业资源利用及对外合作战略研究［D］. 长沙：湖南师范大学出版社.

朱亚勤，徐明，宋雨星，等，2020. 中国农业对外合作百强企业的发展情况及策略分析［J］. 世界农业（1）：26-29.

图书在版编目（CIP）数据

"双循环"下中国粮食流通体制改革与创新研究 /
李治著 . —北京：中国农业出版社，2024.3
（中国粮食经济与安全丛书）
ISBN 978-7-109-31792-5

Ⅰ.①双… Ⅱ.①李… Ⅲ.①粮食流通—流通体制改
革—研究—中国 Ⅳ.①F724.721

中国国家版本馆 CIP 数据核字（2024）第 055209 号

"双循环"下中国粮食流通体制改革与创新研究
"SHUANGXUNHUAN" XIA ZHONGGUO LIANGSHI LIUTONG TIZHI GAIGE
YU CHUANGXIN YANJIU

中国农业出版社出版
地址：北京市朝阳区麦子店街 18 号楼
邮编：100125
责任编辑：赵　刚　王佳欣　张潇逸
版式设计：王　晨　　责任校对：吴丽婷
印刷：北京通州皇家印刷厂
版次：2024 年 3 月第 1 版
印次：2024 年 3 月北京第 1 次印刷
发行：新华书店北京发行所
开本：720mm×960mm　1/16
印张：13.25
字数：260 千字
定价：78.00 元